石油高等院校特色规划教材

燃气规范与法律

(第二版)

主　编　秦　扬　黄靖雅
副主编　何　沙　秦远航

石油工业出版社

内 容 提 要

本书以习近平新时代中国特色社会主义思想为指导，围绕习近平总书记关于安全生产的重要论述，紧扣党中央、国务院决策部署和相关政策法规，将城市燃气行业规范管理与相关法律法规结合，阐述了城市燃气的基本含义、城市燃气的规划与发展、城市燃气供应、城市燃气安全生产知识等基础性概念；介绍了燃气的质量要求，燃气生产与配套设施、燃气用具的生产和管理规则；强调了城市燃气安全，并分析了安全事故原因及预防与应急管理；讲解了燃气相关法律法规，特别是城市燃气合同签订、法律纠纷解决。本书不仅从技术性层面理清了燃气管理中的国家标准和行业标准，也从法律层面介绍了与燃气纠纷相关的民事、刑事、行政责任。

本书既可作为燃气专业的本科生、研究生教材，也可作为培训相关人员的参考用书，还可以作为普及城市燃气相关管理规范与法律法规的知识读本。

图书在版编目（CIP）数据

燃气规范与法律/秦扬，黄靖雅主编. --2版. --北京：石油工业出版社，2024.8. --（石油高等院校特色规划教材）. --ISBN 978-7-5183-6776-4

Ⅰ. D922.181

中国国家版本馆 CIP 数据核字第 2024N9C593 号

出版发行：石油工业出版社
　　　　　（北京市朝阳区安华里二区1号楼　100011）
　　　　　网　　址：www.petropub.com
　　　　　编辑部：（010）64523733
　　　　　图书营销中心：（010）64523633
经　　销：全国新华书店
排　　版：三河市聚拓图文制作有限公司
印　　刷：北京中石油彩色印刷有限责任公司

2024年8月第1版　　2024年8月第1次印刷
787毫米×1092毫米　　开本：1/16　　印张：15.5
字数：396千字

定价：39.00元
（如发现印装质量问题，我社图书营销中心负责调换）
版权所有，翻印必究

第二版前言

《燃气规范与法规》第一版教材自 2020 年出版以来取得了良好的教学效果，受到了国内相关高校及企事业单位的关注和欢迎。西南石油大学石油与天然气工程学院、土木工程与测绘学院、继续教育与网络学院、法学院把该书作为学生的辅助教材和重要参考书，在学生的培养和短训班的教学中，《燃气规范与法规》一书，受到了师生的一致好评。四川开放大学也有一千余名学生使用了该书，系统性地掌握了燃气行业的相关规范、法规。借助四川开放大学这一继续教育平台，依托校地合作、产教融合等项目，该书被推广成为自贡市对外投资燃气行业协会、峨眉山市燃气有限责任公司等多家单位的培训用书，燃气公司也参考书中理论为用户编写了通俗易懂的宣传知识手册，为加快推进天然气普及使用出了一份力。

在中国共产党第二十次全国代表大会开幕会上，习近平总书记在作报告时说，教育、科技、人才是全面建设社会主义现代化国家的基础性、战略性支撑。我们要办好人民满意的教育，全面贯彻党的教育方针，落实立德树人根本任务，培养德智体美劳全面发展的社会主义建设者和接班人，加快建设高质量教育体系，发展素质教育，促进教育公平。2020 年 8 月，住房和城乡建设部、教育部等九部门联合印发《关于加快新型建筑工业化发展的若干意见》，提出要打通工人职业化发展道路，弘扬工匠精神，加强职业技能培训，大力培育产业工人队伍。在这一背景之下，作为与经济社会联系非常紧密的职业教育，面临着诸多挑战。它是培养多样化人才、传承技术技能、促进就业创业的重要途径，但同时，也需要及时对教育资源进行更新换代，这样才能适应时代的发展。2020 版《燃气规范与法规》就燃气经营与服务、燃气燃烧器具法律规制中涉及的诸多法律条文进行了解读。其后，随着天然气的快速发展，住房和城乡建设部又发布或修订了《燃气工程项目规范》（GB 55009—2021）、《城镇燃气设计规范（2020 版）》（GB 50028—2006）等文件。新文件的出台，对教材的更新提出了要求，这就需要对现有政策进行收集、归纳和分析，加以吸收和转化，用以编写紧跟政策的教材。

本书是在 2020 版《燃气规范与法规》教材基础上进行修订的，在选题、选材方面，以贯彻落实习近平新时代中国特色社会主义思想为基本遵循，以突出体现社会主义办学方向、培育学生社会主义核心价值观等意义重大的主题为重点，根据课程教学目的和学生身心发展规律进行研制和编写，坚持以民为本、安全至上的原则，贯彻了依法治国的思想，充分体现了社会主义核心价值观。在修订中，考虑到本书自第一版发行 4 年来，燃气规范与法规的更新与教学需要的情况，在总结教学经验的基础上，对部分内容作了补充和更新，对部分内容进行了删减，加深了理论深度，修订内容达到了 2/3，并将教材更名为《燃气规范与法律》。

在第一版的基础上，本书第一编调整了基本知识的涵盖内容，增加了城市燃气用量与供需平衡、城市燃气输配系统、城市燃气调峰与储存等内容；第二编根据2022年1月1日起实施的《燃气工程项目规范》（GB 55009—2021）中的相关内容，对基本性能规定、燃气质量、燃气厂站、燃气管道和调压设施、燃具和用气设备等的规范要求作了阐释；第三编对燃气工程建设的内容、手续等规定进行了完善，对燃气生产、储配、使用的安全管理关键节点作了详细阐述；第四编对《安全生产法》《城镇燃气管理条例》进行了解读；第五编将城市燃气法律纠纷划分为工程施工类、运营管理类、用户服务类和燃气特许经营权类四大类，每一种纠纷类型都提出了相关案例进行讲解，并给出了案例涉及的城市燃气方面的相关法律法规。

  本书不仅从技术性层面理清了燃气管理中的国家标准和行业标准，也从法律层面介绍了与燃气纠纷相关的民事、刑事、行政责任，能够指导燃气从业人员了解行业规范和运用相关法律知识，具有较高的学术价值和实际参考意义。

  在教材修订过程中，编写人员力求内容准确，但因水平所限，本次修订工作难免会有不足乃至失误之处，恳请读者包涵，并能一如既往地提出宝贵意见。

  再次向关心和爱护《燃气规范与法律》的单位和读者表示衷心的感谢！向支持本书再版的西南石油大学教务处、法学院、四川开放大学教务处、工程技术学院等部门表示衷心的感谢！

  但愿新版教材能够更受读者的欢迎！

编　者
2023 年 11 月

第一版前言

"十三五"是我国全面建成小康社会，实现中华民族伟大复兴中国梦的关键时期。城市燃气作为一种优质的清洁能源，从国家战略层面到普通老百姓的日常生活，它都有着不可替代的作用，特别是在能源革命中占据重要地位，在生态文明建设中意义重大。随着国家各项改革的深化以及"蓝天保卫战"的要求，城市燃气发展面临着巨大的机遇和挑战。为扩大天然气供应利用规模，促进天然气产业有序、健康发展，我国近年来持续发布了关于城镇燃气的系列行业规范，出台并修订了《城镇燃气管理条例》，这对我国培养新时代城市燃气行业高水平的复合型人才提出了新的要求。四川广播电视大学于2015年开办了城市燃气工程技术专业，西南石油大学更是老牌油气高校，理应在城镇燃气显著发展而燃气教育稍显不足的当下，承担起为国家燃气事业发展培育高素质燃气从业者的教育任务，担当起为民众普及燃气相关行业规范与法律知识的教育责任。基于开放办学的教育理念及深厚的从教经验，四川广播电视大学联合西南石油大学资深教授协同参与编写本书。本书由西南石油大学法学院秦扬教授主编，在她的顶层设计和编写大纲的基础上，由西南石油大学经济管理学院博士生导师何沙教授及四川广播电视大学教师黄靖雅任副主编，组织编写，并负责统稿、审稿。参加本书编写的主要人员有西南石油大学庞敏副教授，张旭东、余晓红、唐诗瑜、杜鲜、杨丰源、余平、江珊、胡尧等青年教师和博士、硕士研究生。

本书将燃气行业规范与相关法律法规结合，为读者全面介绍关于城市燃气的系列知识。第一编对燃气的基本含义、燃气的规划与发展、燃气供应、燃气安全生产知识等基础性概念进行了阐述。第二编则着重讲解了燃气管理的技术性规范，这一编主要以行业规范讲述为主，为读者介绍了燃气的质量要求、燃气生产与配套设施、燃气燃烧管理器具的建设和管理规则。第三编则进入了燃气相关法律法规的讲解，首先为大家理清燃气法律体系，其后就燃气经营与服务、燃气燃烧器具法律规制中涉及的诸多法律条文进行讲解，并介绍了主要的燃气合同。第四编就燃气安全事故预防与应急做了单编讲述，因为无论是燃气的供应、经营还是后续服务，燃气安全都是重中之重。第五编就燃气行业链条中可能产生的法律纠纷做了介绍，并教燃气从业者如何利用法律手段解决这些法律纠纷。总之，本书贯穿了城市燃气行业规范与法律法规中的必知要点，不仅从技术性层面理清了城市燃气管理中的国家标准和行业标准，也从法律层面介绍了与燃气纠纷相关的民事、刑事、行政责任，旨在指导燃气从业人员了解行业规范和运用相关法律知识。本书既可作为燃气院校的教材，也可作为培训相关人员的主要参考用书，还可以作为普及城市燃气相关管理规范与法律法规的知识读本。

本书参考了田申编写的《城镇燃气法规理论与实践》、吕瀛编写的《城镇燃气调压工艺》与《燃气燃烧设备》、赵磊编写的《燃气生产与供应》等书籍，国家发布的诸多行业标准规范及《城镇燃气管理规范》等法律法规。向上述所有参考用书的作者致以谢意。同时，因篇幅所限，不能将参考引用的书目及作者一一列出，还请有关作者予以包涵。虽参编人员力求内容准确，但时间、经历、经验所限，本书中难免会存在不足乃至失误之处，恳请读者包涵，并提出宝贵的意见。

  本书的出版还得到了四川广播电视大学工程技术学院和西南石油大学法学院、经济管理学院领导和相关老师的支持，在此向他们表示衷心的感谢！

  但愿本书能够受到读者的欢迎、学者的认可。希望能给学生以启示，给大众以参考。

秦　扬

2019 年 4 月

目　　录

第一编　城市燃气基本知识

第一章　城市燃气概述 1
　　第一节　城市燃气的定义 1
　　第二节　城市燃气的种类与性质 2
　　第三节　城市燃气的发展历程和趋势 6

第二章　城市燃气发展规划 10
　　第一节　规划背景 10
　　第二节　规划理念 11
　　第三节　基本原则和发展目标 11
　　第四节　规划任务 12
　　第五节　规划保障措施 12

第三章　城市燃气供应 14
　　第一节　城市燃气供应范围和供气原则 14
　　第二节　城市燃气用量与供需平衡 16
　　第三节　城市燃气输配系统 24
　　第四节　城市燃气调峰与储存 30

第二编　城市燃气技术规范

第一章　基本性能规定 36
　　第一节　规模与布局 36
　　第二节　建设要求 37
　　第三节　运行维护 39

第二章　燃气质量 41
　　第一节　燃气质量要求 41
　　第二节　燃气中的杂质及有害物的影响 43
　　第三节　燃气的加臭 44

第三章　燃气厂站 46
　　第一节　一般规定 46
　　第二节　站区布局 46
　　第三节　设备和管道 48

第四节 燃气储罐	50
第五节 安全和消防	51
第四章 燃气管道和调压设施	54
第一节 管道分类	54
第二节 调压设施	55
第三节 用户管道	59
第五章 燃具和用气设备	60
第一节 一般规定	60
第二节 居民用燃具	60
第三节 商业燃具及用气设备	61

第三编 城市燃气安全管理

第一章 城市燃气工程建设	63
第一节 燃气工程概述	63
第二节 工程建设手续	66
第三节 建设管理	68
第二章 城市燃气生产和储配	72
第一节 燃气生产	72
第二节 燃气储配	73
第三章 城市燃气使用	75
第一节 居民用户使用	75
第二节 工业与商业使用	83
第四章 城市燃气用具生产和销售	86
第一节 燃具生产	86
第二节 燃具销售	87
第五章 城市燃气事故抢修和处理	90
第一节 事故抢修	90
第二节 事故处理	92

第四编 城市燃气法律规章

第一章 燃气法律法规概述	97
第一节 燃气法律基本概念	97
第二节 燃气法律体系	99
第二章 《中华人民共和国安全生产法》解读	102
第一节 安全生产法律体系框架	102
第二节 《中华人民共和国安全生产法》相关条文解读	103

第三章 《城镇燃气管理条例》解读 ········ 122
- 第一节 条例简述 ········ 122
- 第二节 《城镇燃气管理条例》相关条文解读 ········ 123

第四章 燃气合同 ········ 137
- 第一节 燃气供用气合同 ········ 137
- 第二节 燃气行政合同 ········ 144

第五章 燃气经营许可制度 ········ 145
- 第一节 燃气经营许可 ········ 145
- 第二节 燃气特许经营权制度 ········ 149
- 第三节 燃气企业经营 ········ 156

第五编　城市燃气法律纠纷

第一章 工程施工类 ········ 159
- 第一节 建设工程合同纠纷 ········ 159
- 第二节 第三方施工损害赔偿纠纷 ········ 165
- 第三节 提供劳务者受害责任纠纷 ········ 168
- 第四节 相邻权纠纷 ········ 172

第二章 运营管理类 ········ 178
- 第一节 燃气开通纠纷 ········ 178
- 第二节 施工破坏纠纷 ········ 181
- 第三节 排除妨害纠纷 ········ 185
- 第四节 计量表更换纠纷 ········ 188

第三章 用户服务类 ········ 193
- 第一节 人身伤害纠纷 ········ 193
- 第二节 燃气过户纠纷 ········ 197
- 第三节 用气计量纠纷 ········ 203
- 第四节 停气损失赔偿纠纷 ········ 209

第四章 燃气特许经营权类 ········ 213
- 第一节 燃气特许经营权行政侵权纠纷 ········ 213
- 第二节 燃气特许经营权民事侵权纠纷 ········ 220
- 第三节 燃气管道运输合同纠纷 ········ 225
- 第四节 气源计量纠纷 ········ 232

参考文献 ········ 238

第一编
城市燃气基本知识

第一章 城市燃气概述

第一节 城市燃气的定义

城市燃气是指符合规定的燃气质量要求，供给居民生活、商业、公共建筑和工业企业生产中作燃料用的公用性质的燃气。城市燃气是建设现代化城市必须具备的一整套现代化设施的组成部分，是城市中供应居民生产生活和部分工商业生产者用燃料的工程设施系统，也是城市主要公用事业的组成部分。城市燃气在我国能源领域扮演了重要角色，作为煤炭的替代品，它有助于进一步提高热能的利用效率。城市燃气的推广不仅是城市现代化建设的需要，也是降低能源消耗、改善人民生活水平、维护城市环境、促进工业生产和减少大气污染的关键。日常生活中用烧煤获取的热能，其利用效率只有15%~18%，而采取制气技术可以将热能利用效率提高到30%以上。

相比世界上其他国家，虽然我国的城市燃气起步较晚，但改革开放以来，我国已迈入城市燃气大发展的新阶段。由于国家经济政策的调整，我国政府对能源资源和环境问题高度重视，决定将优先发展城市燃气事业作为国家主要的技术政策之一，并认为大中城市都要逐步燃气化，这为城市燃气事业发展提供了积极的政策支持。20世纪70—80年代是我国管道燃气供应快速发展的首个时期。在计划经济时代，天然气资源丰富的地区，政府主导投资组建了一批地方性管道燃气公司。大多数城市政府利用人工煤气和液化石油气等方式发展管道供气和瓶装供气。由于国内城市燃气技术管理人才、输配管理、技术理论和燃气输配材料、设备以及城市燃气标准体系等方面的不足与落后，加上当时社会经济不发达，城市燃气长期处于低水平发展和低水平管理状态，事故时有发生。

我国的燃气供应量自20世纪90年代以来显著增长。在这一过程中，液化石油气的供应量深受石油价格涨幅的影响，但至今其供应量仍保持相对稳定的状态。人工煤气的供应在1990年出现大幅上升，但由于其毒性和环境污染等问题，供应量目前也趋于稳定。与柴油和汽油相比，天然气具有相同热值且价格要便宜30%~50%，具有经济、清洁、高效等显著特征。在国家日益重视环保的今天，天然气消费获得了快速的发展，这也是市场对清洁能源需求持续增长的体现。

第二节　城市燃气的种类与性质

根据是否具备再生能力，可以将自然资源划分为可再生资源和不可再生资源。日常生活中，无论是人工煤气还是天然气，它们都在不同程度上直接或间接地来自不可再生资源，如天然气、石油、煤矿等。

通常把城市燃气划分为三类：天然气、人工煤气、液化石油气。

一、天然气的种类与性质

天然气是指储藏在地下多孔地质构造中自然形成的烃类气体和非烃类气体。它常与石油伴生，主要由低分子烷烃组成。天然气不仅是制取乙炔、合成氨、炭黑等化工产品的原料气，还是一种高质量的燃料气，因此被广泛用作城市燃气，是理想的能源来源。如今，越来越多的城市已将天然气作为城市的主要气源；随着西部大型气田的开发、西气东输项目的实施和国际市场天然气的引进，天然气在整个燃气利用中的比重将越来越大，必将对国民经济和社会发展产生积极的作用。

1. 天然气的种类

（1）纯气田天然气。气井中开采出纯气田天然气，通常存在于地下深处（2000~3000m深或更深），在地层压力作用下，气体压力相当高，压力通常为 1.0~10.0MPa。天然气主要成分是甲烷，同时也含少量的二氧化碳、硫化氢、氮气等其他气体；甲烷约占总体积的 95%。在中国四川地区，天然气中甲烷的体积分数通常不低于 90%，其热值在 34750~36000kJ/m^3（8300~8600kcal/m^3）之间。

（2）石油伴生气。在石油开采过程中，随着原油一起开采出来的，通过分离器的降压而析出的气体。其组成成分约 80% 是甲烷，还含有约 15% 的其他烷烃类，热值较高。使用石油伴生气作为能源的城市有天津和大庆等地。

（3）矿井气。矿井气是从煤矿矿井中抽出的燃气，热值较低。其主要成分是甲烷，甲烷的含量会受其抽气方式影响，而且矿井气中通常含有较高比例的氮气。拥有矿井的城市通常选择将矿井气作为主要的城市燃气，如抚顺、鹤壁等。

2. 天然气的性质

（1）天然气具有无色、无味的特点，密度较小，每立方米天然气的质量仅为同体积空气的 55% 左右。石油伴生气的密度约为空气密度的 75%。当含有硫化物时，天然气会散发出臭鸡蛋味，而湿气则可能具有微弱的汽油味。

（2）天然气具有易燃易爆的特性。在空气中温度达到约 550℃ 时会燃烧；在空气中的浓度只需达到 5%~17%，遇到明火就可能发生爆炸。

（3）天然气具有毒性。若空气中有高浓度的甲烷或长时间接触甲烷，可能导致人窒息甚至死亡。当天然气中的硫化氢浓度较高时，也会引起人体中毒。燃烧不充分的天然气也会产生一氧化碳，同样可导致人中毒。

（4）天然气具有高热值。每立方米的天然气燃烧后可以释放出比同体积的人工煤气（如焦炉气）多一倍以上的热量，达 35.6~41.9MJ/m^3。

（5）天然气较为环保。它相对较为清洁，含有很少的杂质，燃烧后产生的污染仅为燃煤的 1/800，在环保方面表现出色，因此应用领域多，例如发电、作为汽车燃料等。

（6）天然气可以长途运输和储存。天然气可以从气态变为液态。以高压和深度冷冻的方式，将天然气液化，液化后便于运输和储存。

此外，因安全性、高热值、洁净性、应用率高等优点，天然气也已成为许多发达国家城市的首选燃气来源。

由于天然气较轻，若发生意外泄漏的情况，会迅速扩散到空气中。和液化石油气相比，其爆炸下限高出两倍多；同浓度下，天然气引发危险的时间较迟，有足够发现危险并及时解决的时间，引发事故的概率较小，比其他燃气更加安全。此外，天然气的使用有助于改善大气环境，降低废物排放，减轻空气污染，改善城市空气质量。

天然气的使用不仅在日常生活中随处可见，在商业和工业等多个领域中也被广泛应用，例如造纸业、冶金业和农业等多个领域，同时也在高质量钢铁、有色金属、电子器材、搪瓷制品和仪器仪表等产品的特殊工艺中作为燃料。因其特殊的性质，天然气可以在提高产品质量的同时保证技术的可靠和产量的增加，在经济效益和科学管理等方面有很大的优势。以下是其几个重要的使用领域：

（1）天然气汽车。使用压缩天然气代替传统汽车燃料具有价格低廉、污染较少和更高安全性的优势。

（2）燃气空调。在能源供应紧张的时候，大型办公楼使用燃气空调可以发挥出关键作用。燃气空调在相同面积和运行时间条件下，比电力空调节省 20%~30% 的费用。在夏季用电高峰时，燃气空调对缓解城市供电不足有很大作用，有助于平衡城市能源结构，为用户提供清凉舒适的环境，具有较高的环保价值。

（3）天然气化工工业。天然气在化学工业中应用广泛，可以生产近千种化工产品。其中，有数十种大规模生产的产品，包括合成氨、甲醇、氯化甲烷、硝基甲烷、乙炔、二硫化碳、炭黑、氢氰酸等。这些中间产品可以进一步加工制造氮肥、有机玻璃、合成纤维、合成橡胶、塑料、医药溶剂、电影胶片、炸药、高能燃料等。天然气作为制造氮肥的理想原料，其特点是低投资、低成本和低污染。

（4）天然气发电。在联合循环发电中，天然气的热能利用率高达 55%，明显优于石油和煤炭。在减轻能源紧缺、减少燃煤发电、保护环境等方面优势明显。天然气电厂是天然气输出的大用户，对城市来说，建设天然气发电的投资较低，且周期不长，能够带来较好的经济效益；对于用户来说，天然气发电的电价较便宜；因此天然气发电受到广泛的欢迎，很大地促进了天然气行业的发展。

二、人工煤气的种类与性质

人工煤气通常是指通过煤气化过程制备的燃气。人工煤气作为气源被广泛使用是在初期的城市燃气建设中。在 20 世纪 50 年代，我国城市燃气供应系统的气源基本上是人工煤气。这种人工煤气主要来自煤炭或石油，经过一系列的处理，如制气和净化，最后供应给居民、商业或工业用户。

1. 人工煤气的种类

以原料划分，人工煤气分为固体燃料干馏煤气、固体燃料气化煤气、油制气和高炉煤气。

1) 固体燃料干馏煤气

固体燃料干馏煤气是通过使用焦炉、连续式直立碳化炉（也称为伍德炉）和立箱炉等设备，对煤进行干馏制备而成的。每吨煤可以生产大约 300~400m³ 煤气；其中有较高含量的甲烷和氢，热值一般在 16.740MJ/m³（4000kcal/m³）左右。尽管在某些情况下已经逐渐被天然气和液化石油气等气源所取代，但固体燃料干馏煤气仍然是我国城市燃气的重要来源之一。

2) 固体燃料气化煤气

固体燃料气化煤气一般是指加压气化煤气、水煤气和发生炉煤气。

用煤作为原料，纯氧和水蒸气作为气化剂，来获得加压气化煤气，也称为高压蒸气氧鼓风煤气。其成分大多是甲烷和氢，热值约 15.072MJ/m³（3600kcal/m³）。在有褐煤或长焰煤资源的煤矿周围建造鲁奇炉，该装置可以用褐煤或长焰煤生产加压气化煤气，一般称为坑口气化。这个系统不需要额外的压送设备，煤气可以直接输送到较远的城市使用。

水煤气和发生炉煤气的主要组分是一氧化碳和氢。水煤气的热值约为 10.467MJ/m³（2500kcal/m³），发生炉煤气的热值约为 5.443MJ/m³（1300kcal/m³）。这两种煤气热值较低且均有毒性，因此不能单独作为城市燃气使用，但是可以用于加热焦炉和连续式直立碳化炉，以此调节城市燃气供应。此外，它们还可以与干馏煤气、重油蓄热裂解气混合，用于调节供气量和热值，或作为城市燃气的调度气源。发生炉煤气还可以用作工厂和燃气轮机的燃料。

3) 油制气

一些城市使用重油（炼油厂在提取汽油、煤油和柴油之后剩余的油品）制备城市燃气。根据制备方法的不同，可以分为重油蓄热热裂解气和重油蓄热催化裂解气两种。重油蓄热热裂解气以甲烷、乙烯和丙烯为主要组分，热值约为 41.868MJ/m³（10000kcal/m³）。每吨重油可以产生 500~550m³ 的气体。因其特殊性，油制气既是城市燃气的主要气源，也是调度气源。

4) 高炉煤气

高炉煤气是冶金工艺中炼铁过程的副产品，其主要成分包括一氧化碳和氮气，热值介于 3.768~4.186MJ/m³（900~1000kcal/m³）之间。

高炉煤气可替代焦炉煤气，用作炼焦炉的加热燃气。此外，高炉煤气也常被用作锅炉的燃料，或与焦炉煤气混合向城市供应，同时也在冶金工厂的加热工艺中应用。

2. 人工煤气的性质

1) 易燃、易爆

人工煤气同样具有易燃和易爆的特性。当人工煤气在空气中混合，达到一定的爆炸极限时，在存在明火的情况下就会引发爆炸。焦炉煤气的爆炸极限为 5%~39%、炉煤气和水煤气的爆炸极限分别为 21%~67% 和 6.2%~72%（按体积比计算）。如果在空气中煤气含量低于下限，那么混合气体将不会爆炸，但可能会导致中毒。然而，如果泄漏点继续泄漏，煤气浓度将逐渐增加，从而存在爆炸的危险。如果空气中煤气含量超过了上限，这种混合气体同样不会爆炸。但在这种情况下，如果混合气体进入空气并导致其浓度达到爆炸极限，那同样会带来极大的危险。

2) 有毒性

人工煤气中含有一氧化碳气体，一氧化碳一旦进入血液，会使血液失去供氧能力，导致人窒息或中毒，甚至造成死亡。长期吸入低浓度一氧化碳会引发慢性中毒，出现头痛、神经衰弱等症状；但严重的一氧化碳中毒，即便愈后，也很可能会智力减退甚至成为植物人；对于老幼病弱者，发生一氧化碳中毒时更容易加重病情；孕妇在一氧化碳中毒后，会造成孕妇流产或导致婴儿发育不良甚至死亡。

在室内空气中如含 0.01% 的一氧化碳气体，一般人可耐受 2h 左右；空气中如含 0.05% 的一氧化碳气体，在这种浓度下呼吸 1h 左右人就会出现中毒症状；空气中存在 0.2% 的一氧化碳气体，1h 内有生命危险；一氧化碳含量达 0.4% 时会使人迅速死亡。

3）密度小

因焦炉煤气中氢气占 50% 以上，焦炉煤气密度仅为 $0.48 \sim 0.52 \text{kg/m}^3$。发生煤气泄漏后，只要在良好的通风条件下，煤气就能很快排出室外，所以其安全性比液化石油气要好一些。

三、液化石油气的性质和优点

液化石油气是在石油的开采炼制过程中，用加压、降温、液化的方式得到的一种液体，是具有挥发性的无色碳氢化合物。

作为工业和民用燃料的液化石油气可来自天然气分离出来的 C_3、C_4 组分，也有一部分碳氢化合物，来自石油的炼制和加工过程。目前我国供给城市作为燃料的液化石油气（LPG）主要是从石油炼厂获得，其主要的组分为丙烷（C_3H_8）、丁烷（C_4H_{10}）、丙烯（C_3H_6）和丁烯（C_4H_8）。由于各地石油炼厂所用的原料油成分、性质、加工工艺和设备类型不同，各地液化石油气的组成及其热值也有差异。

液化石油气又简称为液化气，常温、常压下呈气态，当压力升高或温度降低时，易转变为液态。其气态形式比液态形式的体积大约 250 倍，因此，通常液化石油气以液态方式储存，输送较气态方式更优越。液化石油气在不同状态下的热值也有所不同，液态时热值为 $45.217 \sim 46.055 \text{MJ/kg}$，气态时热值为 $92.110 \sim 121.417 \text{MJ/m}^3$。为了避免气化后的液化石油气在有压力输送状态下转换为液态影响正常的输送，常在气态液化石油气中掺混一定量的空气输送给用户使用。按照国家规定，液化石油气与空气的混合气作主气源时，液化石油气的体积分数应高于其爆炸上限的 2 倍，且混合气的露点温度应低于管道外壁温度 5℃。其中硫化氢含量不应大于 20mg/m^3。

组成掺混气的各类燃气，应符合国家标准的技术要求。另外，在设计时必须核算掺混气的爆炸极限。

1965 年，液化石油气在我国开始应用，并得到迅速发展，1999 年进口液化石油气总量达 500 多万吨，使液化石油气成为当时城市燃气的主要气源。随着天然气的普及，液化石油气用气人口占比从 2010 年的 45% 左右下降到 2021 年的 20% 左右。

1. 液化石油气的性质

（1）易挥发。在常温常压下，液化石油气处于气态状态，但在释放压力后迅速挥发为气体。这种挥发后，它的体积会急剧膨胀，通常是原来的 $250 \sim 300$ 倍，广泛扩散。此外，液态液化石油气的膨胀系数也相对较高，相比于水的膨胀系数，有 10 倍之高。因此，存储液化石油气的钢瓶必须严格执行安全规定，禁止加热和过度充装，以防发生潜在的危险。

（2）易燃、易爆。液化石油气的爆炸极限为 $1.5\% \sim 9.5\%$，具有较低的爆炸下限，因此具有较大的危险性。

(3) 密度大。液化石油气密度是空气的 1.5~2 倍，相对空气来说较重；在发生泄漏时，容易在低地势处积聚，且不易扩散；容易与空气混合，遇到明火容易引发爆炸。

(4) 蒸发潜热高。液化石油气从液态转变到气态的过程中，会吸收大量的热。在这个过程中如果发生泄漏，喷溅到人体上会急剧吸热，可能导致人冻伤。

(5) 腐蚀性低。液化石油气的硫含量通常很低，因此不具有一般的腐蚀性。但它可能对橡胶材料产生软化作用。

2. 液化石油气的优点

(1) 综合利用石油资源。液化石油气是石油工业的附属产品，若不进行合理的利用，将造成宝贵的资源浪费。

(2) 设备简单，节省输配系统投资。液化石油气在城市中向居民供应，一般是以瓶装的方式；这种集中供应方式工艺简单、管理操作方便、运输简易，有利于降低输配系统的投资。

(3) 使用方便、保护环境。液化石油气几乎不含有不可燃成分，完全燃烧后基本无异味、无毒、不生成灰渣，具有清洁卫生的特性，同时对环境友好。

(4) 供应灵活。为了方便储存和运输，将其液化后，体积大幅度减小，可以用高压集装箱运输。通过管道供气和液化石油气罐的方式，实现向居民的灵活供应。

(5) 热值高。同体积液化石油气的热值是天然气的 3 倍，是人工煤气的 6~7 倍。

(6) 便于远距离输送，不受气源限制，这是液化石油气的最显著优势之一。液化石油气是在液态状态下输送的，因此可以通过水路、铁路槽车、公路槽车等远距离方式供应和分配，这是人工煤气供应无法企及的优点。

液化石油气有广泛的应用领域，包括民用和工业燃料，合成树脂、橡胶、纤维以及化肥的原料。液化石油气广泛应用于电焊切割、金属熔化、淬火退火和锻铸等工业。除此之外，在其他领域的应用也很多，如烘烤食品、温室加热、饲料加工等。液化石油气与日常生活紧密相连，随着液化石油气的不断发展，其用途会变得越来越广泛。

第三节　城市燃气的发展历程和趋势

我国城市常用的主要气源有人工煤气、液化石油气和天然气，它们统称为城市燃气。由于初期是用煤为原料来制气的，因此人们习惯于称其为煤气。

一、城市燃气发展历程

人类认识和利用燃气的历程有数千年。我国是世界上最早开发和使用燃气的国家之一。早在古代西周时期，古人意识到"泽中有火"，这是人类最早关于天然气的文字记载。在公元 1—2 世纪，四川自贡的制盐者掌握了用天然气熬制食盐的技术。这一点可以从东汉时期画像砖上的"煮盐图"中看出，画像砖中展示了当时人们利用天然气制盐的情景。公元 9 世纪后，古人发现竹子可以运输天然气，并将天然气用于照明和供热。天然气在国外的发展历史，要追溯到 19 世纪后期，才大规模地开发和应用天然气，从而推动了天然气的技术发展。在新中国成立前，我国的煤气行业发展缓慢，截至 1949 年，全国仅有 9 个城市配备煤气设施，且这些设施通常陈旧、技术水平较低。当时使用煤气的人口总数只有 27 万。

我国的燃气行业得到迅速发展，是从 1965 年液化石油气在全国范围内得到广泛推广并应用开始的。1978年改革开放以来，国内外投资增加，为燃气行业创造更多的机会；20世纪80年代末和90年代初，中国开始大规模建设天然气管道网络，燃气行业进入现代化阶段。2000年初，中国开始大规模引进液化天然气（LNG），增加了天然气的供应量。此后的20多年时间，是我国城市燃气行业大规模发展的时期。随着国家能源政策的调整，政府高度重视能源和环境保护问题，将发展燃气业列入重大技术政策之一，并提出了逐步将城市燃气化的计划，大力支持行业发展。

我国拥有丰富天然气储量，天然气行业也具有乐观的发展前景。相关数据显示，2000年我国的天然气产量为 $272×10^8 m^3$，到2022年已经增长到 $2201.1×10^8 m^3$。天然气产量上升的同时，对天然气的使用也得到快速发展，天然气在能源消费结构中所占的比例，从2012年的4%增加到2022年的10%，煤炭和石油在能源消费结构中的比重逐渐减少。这将有助于减少对煤炭的依赖，提高能源的多样性，改善城市环境，减少空气污染，提高城市居民生活水平等。

燃气在工业和农业等多个领域都得到应用。可用于电力发电、工业干燥、金属冶炼、加热制冷等，温室供暖、棚内气象控制等，加工制造食品和药品、加工玻璃制品等。随着液化石油气和天然气的适用范围越来越广，燃气的应用范围必将进一步扩大。

我国城市燃气在快速发展，但是仍存在一些问题：如规模相对较小、成本较高、劳动生产率较低、经济效益不如人意，以及一些关键性技术和天然气高水平国家还有一定的距离。此外，在天然气安全使用方面，依然存在许多问题。近年来，全国发生多起燃气事故，例如宁夏银川、山西临汾燃气爆炸等，这都告诉我们普及燃气安全知识、正确使用燃气和安全防范是非常必要的。

二、城市燃气发展趋势

目前，城市燃气不断发展，行业竞争也日益激烈。随着燃气开发和运输等各大相关项目的建成和启用，燃气上游输配管道不断增加，燃气市场得到迅速发展，促使城市燃气用气人口和用气总量不断上升，我国城市燃气行业发展规模也呈现出了快速扩大的趋势。

在城市燃气方面，根据《2022年城乡建设统计年鉴》数据显示，2022年人工煤气供气总量为 $18.15×10^8 m^3$，天然气供气总量为 $1767.70×10^8 m^3$，液化石油气供气总量为 $758.46×10^4 t$；与2012年相比，人工煤气减少了 $58.82×10^8 m^3$、液化石油气减少了 $356.34×10^4 t$，天然气增加了 $972.67×10^8 m^3$；燃气普及率达到98.06%，比2012年增加了4.91%，与2021年相比增加了0.02%。从我国城市燃气供给的发展趋势来看，人工煤气的供气总量逐年减少，预计这一下降趋势将继续。液化石油气的供应数量预计将保持在 $1000×10^4 t$ 左右，而天然气的供气量将逐步增加，逐渐成为我国城市燃气的主要供应来源。2012—2022年城市燃气供气数据见表1-1-1。

表1-1-1 2012—2022年城市燃气供气数据

年份	人工煤气供气总量 $(10^8 m^3)$ / 管道长度 $(10^4 km)$	天然气供气总量 $(10^8 m^3)$ / 管道长度 $(10^4 km)$	液化石油气供气总量 $(10^4 t)$ / 管道长度 $(10^4 km)$	供气管道长度 $(10^4 km)$	燃气普及率（%）
2012	76.97/3.4	795.04/34.3	1114.80/1.27	38.97	93.15
2013	62.80/3.0	888.24/38.8	1109.73/1.34	43.14	94.25
2014	55.95/2.9	964.38/43.5	1082.85/1.10	47.50	94.57

续表

年份	人工煤气供气总量 ($10^8 m^3$)/管道长度 ($10^4 km$)	天然气供气总量 ($10^8 m^3$)/管道长度 ($10^4 km$)	液化石油气供气总量 ($10^4 t$)/管道长度 ($10^4 km$)	供气管道长度 ($10^4 km$)	燃气普及率 (%)
2015	47.14/2.1	1040.80/49.8	1039.21/0.90	52.80	95.30
2016	44.10/1.9	1171.71/55.1	1078.80/0.87	57.80	95.75
2017	27.09/1.1	1263.75/62.3	998.81/0.62	64.12	96.26
2018	29.79/1.3	1443.95/69.8	1015.33/0.48	71.58	96.70
2019	27.68/1.1	1527.94/76.79	922.72/0.45	78.34	97.29
2020	23.14/0.98	1563.70/85.06	833.71/0.40	86.44	97.87
2021	18.72/0.92	1721.06/92.91	860.68/0.29	94.12	98.04
2022	18.15/0.67	1767.70/98.04	758.46/0.25	98.96	98.06

资料来源：《2022年城乡建设统计年鉴》。

我国城市燃气行业也在不断发展，逐渐形成了垄断和竞争并存的发展格局。

一方面，城市燃气行业与民生关系密切，需要大规模的投资。在行业初期，大多数城市燃气公司是由政府出资建立的，属于国有企业投资。由于燃气的基础设施在特定区域存在垄断，并因这些公司先占领了市场，在逐渐发展中形成了相对的垄断经营地位。

另一方面，国家重视城市燃气的发展，不断出台相关政策，在此背景下市场竞争逐渐增强。政府开放了城市公共设施建设施工单位，允许外商投资建设，促进了外资企业进入天然气市场。外资企业的不断加入，使燃气行业不再是国有企业垄断，而是开始涌现出更多的市场竞争，其中包括外资企业和民营企业。

《能源发展战略行动计划（2014—2020年）》规定，市政公用设施建设将公开向社会招标选择投资主体。这使得各种类型的企业可在同一平台上公开竞争。这项政策促进了市场竞争的多元化，加速了城市燃气行业的发展。

城市燃气行业具有盈利稳定、风险小、需求稳定、波动小以及自然垄断型等特点，它对各类所有制成分的投资商都具有较强的吸引力。现阶段，中国城市燃气运营商经济类型主要分为国有企业、外资、私营及港澳台公司。根据2021年不同经济类型经营企业营业收入占比情况来看，国有控股企业占比52.3%；外商及港澳台投资企业占比31.5%；私营企业仅占13.0%。

2021年中国燃气生产及供应企业数量为285个，同比增长13.2%。2021年我国城市燃气生产与供应企业性质如图1-1-1所示。

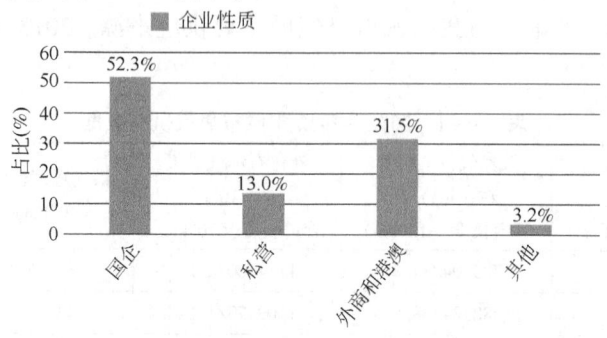

图1-1-1 2021年我国城市燃气生产与供应企业性质

从各城市燃气用户数量变化来看，以华润燃气、港华智慧能源、新奥能源和昆仑能源为代表的能源公司头部企业，2021年城市燃气用户数量如图1-1-2所示。华润燃气用户规模达到4587万户，同比增长8.7%；新奥能源用户规模达2601万户，同比增长11.2%；港华智慧能源用户规模达1509万户，同比增长6.2%；昆仑能源用户规模达1384万户，同比增长18.5%。

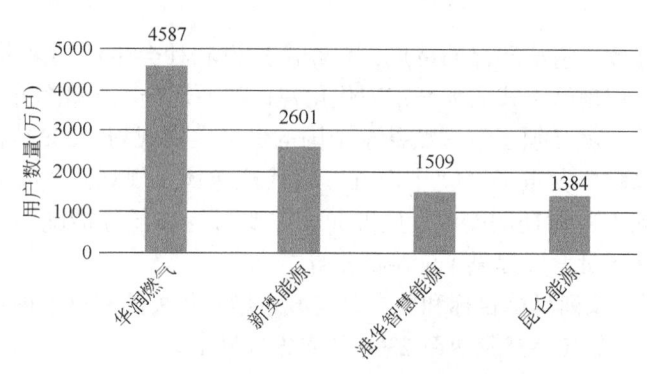

图1-1-2　2021年城市燃气头部企业用户数量

城市燃气技术发展需要技术规范标准引导，国际规范标准可供参考，但需从国情出发，在与国际技术规范标准接轨的同时，建立符合我国实际情况且满足城市燃气技术发展需要的城市燃气技术规范，使其更好地指导城市燃气技术发展。需注意的是，城市燃气技术发展的相关规范及标准在制定环节，采取燃气用户、专家学者、技术人员等建议，确保规范标准具有普适性，并且制定后的规范标准能够在执行阶段得到贯彻，这对城市燃气技术良性发展有积极影响。

第二章　城市燃气发展规划

天然气因优质高效、清洁环保的特点，在经济建设和社会生活的多个领域中备受欢迎。目前，城市燃气发展规划已正式成为城市现代化建设的一部分，为燃气市场的飞速发展打开了大门。从事燃气行业就必须了解区域甚至全国的燃气发展规划。2022年3月22日，国家发改委和国家能源局联合发布了《"十四五"现代能源体系规划》（以下简称《规划》），明确了我国在"十四五"时期的能源发展方向、主要目标和任务措施，也为"十四五"时期能源体系建设和高质量发展提供了清晰的指导方向。

《规划》设定了一系列具体目标和要求，与城市燃气相关的有以下内容：

1. 到2025年，天然气年产量达到2300亿立方米以上。
2. 统筹推进地下储气库、液化天然气（LNG）接收站等储气设施建设。到2025年，全国集约布局的储气能力达到550亿至600亿立方米，占天然气消费量的比重约13%。
3. 人民生产生活用能便利度和保障能力进一步增强，天然气管网覆盖范围进一步扩大。

在重点建设方面，对能源基础设施的建设，以及天然气交易平台的进一步发展提出了重点建议。此外，在规划中提出，稳步推进天然气价格市场化改革，特别强调发展天然气水合物、生物天然气等新兴领域。

第一节　规划背景

城市燃气发展规划是为了确定合理的城市燃气系统发展方向、建设规模和空间布局，满足城市发展建设，促进城市经济发展、节能减排，提高能源利用率。但是，不同时期、不同区域的燃气发展规划目标并不一致，各地会根据不同时期的自身发展实际情况合理确定本地区将来一段时间内的规划目标。下面以北京市"十四五"时期燃气发展规划目标为例进行介绍。"十四五"规划在系统总结"十三五"时期燃气发展成效的基础上，遵循安全可靠、低碳环保、稳定供应的发展原则，坚持问题导向、目标导向和行动导向，提出"十四五"时期燃气发展思路目标、重点任务、保障措施，力争建设国内领先的现代化燃气管理体系，全面提升城市燃气运行保障水平，有力支撑首都社会主义现代化建设。

北京市"十三五"期间的发展成就主要为以下四点：
（1）能源结构进一步优化；
（2）法制化与标准化建设成效显著；
（3）燃气保障能力明显提高；
（4）信息化水平整体提升。

在发展的同时也存在一些问题：
（1）安全管理问题。如燃气非居民用户安全问题突出；部分燃气管道设施老化；部分区域保障能力有待提高。
（2）节能环保问题。在"碳达峰、碳中和"目标下，如何高效利用燃气的同时，实现氮氧化物减排，以及二氧化碳的捕集、利用、封存，是燃气市场继续发展必须解决的问题。节能减排工作需进一步强化。

（3）稳定供应问题。进口管道气及LNG受复杂国际形势影响，存在减供、断供，以及气质不稳的风险；同时，自有应急气储备能力不足，应急供气需求主要依靠唐山LNG接收站的应急储备，以及上游企业的资源调配。

第二节　规划理念

北京市"十四五"时期燃气发展规划坚持以习近平新时代中国特色社会主义思想为指导，全面贯彻党的二十大精神，深入贯彻习近平总书记对北京一系列重要讲话精神，完整、准确、全面贯彻新发展理念，以新时代首都发展为统领，以确保首都能源持续安全稳定供应为前提，以实施"碳达峰、碳中和"战略、改善生态环境为目标，以满足人民日益增长的美好生活需要为导向，以城市总体规划、城市管理发展规划等相关规划为依据，落实"四个中心"定位，提升"四个服务"水平，突出整体优化、协同融合，着力构建安全可靠、低碳环保、稳定供应的燃气输配体系，加快提升首都城市治理体系和治理能力现代化水平，为建设国际一流的和谐宜居之都提供安全充足的能源保障。

第三节　基本原则和发展目标

一、基本原则

北京市"十四五"时期燃气发展规划基本原则是：
（1）安全可靠；
（2）低碳环保；
（3）稳定供应。

二、发展目标

"十四五"时期，首都燃气事业将以高质量发展为目标，合理控制发展规模，持续提升安全与服务水平，不断提高输配系统韧性，努力推动城乡统筹发展，努力实现用更少的能源消耗支撑更好的国民经济和社会发展目标。

1. 发展规模

到2025年，天然气年消费量控制在200亿立方米以内；液化石油气年消费量控制在15万吨以内。

2. 安全与服务

提升燃气安全水平及服务水平。到2025年底前，完成全市天然气居民用户燃气自闭阀、金属连接软管安装。

3. 输配系统

建成天津南港LNG应急储备项目；提升天然气输配系统韧性。

4. 城乡统筹

提升平原地区供气保障能力；推进管道天然气向浅山区扩展；划定非居民用户禁用液化石油气区域，按照"宜气则气、宜电则电"的原则，加快替代工作。

第四节　规划任务

北京市"十四五"时期燃气发展规划对天然气和液化石油气提出了具体的规划任务。

一、天然气

1. 增强天然气输配系统

"十四五"时期，建成天津南港 LNG 应急储备项目配套进京管线，在北京市及其周边形成"三种气源、八大通道、10兆帕大环"的供气格局；2025年，全市门站设施13座，高压 A 调压站25座，实现六环路高压 A 管线成环。设施能力满足高峰需求。

2. 完善应急储气调峰体系

"十四五"时期，建成天津南港 LNG 应急储备设施。2022年底，完成一期工程，包括码头、4座储罐及配套工艺设施，以及进京管线；2023年底，建成二期4座储罐；2024年底，建成三期2座储罐，实现约12亿立方米的储气能力。

3. 逐步构建应急抢修体系

逐步建立"一主、一备、四辅、多点"的应急抢修体系。"十四五"时期，开展通州灾备中心、南湖渠应急抢修中心和王四营应急抢修中心的前期研究工作，推进远郊区应急抢修站点建设。

二、液化石油气

优化全市液化石油气供应站点布局，规范供应站点建设，形成安全、优质的液化石油气配送服务体系。

1. 统一气源采购，做好应急储备

通过公开招标方式确定一家特许经营气源供应商，负责全市瓶装液化石油气的采购、存储、调配。继续通过政府购买服务方式，完成市级政府液化石油气应急储备任务。

2. 推进充装能力资源整合

建成云岗市级液化石油气储备基地，实现南郊灌瓶厂外迁，废除相应的液化石油气管线，适时启动西郊灌瓶厂外迁工作。到2025年，液化石油气充装站达到8座。

3. 规范配置供应站

设置供应站约200座。其中，农村地区一般每个乡镇可建一座一级或二级供应站，每个村可建一个三级供应站或设置移动式储瓶柜。

第五节　规划保障措施

一、对接上游燃气供应企业，提升资源保障能力

多渠道落实天然气资源，加强与油气、管输企业对接，深化政企合作；鼓励本地企业积

极参与资源采购及气源工程建设，保障天然气供应安全稳定。

二、推动规划设施落地，保障工程顺利实施

在本规划基础上分解"十四五"时期年度重点建设任务，对接国土空间规划，推动将其纳入"多规合一"协同平台，保障工程顺利实施。

三、强化燃气行业监管，提升运行安全水平

依据《北京市燃气管理条例》等相关法律、法规、规章、规划、标准和规范，完善燃气行业管理制度和标准规范，督促燃气供应企业落实供应保障、安全生产和用户服务责任。

四、加强价格监管，推进补贴政策改革

加强天然气配气环节价格监管，完善上下游价格联动机制；推进居民家庭液化石油气补贴政策改革。

五、加大规划宣传力度，引导行业健康发展

通过媒体广播、主题活动和发放宣传材料等多种形式，向各级政府部门、燃气供应企业和广大市民进行规划宣传，营造良好社会氛围，促进燃气行业健康发展。

第三章　城市燃气供应

第一节　城市燃气供应范围和供气原则

一、供气范围

城市燃气生产和供应行业的产业链主要包括以下环节：上游气源的勘探和开采、中游储存和输配送系统，以及下游分销和应用系统。城市燃气生产和供应行业产业链结构如图 1-3-1 所示。

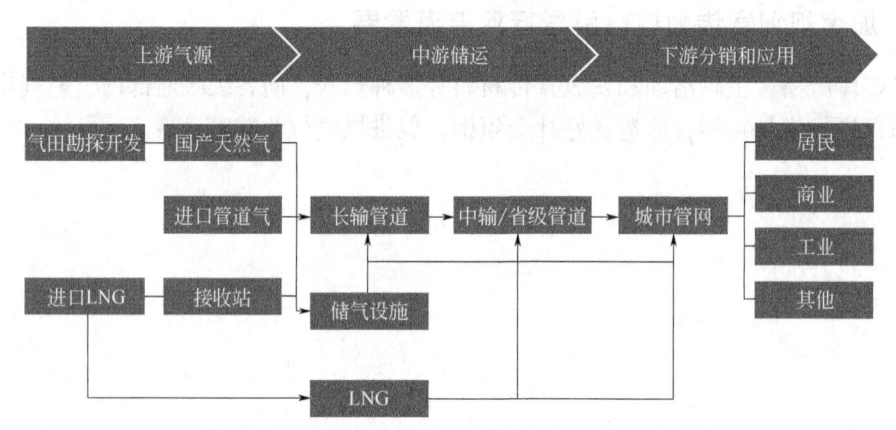

图 1-3-1　城市燃气生产和供应行业产业链结构

城市燃气的用气领域目前主要包括以下类型的用户：

居民用户：炊事、生活用热水；单户用气量不大，但用气随机性强。

商业用户：公共建筑设施、机关、科研机构等；用气量不很大，用气较规律。

工业用户：生产工艺热加工燃料或原料；用气规律、量大，用气较均匀，可要求工业用户在规定时间内停气或用气。

其他用户：采暖空调、汽车燃料、农业生产、燃气发电等。

根据数据显示，2022 年我国天然气下游需求分布如图 1-3-2 所示，工业燃料在下游天然气总需求的比重最大，为 39.4%；车用占比最少，为 6.7%；15.3% 的天然气用于发电，12.3% 的天然气用于采暖措施；其他用途中公共服务占比 7.0%、居民生活用气占比 11.3%、化工用气占比 8.0%。

这些不同类型的用户构成了城市燃气的主要用气领域，满足了城市居民和工业生产的多样化需求。城市燃气行业通过其产业链的各个环节，将天然气或液化石油气供应到这些用户，为城市的各种应用提供燃料和能源。

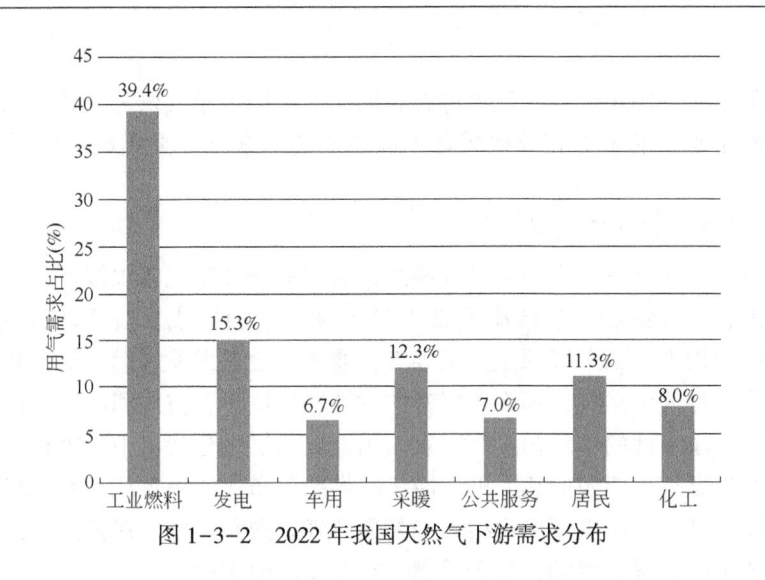

图 1-3-2　2022 年我国天然气下游需求分布

二、供气原则

城市燃气供应的基本用户主要包括城市居民和商业用户。在气源有限的情况下，通常应该优先考虑满足这两类用户的用气需求。城市燃气供气原则涉及国家的能源政策及环保政策，并与当地具体情况、条件密切相关，应从高效、节能、环保等多个方面考虑。

1. 居民用户及商业用户供气原则

一般应优先满足城镇居民的炊事及生活热水用气，尽量满足与城镇居民配套建设的公共建筑用户（如托幼园所、学校、医院、食堂、旅馆等）的用气。其他商业用户（如宾馆、饭店、科研院所、机关办公楼等）也应优先供应燃气。

2. 工业用户供气原则

1) 采用人工煤气为城市燃气

对于工业用户，特别是在使用人工煤气作为城市燃气的情况下，一般会根据两种不同情况来采取相应的处理方式。

（1）靠近城市燃气管网的工业企业，如果其用气量不大，但使用燃气可以显著提高产品的产量和质量，通常可以考虑从城市燃气管网供应燃气。同时，应合理发展高精尖工业，以及使用燃气能够显著提高能源利用效率的中小型工业企业。

（2）对于那些用气量很大的工业用户，例如钢铁企业等，通常可以考虑自行生产气源。这意味着这些企业可以建立自己的气体生产设备，以满足其大量的用气需求。

这两种情况的处理方式主要取决于工业用户的用气量、所在位置以及能源需求。根据不同的情况，可以选择从城市燃气管网供应或自行产气，以满足工业用户的燃气需求。这有助于提高工业生产的效率和产品质量，并促进节能减排。

2) 采用天然气为城市燃气气源

当城市燃气主要以天然气为主时，在保证气源充足的情况下，应考虑是否向工业用户供气。工业用户的用气需求相对稳定，相较于居民用户，工业用气的过程，通常是自动控制，管理方便。当配用合适的多燃料燃烧器时，工业用户还可以作为燃气供应系统的调峰用户。根据以上工业用户的优势，一般来说在有合适的条件时，城市燃气系统有一定数量的工业用户。这对提高供应系统的设备利用率、减轻供需矛盾和降低输配成本有积极作用，从而实现更好的经济效益。

维持适当的工业和民用燃气用气比例将有助于平衡城市燃气供需关系，减少需要建设的储气设施。这种平衡有助于更有效地满足不同用户的需求，提高燃气供应系统的灵活性和效率。

3. 燃气采暖与空调供气原则

我国目前分布着几十万台中小型燃煤锅炉，这些锅炉分布在各大城市，主要用于供暖或产生蒸汽。然而，这些锅炉的热效率通常不足55%，它们构成了规模较大的城市污染源。在城市燃气供应规划中，如果气源是人工煤气，通常不会考虑发展燃气供暖和空调用户。然而，如果气源是充足的天然气，那么可以考虑发展燃气供暖、空调和制冷用户，但需要采取有效的措施来调节季节性的不均匀用气需求。用天然气供暖分为集中供暖和单户独立供暖。

燃气空调和以燃气为能源的热、电、冷三联供的分布式能源系统已经引起广泛关注，它们对缓解夏季用电高峰、减少环境污染、提高天然气管网利用率、保持用气的季节平衡、降低天然气输送成本都有很大帮助，是今后燃气空调发展的方向。

4. 燃气汽车及其他用户供气原则

汽车尾气排放是大气污染的一个重要因素。燃气汽车可以用压缩天然气、液化天然气和液化石油气作为动力燃料。为降低碳排放、改善城市环境质量、缓解石油供应压力等，我国推动燃气汽车的发展，并制定了一系列的激励减税补贴等政策，越来越多的城市加快建设加气站点，加大研究和发展燃气汽车技术的投资。

从天然气的合理利用、环境保护和经济发展等多个角度来看，有必要积极推广天然气汽车以及天然气发电等大型燃气应用。这一举措将有助于降低对石油的依赖，减少汽车尾气排放对大气的负面影响，提高空气质量，促进经济可持续发展。

第二节　城市燃气用量与供需平衡

城市燃气用量的预测依赖于燃气负荷的预测。燃气负荷指的是终端用户在一个特定时段内对燃气的需求量以及用气量随时间的变化。在进行城市燃气供应规划时，首要任务是确定燃气用气负荷，这一因素决定了燃气气源、输配管网以及设备能力。燃气负荷具有随机性和周期性等特征，因此需要科学的方法来预测，以确保城市燃气供应安全、可靠、经济。城市燃气用气负荷主要受用户类型、数量和用气量指标的影响，而用气量指标通常用热量指标来表示，因为不同种类的燃气具有不同的热值。

一、用气量指标

1. 居民生活用气量指标

居民生活用气量指标是指城市居民每人每年平均燃气用量。该指标受生活水平、用气设备的情况、生活服务设施的发展程度、当地气象条件、燃气价格、集中供应设备等多种因素的影响。这些因素的变化都可能对居民生活用气量产生影响，因此在城市燃气供应规划中需要综合考虑这些因素来合理预测居民生活用气量。

当居民使用的用气设备增加、气温降低时，居民需要付出更高的成本来维持舒适的生活，因此居民生活用气量指标通常较高。然而，随着公共生活服务设施的不断发展和普及，以及燃气设备效率的提高，居民生活用气量有望减少。

上述各种因素的数据多种多样，且存在较大的不确定性。通常情况下，采用平均用气量作为指标，即对典型用户的用气情况进行综合分析，得出平均用气量。

2. 商业用气量指标

商业用气量指标是指单位成品、单位设施或每人每年消耗的燃气量，通常折算为热量。商业用气量指标的确定受多种因素的影响，包括用气设备的性能、热效率、商业单位的运营状况以及所在地区的气候条件等。

3. 工业企业用气量指标

对于工业企业用气量指标，可以根据产品的耗气定额或其他燃料的实际消耗量进行折算，也可以参考同行业的用气量指标进行分析加以确定。这些指标的确定通常需要考虑特定用气设备、商业单位的经营状况，以及地区的气候条件等因素。

4. 采暖和空调用气量指标

可按《城镇供热管网设计标准》（CJJ/T 34—2022）或当地建筑物耗热量指标确定。

5. 汽车用气量指标

燃气汽车的用气量指标取决于汽车的种类、车型以及单位时间的运营里程。确定这些指标时，应考虑当地的燃气汽车类型、车型和使用情况的实际统计数据。如果没有足够的实际用气量统计数据可供参考，可以根据已有燃气汽车在其他城市的用气量指标进行分析和确定。这样的数据分析可用于估计当地燃气汽车的用气量指标，从而为城市燃气供应规划提供依据。

二、燃气需用工况

城市燃气供应的特点在于供气基本均匀，但用户的用气不均匀。这种用气的不均匀性对燃气供应系统的经济性产生显著影响。当用气量较大时，气源的生产能力和长输管线的输气能力能够得到充分利用；然而，当用气量较小时，按照普通的收益模式无法平衡气源生产和输送的成本，从而导致燃气的成本上升。因此，需要采取措施来解决用气的不均匀性，以提高燃气供应系统的经济性。

所谓燃气需用工况，就是指在一段时间中，不同时间区间里用气需求不同所产生的变化情况。月用气工况就是指一年内不同月份之间用气量的变化情况。

用气不均匀情况可用季节或月不均匀性、日不均匀性、小时不均匀性描述。

1. 月用气工况

月用气不均匀情况受多种因素影响，主要是气候条件。通常情况下，冬季各类型用户的用气量都会增加。居民和商业用户用气量在寒冷天气下增加，加热食物和提供生活热水的用热会随着气温降低而增加。工业用户的用气量也在冬季增加，即使生产工艺和产量没有变化，因为冬季温度较低，需要额外的热量来维持生产。采暖和空调用气是季节性负荷，只有在冬季供暖和夏季使用空调时才会用气。在某些地区，采暖期的用气负荷可能是夏季用气负荷的 5~6 倍。可以看出，季节性负荷对月用气不均匀性影响最大。

用月不均匀系数（K_m）来表示描述一年中各月的用气不均匀情况。该系数是每个月的用气量与全年平均月用气量之比。然而，由于每个月的天数在 28~31 天之间变化，月不均匀系数可能不够准确。因此，可以使用下面的公式来计算月不均匀值：

$$K_\mathrm{m} = \frac{该年平均月用气量}{全年平均月用气量} \tag{1-3-1}$$

12 个月中平均日用气量最大的月，也即月不均匀系数值最大的月，称为计算月。将月最大不均匀系数 $K_\mathrm{m\_max}$ 称为月高峰系数。

2. 日用气工况

一个月或一周中日用气的波动受多种因素影响，主要包括以下几点：

居民生活习惯：居民生活中的炊事和热水用气量具有较大的随机性。不同居民的生活习惯和用气规律各不相同，甚至在有规律的生活中，日用气量也会受到季节和室外温度等因素的影响。

工业和企业的工作制度：工业和企业的工作和休息制度通常有较规律的工作时间，因此其用气规律也相对稳定。

室外气温：室外气温变化不具有明显的规律性，气温较低的日子通常需要更多的用气，尤其是在采暖季节。

用日不均匀系数（K_d）描述一个月或一周中日用气量的变化情况，日不均匀系数可按下式计算：

$$K_\mathrm{d} = \frac{该月中某日用气量}{该月平均日用气量} \tag{1-3-2}$$

计算月中日不均匀系数的最大值 $K_\mathrm{d\_max}$ 称为该计算月的日高峰系数。$K_\mathrm{d\_max}$ 所在日称为计算日。

3. 小时用气工况

城市中不同类型的用户在一天中的小时用气量会出现显著的变化，尤其是居民用户和商业用户。这种小时不均匀性与多个因素相关：

居民用户：居民用户的小时不均匀性受居民的生活习惯、用气设备种类和供气规模等因素影响。一般来说，会存在早晨、中午和晚上三个高峰时段，分别对应早餐、午餐和晚餐的烹饪以及洗浴等活动。

商业用户：商业用户的用气量受其经营性质、用气方式、规模和工作时间等因素影响。不同类型的商业用户，如饭店、宾馆、办公楼等，会在一天中的不同时间段有用气高峰。

工业和企业用户：工业和企业用户的用气工况通常受其工作班制、工作时间等因素影响。三班制工作的工业用户用气工况相对均匀，而其他班制的工业用户在其工作时间内用气较为稳定。

采暖设备：在采暖季节，大型采暖设备的日用气工况相对稳定，而小型采暖炉通常是间歇式工作，会在特定时段产生较大的用气需求。

小时不均匀系数用于描述一天中各小时的用气变化情况，反映不同时间段内的用气高峰。

城市燃气管网系统的管径及设备，均按月小时最大流量计算。小时用气工况变化对燃气管网的运行以及计算平衡时不均匀性所需储气容积都很重要。小时不均匀系数可按下式计算：

$$K_\mathrm{h} = \frac{该日某小时用气量}{该日平均小时用气量} \tag{1-3-3}$$

计算日的小时不均匀系数的最大值 $K_\mathrm{h\_max}$ 称为计算日的小时高峰系数。

三、城市燃气年用量的计算

年用气量是根据不同类型和数量的燃气用户以及各类用户的用气量指标来确定的。由于各类用户的用气量指标的单位不同，通常需要分别计算不同用户类型的年用气量，然后将它们合并汇总。这样可以更准确地估计城市燃气的年用气量。

1. 居民生活年用气量

在计算居民生活年用气量时，需要确定用气人数。居民用气人数取决于城市居民人口数和气化率。气化率是指城市居民使用燃气的人数占城市总人数的百分比。一般城市的气化率很难达到100%，其原因是有些旧房屋结构不符合安装燃气设备的条件，或居民点离管网太远。根据居民生活年用气量指标、居民数、气化率即可按公式(1-3-4)计算：

$$Q_y = \frac{NKq_j}{H_1} \tag{1-3-4}$$

式中　Q_y——居民生活年用气量，m^3/a；
　　　N——居民人数，人；
　　　K——气化率，%；
　　　q_j——居民生活用气量定额，MJ/(人·a)；
　　　H_1——燃气低热值，MJ/m^3。

2. 商业年用气量

计算商业年用气量时，首先需要收集关于商业设施的现状信息，例如建筑设施的床位，幼儿园和托儿所的人员数量、入托人数，饮食业的座位数量、营业额、用粮数等。此外，还需了解医院和旅馆设施的标准，医院和旅馆的床位以及饮食业座位的千人指标等。然后，根据表1-3-2中的用气量指标，结合这些信息进行计算。

如果无法获取商业建筑设施的用气统计数据和规划指标，可以向相关煤炭供应部门查询有关用户的现状年耗煤量，并考虑自然增长率（基于历年统计数据的增长率）进行计算。在进行折算时，需要考虑到燃气和煤的热效率不同。

商业年用气量计算公式如下：

$$Q_y = \frac{M \cdot N \cdot q_g}{H_1} \tag{1-3-5}$$

式中　Q_y——商业用户年用气量，m^3/a；
　　　N——居民人数，人；
　　　M——各类用气人数占总人口的比例数；
　　　q_g——各类商业用气量定额，MJ/(人·a)；
　　　H_1——燃气低热值，MJ/m^3。

3. 房屋采暖年用气量

房屋采暖年用气量与使用燃气采暖的建筑面积、采暖耗热指标和年采暖期长短等因素有关，一般可按式(1-3-6)计算：

$$Q_e = \frac{Fq_H n}{H_1 \eta} \tag{1-3-6}$$

式中　Q_e——年采暖用气量，m^3/a；

F——使用暖气采暖的建筑面积，m^2；
q_H——建筑物的耗热指标，$MJ/(m^2 \cdot h)$；
n——采暖负荷最大利用小时，h/a；
H_1——燃气低热值，MJ/m^3；
η——燃气采暖系统热效率，%。

采暖负荷最大利用小时数可用式(1-3-7)计算：

$$n = n_1 \frac{t_1 - t_2}{t_1 - t_3} \tag{1-3-7}$$

式中 n——采暖负荷最大利用小时，h；
n_1——采暖期，h；
t_1——采暖期室内设计温度，℃；
t_2——采暖期室外空气平均温度，℃；
t_3——采暖期室外计算温度，℃。

不同地区的冬季室外采暖计算温度不同，各类建筑物对室内温度的要求也存在差异，因此各地的耗热指标 q_H 会有所不同。通常情况下，这些指标可以通过实际测量和实测数据来确定。燃气采暖系统热效率 η 值受采暖系统的差异而变化，其效率指标通常介于 70%~80% 之间。

4. 工业年用气量

在规划城市燃气供应时，工业年用气量的确定与工业企业的生产规模、工作班制和工艺特点相关。通常情况下，各个影响因素较难控制，一般会用煤炭消耗量折算为煤气用量。在折算时，需要考虑自然增长率以及使用不同燃料时的热效率差异。一般来说，工业用户的年用气量可以根据中小型企业的现状和发展趋势来估算，同时还需要考虑他们对燃气价格的承受能力。如果有相关数据，可用工业产品的用气定额来计算工业年用气量。

在没有产品用气量指标数据的情况下，通常会将工业企业使用其他燃料的年用量折算为燃气用气量。折算公式如下：

$$Q_y = \frac{1000 G_y H'_1 \eta'}{H_1 \eta} \tag{1-3-8}$$

式中 Q_y——工业年用气量，m^3/a；
G_y——其他燃料年用量，t/a；
H'_1——其他燃料的低热值，MJ/kg；
H_1——燃气的低热值，MJ/m^3；
η'——其他燃料燃烧设备的热效率，%；
η——燃气燃烧设备的热效率，%。

各种燃料的热效率参见 1-3-1。

表 1-3-1　各种燃料的热效率

燃料种类	天然气	液化石油气	人工煤气	液化气空混气	煤炭	汽油	柴油	重油	电
热效率（%）	60	60	60	60	18	30	30	28	80

5. 燃气汽车年用气量

针对天然气汽车，如公交车、出租车和环卫车等，需要考虑当地燃气汽车的种类、车型、发展规模以及耗油量等因素，可以通过统计分析或参照其他城市的用气量指标来确定。

6. 未预见用气量

未预见用气量包括管网的燃气漏损量和发展过程中未预见到的供气量。通常，未预见用气量按总用气量的5%进行估算。在规划设计过程中，需要尽量考虑未来的潜在燃气用户，但未建成或暂不供气的用户不应全部划归未预见供气范围。

四、计算用量的确定

要确定城市燃气管网、设备通过能力和储存设施容积，不能直接使用年用气量。相反，需要考虑燃气需求情况，特别是在高峰时段的用气情况。这涉及确定高峰小时计算流量，而高峰小时计算流量的准确性对输配系统的经济性和可靠性至关重要。确定高峰小时计算流量的方法通常有两种：不均匀系数法和同时工作系数法。

根据城市的具体情况和用户类型，可以选择适合的方法来确定高峰小时计算流量，以确保输配系统的合理规划和经济性。

1. 不均匀系数法

在规划、设计阶段估算燃气管道直径及设备容量时可使用不均匀系数法。这种方法适用于各种压力和用途的城市燃气分配管道的小时流量的计算。一般在做城市燃气供应系统的规划、设计时，燃气分配管道的小时计算流量可用式(1-3-9)计算：

$$Q_j = \frac{Q_n}{365 \times 24} K_{m\_max} K_{d\_max} K_{h\_max} \quad (1-3-9)$$

式中 Q_j——燃气管道的计算流量，m^3/h；

Q_n——年用气量，m^3/a；

K_{m_max}——月高峰系数；

K_{d_max}——日高峰系数；

K_{h_max}——小时高峰系数。

城市居民生活和商业用户燃气消耗的高峰系数应根据城市燃气使用的实际统计数据确定。如果没有实际的统计数据，也可以按下列推荐值选取：$K_{m\_max}=1.1\sim1.3$，$K_{d\_max}=1.05\sim1.2$，$K_{h\_max}=2.20\sim3.20$。当供气户数多时，小时高峰系数应选取低限值。

几个城市居民和商业用气高峰系数见表1-3-2。

表1-3-2 几个城市用气高峰系数

序号	城市名称	高峰系数			
		K_{m_max}	K_{d_max}	K_{h_max}	$K_{m\_max}K_{d\_max}K_{h\_max}$
1	北京	1.15~1.25	1.05~1.11	2.64~3.14	3.20~4.35
2	上海	1.24~1.30	1.10~1.17	2.72	3.7~4.14
3	大连	1.21	1.19	2.25~2.78	3.24~4.00
4	鞍山	1.06~1.15	1.03~1.07	2.40~3.24	2.16~4.00
5	沈阳	1.18~1.23	—	2.16~3.00	—
6	哈尔滨	1.15	1.10	2.90~3.18	3.66~4.02
7	一般地区	1.10~1.30	1.05~1.20	2.20~3.20	2.54~4.99

2. 同时工作系数法

这种方法适用于居民小区、庭院及室内燃气管道的设计计算。

在用户的用气设备确定以后，可以用这种方法确定管道的小时计算流量。管道的小时计算流量根据燃气设备的额定流量和同时工作的概率来确定，其计算公式为

$$Q_j = K_t \cdot \sum K_0 Q_H N \tag{1-3-10}$$

式中 Q_j——管道的小时计算流量，m^3/h；

K_t——不同类型用户的同时工作系数，当缺乏资料时，可取 1；

K_0——燃气灶具的同时工作系数；

N——同一类型燃具的数目；

Q_H——燃具的额定耗气量，m^3/h。

同时工作系数 K_0 是用来反映燃气灶具的集中使用程度，它与多种因素相关。用户的用气工况在本质上是随机的，受用户类型、燃具类型、居民户内用气人口、高峰时燃具开启程度以及能源结构等多个不确定性因素的影响。这些因素的复杂性使得 K_0 通常无法通过理论计算来精确确定，因此，需要进行实际观测，并采用数理统计和概率分析方法来确定该系数。

同时工作系数法是一种考虑一定数量的燃具同时工作概率和用户燃具设置情况的方法，用于确定燃气小时计算流量。然而，这种方法并没有考虑到使用同一燃具的人数差异，因此可能无法完全准确地反映实际情况。

在实际应用中，不同工况下的燃气灶具的同时工作系数是不同的，通常情况下，同时工作系数随着燃具的数量增加而减小。例如，双眼灶的同时工作系数可能会有一定的差异。因此，需要具体情况具体分析，结合实际观测和数据分析来确定同时工作系数，以更准确地估算燃气小时计算流量。双眼灶同时工作系数见表 1-3-3。

表 1-3-3 双眼灶同时工作系数

同类型燃具的数目 N	燃气双眼灶	燃气双眼灶和快速热水器	同类型燃具的数目 N	燃气双眼灶	燃气双眼灶和快速热水器
1	1.00	1.00	40	0.39	0.18
2	1.00	0.56	50	0.38	0.178
3	0.85	0.44	60	0.37	0.176
4	0.75	0.38	70	0.36	0.174
5	0.68	0.35	80	0.35	0.172
6	0.64	0.31	90	0.345	0.171
7	0.60	0.29	100	0.34	0.17
8	0.58	0.27	200	0.31	0.16
9	0.56	0.26	300	0.30	0.15
10	0.54	0.25	400	0.29	0.14
15	0.48	0.22	500	0.28	0.138
20	0.45	0.21	700	0.26	0.134
25	0.43	0.20	1000	0.25	0.13
30	0.40	0.19	2000	0.24	0.12

注：表中"燃气双眼灶"是指一户居民装设一个双眼灶的同时工作系数；当一户居民装设两个单眼灶时，也可参照本表计算。

五、城市燃气的供需平衡

燃气的供需平衡是指城市燃气供应和用户需求之间的平衡状态。城市各类用户使用的燃气量是在变化的，变化随月、日和小时等呈现不均匀状态。这就要求对城市供应的燃气量也要随这些变化进行调整。但是气源生产的燃气量不会跟随用气量调整，就需要用合适的方式，确保燃气输配系统具有维持平衡的作用，如图1-3-3所示。

这些方法可以包括使用储气设施、优化管网规划、采用调峰策略、建立储气站等，以确保城市燃气供应系统能够应对不均匀的用户需求，同时保持供应的稳定性和可靠性。

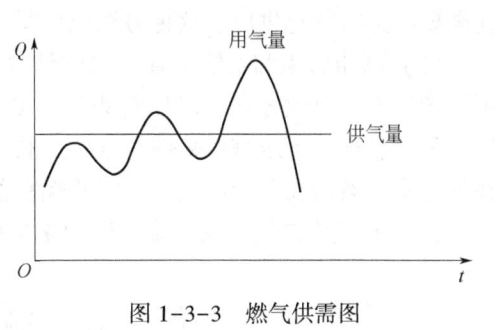

图1-3-3 燃气供需图

1. 改变气源的生产能力

焦炉煤气由于受到焦炭生产的限制，通常无法改变。但是直立式连续炭化炉煤气的产量可以有少量的变化幅度，通过改变投煤量、干馏时间等手段来实现。相比之下，油制气、制气煤和液化石油气等气源有较大的机动性，即设备的启动或停止操作较为简便，负荷调整范围广泛，用来调整月度（或季度）以及每日的用气不均匀性比较合适，甚至可以平衡每小时的用气不均匀性。采用天然气作气源时，一般由气源方（即供气方）来统筹调度，以平衡月、日的用气不均匀性。

改变气源的生产能力受多种因素限制，如气源运转、停止的难易程度，生产负荷变化的幅度，供气的安全可靠性及技术经济的合理性等，应经科学的论证后才能实施。

2. 采用机动气源调节

有条件的地方可以设置机动气源，用气高峰时供气，用气低峰时储气、停产或作它用。采用这种方式时应根据当地的实际情况，充分考虑机动气源与主气源的置换性，并作综合的技术经济论证。

3. 利用缓冲用户进行调节

一些大中型用气用户或是有多种燃料选择的用户，在用气低峰或是高峰时可以发挥燃气缓冲的作用。在夏季，当用气需求较低时，可以向他们提供大量燃气；在冬季，用气需求高，他们可以转而使用固体燃料或液体燃料。在用气高峰时有计划地停供大中型工业企业用气，这些大中型工业企业也应尽可能在这段时间内安排对燃气供应管道大修。

4. 利用液化石油气进行调节

在用气的高峰期，特别是节假日，可以使用液化石油气进行调节。通常，将液化石油气槽车直接运送到输配管网的储气罐区，并将其充入储气罐后与天然气混合供应来实现供气调节。但需要确保所使用的液化石油气符合质量要求，特别是含硫量，避免腐蚀储气罐和燃气输配系统。

5. 利用储气设施调节

（1）地下储气。地下储气库可以用于平衡季节不均匀用气和部分日不均匀用气，但不适用于平衡采暖、空调的日不均匀用气和小时不均匀用气。这是因为急剧增加采气强度会增加储气库的投资和运行费用，很不经济。

（2）液态储存。液态储存主要适用于液化石油气和液化天然气。天然气的主要成分甲烷在常压、-162℃时即可液化。可以在液化天然气储罐或洞穴储气库中储存天然气，然后在需要时进行气化供应。这种方法储气量大，负荷调节范围广，适用于各种不均匀用气。

（3）高压管束和长输干管的末端储气。高压管束储气和长输干管末端储气是平衡小时不均匀用气的有效方法。高压管束储气是通过将一组或几组管道埋在地下，对管内燃气加压，利用燃气的可压缩性来储存气体。长输干管末端储气是在夜间用气低峰时，将燃气储存在管道中，然后在白天用气高峰时将储存的燃气送出。

（4）储气罐储气。储气罐一般用来平衡日不均匀用气和小时不均匀用气。

第三节　城市燃气输配系统

一、城市燃气输配系统的组成

城市燃气输配系统如图 1-3-4 所示，一般由门站、储配站、输配管网、储气设施、调压站、数据采集与监控系统、维护与管理中心共同组成。

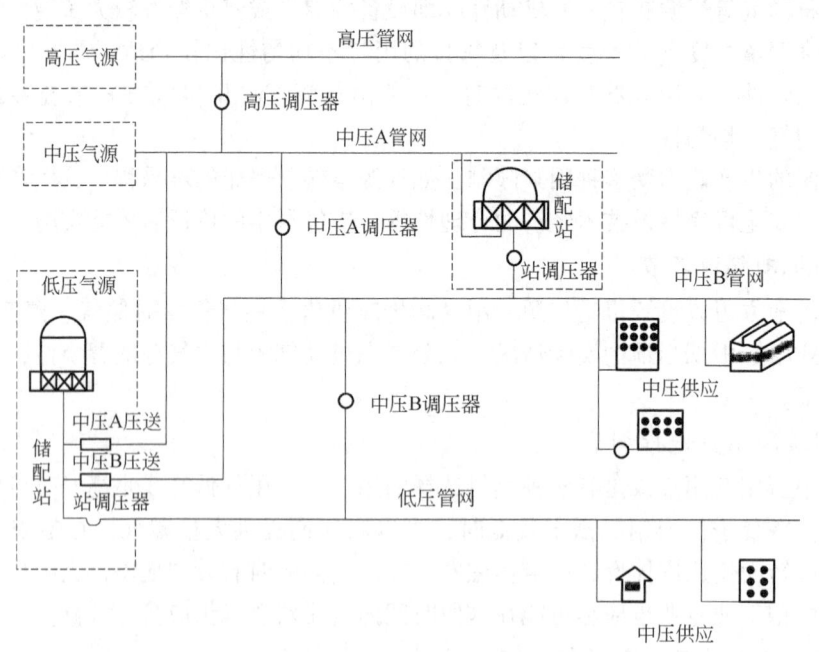

图 1-3-4　城市燃气输配系统

1. 门站

门站的主要工作任务是接收煤制气、天然气、煤层气等城市燃气，对其展开计量以及质量检测，并根据城市燃气供应的输配标准对所接收燃气的流量和压力进行调控。必要条件下，还需要对其进行净化和加臭处理。一般情况下，长输管道的末站以及城市接收门站设置于城市周边。

2. 储配站

储配站用来储存部分燃气，在城市燃气的供用气高峰时，也发挥着调峰的作用。在上游输气不能正常进行时，或是设施出现故障、维修管道时，储配站储存的燃气可以暂时向用户供应。向用户提供的混合燃气，也是在此进行混合，保证混合燃气的成分均匀。此外，对燃气加压、降压，也是储配站的功能，将燃气加压（或降压）以保证输配管网或用户燃具前燃气的压力。

3. 输配管网

输配管网的作用是连接储配站、门站、储气点、调压站和燃气用户，通过管道将燃气安全、可靠地输送到各处。管网的布置应尽量靠近用户，以保证用最短的线路长度，达到同样的供气效果。

4. 调压站

调压站负责调节管网内的燃气压力，将输气管网的压力调节至下一级管网或用户所需的压力。调压站在调节压力的同时也要保证压力的稳定性。

5. 数据采集与监控系统

数据采集与监控系统（Supervisory Control And Data Acquisition，SCADA），主要功能是实现数据实时采集、生产调度自动化、营业收费自动化以及提供决策支持等。

6. 维护与管理中心

维护与管理中心的职能是保障管网系统的正常运行、维护管理以及收费。为了使维护和管理中心能够更好地向用户提供服务以及保障燃气输配系统的正常运行，还需要在服务范围内设置燃气维修所。

二、城市燃气管网的分类

燃气管网的分类方式有多种，例如根据用途、敷设方式、管网形状、压力级制进行分类。

1. 按用途分类

（1）长距离输气管线：适用于巨量燃气的运输，并设有许多支管，一般是连接在天然气田或是人工煤气与城市之间，即气源向用气地区输送的管线。

（2）城市燃气管道：包括分配管道、用户引入管、室内燃气管道等。

（3）工业企业燃气管道：用于城市燃气通过管道输送进工厂内，再分别运送到各个车间，包括车间燃气管道、炉前燃气管道等。

2. 按敷设方式分类

（1）埋地管道：城市中的燃气管道通常采用埋地敷设，有直接埋设和间接埋设两种方式。

（2）架空管道：在工厂厂区内、跨越障碍物或建筑物内的燃气管道通常采用架空敷设方式。

3. 按设计压力分类

因燃气的特殊性质，燃气管道与其他管道相比，对安全要求格外严格。

管道都可能存在连接处不牢固或者开裂的风险，对于燃气管道来说，在考虑一般管道的风险因素的同时，还要关注管内燃气压力的因素；当管内压力增加时，风险出现的可能也会增加。不同用途的管道，管内燃气压力的可承受范围也有所不同；这与管道材料、质量有关，因此对燃气管道的检验标准和运行管理都有特殊要求。

我国对城市燃气管道根据燃气设计压力 p（以 MPa 为单位），分为七个级别，各级别压力见表 1-3-4。

表 1-3-4　城市燃气设计压力（表压）分级

名称		压力（MPa）
高压燃气管道	A	$2.5 < p \leqslant 4.0$
	B	$1.6 < p \leqslant 2.5$
次高压燃气管道	A	$0.8 < p \leqslant 1.6$
	B	$0.4 < p \leqslant 0.8$
中压燃气管道	A	$0.2 < p \leqslant 0.4$
	B	$0.01 \leqslant p \leqslant 0.20$
低压燃气管道		$p < 0.01$

城市燃气输配系统中可能会存在多个压力级别的管道，为保证系统安全运行，对于不同管道的需要装配调压装置，用来防止管道超压。

4. 按管网形状分类

（1）环状管网：指管段连成封闭的环状，允许任一管段输送燃气，是输配管网的基本形式。同一环中的压力通常相同。

（2）枝状管网：以主要干管为主导，从主管引出分支管道。枝状管网一般不单独使用。

（3）环枝状管网：是环状和枝状两种形式管网的混合使用。

5. 按管网压力级制分类

城市燃气管网系统根据所采用的管网压力级制不同可分为：

（1）单级管网系统：仅有低压（中压）一种压力级别的管网系统。

（2）二级管网系统：包括两种不同的压力级别的管网系统。

（3）三级管网系统：包括低压、中压和次高压三种压力级别的管网系统。

（4）多级管网系统：包括低压、中压、次高压和高压等多种压力级别的管网系统。

三、城市燃气管网系统的压力级制

1. 城市燃气管网采用不同压力级制的原因

在城市燃气管网系统的设计中需要综合考虑多个因素，包括但不限于：

（1）经济性。如某城市的 A 区向 B 区输送大量燃气，考虑到输送途中的输送效率、输送损耗的影响，应采用较高的压力比较经济合理。

（2）供气的连续性和系统安全性。管网系统需要保证供气的连续性和系统的运行安全，以及方便维护和管理。在发生故障或需要维修时，应能够关闭系统中某些部分管段，而不影响其他部分的正常工作。

（3）用户对燃气压力的需求。不同类型的用户对燃气的压力需求不一致。对居民用户和小型建筑用户来说，需提供低压燃气；对于工业企业来说，低压燃气不能满足需求，可能需要提供中压、次高压或高压燃气。

（4）消防安全要求。老城区改建或是建筑物密集等情况下，敷设高压或中压 A 级燃气管道并不安全。从安全性和便于管理的角度考虑，它们可能不适合人口密集区域，因此可以考虑使用中压 B 级燃气管道和低压燃气管道。

2. 燃气管网系统的选择

城市在选择燃气输配系统的压力级制时，需要综合考虑多个因素，以确保选择出技术经济合理和安全可靠的方案。以下是考虑因素的一些关键点：

（1）气源情况，是指燃气的种类、性质、供气量和供气压力。除此之外，还需了解燃气的净化程度和含混量，以及气源的未来发展计划或更换气源的规划情况。

（2）城市规模和规划，是指城市的大小、未来规划，街区和道路的现状和规划，以及用户的分布情况。了解此信息确保管网系统覆盖所有需要的地区。

（3）原有供气设施情况，是指已经存在的城市燃气供应设施，包括管道、储气设备等。这些设施可能会影响新系统的设计和集成。

（4）用户对燃气压力的需求。一般情况下，居民用户需要低压燃气；对于工业用户，中压、高压才能满足工作生产要求。系统的设计要考虑这些差异以满足用户需求。

（5）工业企业特点和数量，是指城市内的工业企业数量和类型。不同类型的工业企业可能需要不同压力级别的燃气，因此需要根据其特点进行规划。

（6）储气设备的类型。确定使用的储气设备类型，以便储存和分配燃气。这可能涉及液态储存、管道储存等不同设备类型。

（7）城市地理和地形条件以及地下管线建设的难易程度。这些条件可能会影响管道的敷设方式和位置。

通过全面综合考虑这些因素，进行技术和经济比较，可以选择最佳的城市燃气输配系统方案，确保系统的有效供气，同时维护其技术可行性、经济可行性和用户满意度。这有助于满足城市的需求，保持系统的安全性和可维护性。

3. 城市燃气管网压力级制的类型

压力级制是城市燃气输配系统的重要组成部分，根据不同的需求和情况，可以选择不同的压力级制。以下是一些常见的城市燃气输配系统压力级制的示例。

1）单级管网系统

单级管网系统是一个仅有一个压力级制的系统，通常是低压系统，用于小型城市或地区，图 1-3-5 中展示了单级管网系统。其特点是供气系统简单、维护管理方便，不需要压送设备，但用户压力波动较大。这种系统适用于用气量较小、供气范围较小的地区。

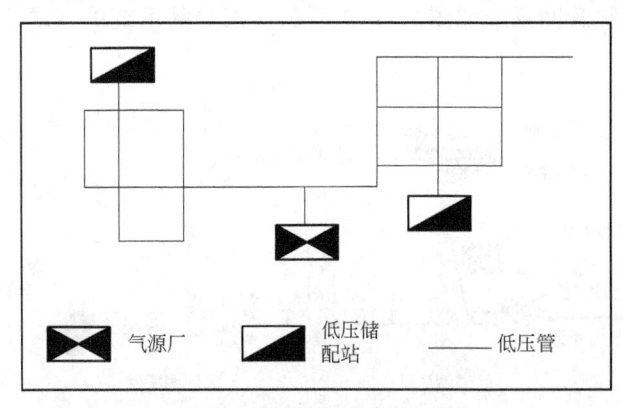

图 1-3-5　单级管网系统示例

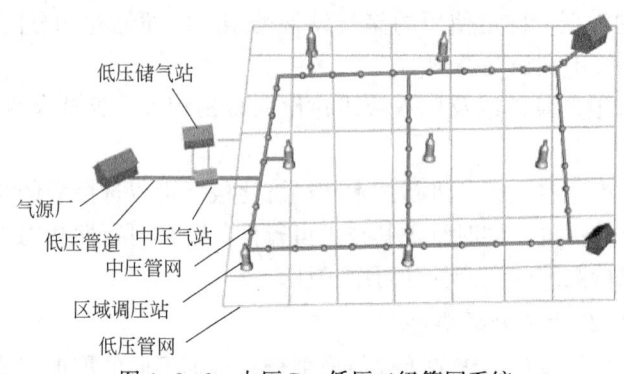

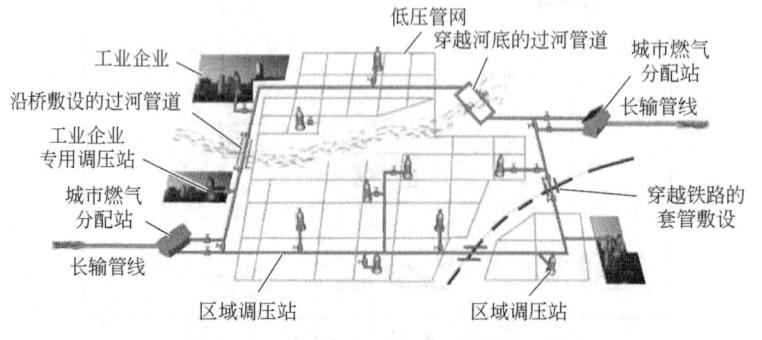

2) 中—低压二级管网系统

中—低压二级管网系统包括中压和低压两种压力级别。先是以低压气源厂和储气罐提供燃气，经过压缩机升至中压，然后由中压管网输送，最后通过区域调压器降至低压，供应用户。这种系统能减少管网的投资费用，但维护较复杂，管理较困难，运行费用较高。而且若出现停电或其他故障，压缩机失去动力或是不能运行，会对城市正常供气造成影响。因此该系统适用于供气范围大、用量大的中型城市。

根据城市的需求、用气量、地理地形条件和其他因素，可以选择适当的压力级制，以确保系统的安全、可靠和经济运行。不同的系统设计和压力级制适用于不同的城市和地区。在选择系统时，需要进行综合考虑，以确保满足城市的用气需求并维护系统的可行性和经济性。

（1）中压B—低压二级管网系统。

中压B—低压二级管网系统如图1-3-6所示，该管网系统的气源是人工煤气，用低压储气罐储气。其运行路径是：燃气从气源厂出来时是低压，进入加压装置升为中压，通过中压管网，然后再由区域调压站调为低压，送入低压管网。在供气区域设置了低压储气罐，低压储气罐在低压状态下由中压管网供气，而在高峰用气时，储气罐内的燃气可以输送给中压管网（通过加压）或低压管网。

图 1-3-6 中压B—低压二级管网系统

这个系统的特点在于范围大，采用低压配气，供气系统运行相对较安全。但是，由于涉及多个压力级别和储气罐，相较于其他系统，该系统的初始投入的资金较多；通常用于人口密集的老城区，以确保供气的可行性和安全性。

（2）中压A—低压二级管网系统。

中压A—低压二级管网系统如图1-3-7所示。该管网系统的气源为天然气，用长输管线末端储气。

图 1-3-7 中压A—低压二级管网系统

在该系统中，天然气经燃气分配站输送入城市，再通过中压 A 环状管网，通过区域调压站向低压管网供气，同时还经由专用调压站供应工业企业。低压管网可以分为若干个互不连接的区域管网。

这个系统所包括输气干管的直径较小，相较于中压 B—低压二级管网系统，投入的资金较少，适于建筑物较少的大城市中建设，以确保供气的经济性。

（3）高—中—低压三级管网系统。

图 1-3-8 中展示的是高—中—低压三级管网系统，在城市供气范围内，高（或次高）压燃气经高压管网输送，然后经高—中压调压站，输出为中压燃气进入中压管网，接下来，燃气再经过中—低压调压站，输出为低压燃气，进入用户的低压管网，实现供气。

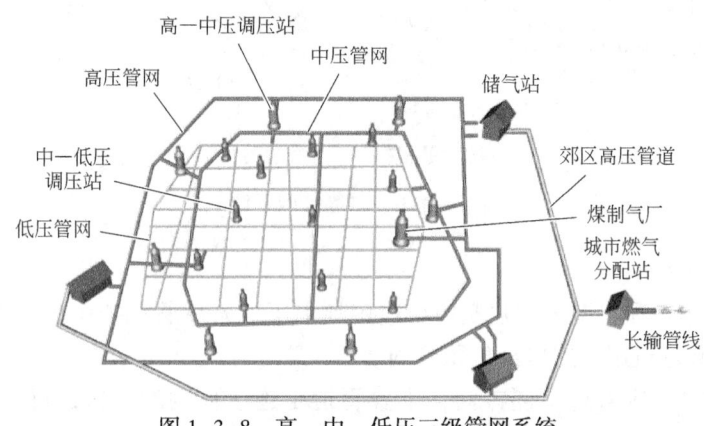

图 1-3-8　高—中—低压三级管网系统

这种系统的主要特点包括：

① 通常包括三个级别，其中一个级别是高压（或次高压），其余两个级别分别是中压和低压。

② 高（或次高）压管道具有较大的输送能力，因此可以使用较小的管径，这有助于减少系统的初始投资成本。

③ 采用管道储气或高压储气罐，在城市暂时停电时，短时间内向城市持续供应燃气，提高了供气的可靠性。

④ 系统中包括多级管道和调压站，因此系统的运行和维护相对复杂。此外，如果没有高压气源，可能需要配置高压压缩机，这将增加运营成本。

高—中—低压三级管网系统适用于供应范围广、供气量大并需要远距离输送燃气的场合。它可以降低管网系统的建设成本，用于天然气或高压制气等高压气源更为经济。该系统通常只有在大城市并要求供气有充分保证时才考虑选用。

（4）多级管网系统。

如图 1-3-9 所示的多级管网系统，是一种适用于人口众多的特大型城市的多级城市燃气输配系统，如北京和上海等。

这种系统使用天然气作为气源，其主要特点如下：

① 天然气供应系统包括地下储气库、高压储气罐站和长输管线储气。这些组件用于存储和分配天然气。

② 该系统的压力主要分为四级，包括低压、中压 B、中压 A 和高压 B。这些级别通过

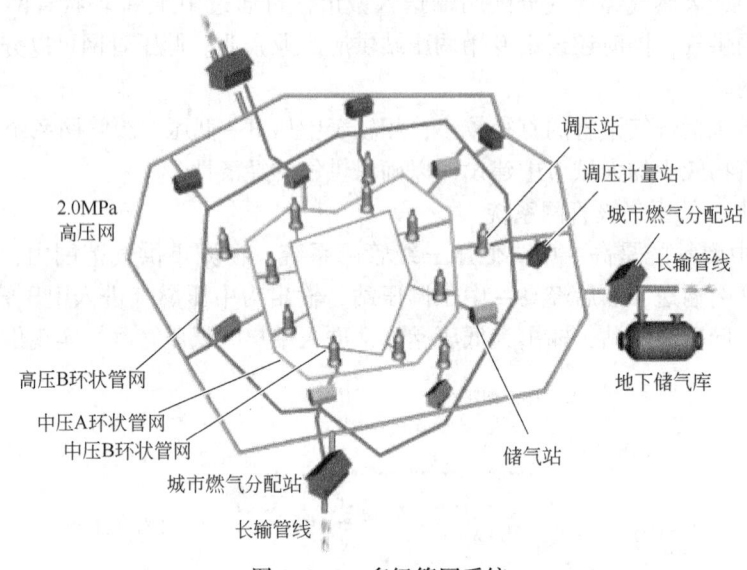

图 1-3-9　多级管网系统

调压站进行协调和调整。

③ 工业企业用户和大型公共建筑用户连接到中压 B 环状管网或中压 A 环状管网，而居民用户和小型公共建筑用户连接到低压管网。

④ 由于天然气供应来自不同方向，主要管道是连成环网的，从运行和管理的角度看，这使得系统既安全又灵活。对于解决不均匀的用户用气量，可以选择缓冲用户、地下储气库、高压储气罐以及长输管线储气等方式。

对于新建城市燃气输配系统，通常采用以下两种主要系统：

高—中压二级管网系统：适用于较大的城市，其中高压管道具有双重功能，既输送气体又作为储气装置。这样的系统兼具灵活性和经济性。

中压单级管网系统：适用于中小城市。

此两系统中的中压管道供气至小区调压装置或楼栋调压箱，天然气实现由中压到低压的调压后进入低压庭院管和室内管。各小区或楼栋设调压柜或设楼栋调压箱，也可中压管道直接进入用户调压器调压。

这些系统的选择通常取决于城市规模、气源情况和用户需求，以确保系统的技术和经济合理性。

第四节　城市燃气调峰与储存

一、城市燃气的调峰要求

燃气供应的问题，在各种不同类型的天然气用户领域并不明显。但是在不同月份、不同日期以及不同时间段都存在明显变化，远非均衡稳定。为了实现供应平衡，要采用调峰的措施解决这种变化。城市通常对气源和输配管网进行统一管理和分配调度，每个城市都会选择适合城市条件的方式储存调度气源和储气罐，应对月、日、时的不均匀供气问题。然而，天燃气的供应链包括上游（气井采气）、中游（管道长输）和下游（用户用气）这三个部分，由不同的公司管理、不同的部门负责，这就要求上、中、下游统筹对整个供气系统的天然气调峰。

参考国外的调峰措施，用管道末端储气来调节日、时供气。而平衡季节和月份的供气不均匀通常用地下储气库来解决。地下储气库的天然气吞吐量巨大，除了能够满足天然气季节调峰外，当距离城市较近时，还可用作天然气短期调峰，以平衡日、时不均匀性。所以，要保证不间断安全供气，发挥高压长输管道的管道末端储气能力，以及建立足够的地下储气库增大气体容量是非常必要的。

2006年7月，中华人民共和国建设部修订的《城镇燃气设计规范（2020版）》（GB 50028—2006）中，规定了6.1.4条：当使用天然气作为气源时，需要处理城镇燃气逐月和逐日的用气不均匀性，这需要气源方（即供气方）进行整体调度解决。6.1.5条第2款规定：采用天然气做气源时，平衡小时的用气不均所需调峰气量宜由供气方解决，不足时由城镇燃气输配系统解决。

2017年5月，中共中央和国务院发布了《关于深化石油天然气体制改革的若干意见》，其中提出了完善油气储备体系，增强油气战略安全保障供应能力的目标。该政策还明确了政府、供气企业、管道企业、城市燃气公司和大用户的储备调峰责任和义务，并鼓励在天然气购销合同中协商约定日调峰供气责任。

2017年5月，国家发改委和国家能源局联合发布的《加快天然气利用的意见》中，提出了加速储气调峰设施建设的计划，计划到2025年实现地下储气库的工作量超过$300\times10^8 m^3$，并要求新建或扩建LNG接收站的储气量应达到设计年接收能力的10倍以上。

2018年4月，国家发改委发布了《关于加快储气设施建设和完善储气调峰辅助服务市场机制的意见》，提出到2020年，供气企业需要拥有不低于其年合同销售量10%的储气能力，县级以上地方政府需要至少形成不低于本行政区域日均3天需求量的储气能力，城市燃气企业需要形成不低于其年用气量5%的储气能力。

通过上游和中游的天然气供应，实现对下游供气的调峰需求。这种方式只需统一建立城市调峰措施，既省时又经济。

城市为解决调峰问题，目前常采用的措施有：

（1）建立城市备用气源设施。鉴于天然气的可替代性，可考虑采用液化石油气与空气混合装置或者轻重油气制备设施等作为适宜的备用气源。这些设施复杂且昂贵，每立方米的基础设施投资大约在500~1000元之间。

（2）采用天然气液态储存。在常压条件下，当天然气温度降至-161℃时，可将其液化并储存于储罐中。$1m^3$的液化天然气气化后可生成约$600m^3$的天然气。

（3）充分利用缓冲用户以减小城市用气高峰。鼓励工业用户增加工业用气量的比例。积极推广在夏季的城市用气低峰期采用溴化锂直燃机空调设备，通过实施低谷价位的经济激励政策，降低用气高峰，平衡用气量。

（4）采用高压储罐。利用天然气进出高压储罐的压差来实现储气的技术已得到广泛应用。高压球罐的容积通常在$1000\sim10000m^3$之间，最大设计压力为1.57MPa。

（5）采用管道储气。管道储气本质上是一种高压管式储气设施。天然气长输管道具备承受高压气体的能力，因此可以充分利用天然气长输管道终端，既起输气作用又起储气作用。相较于球罐，管道储气能够承受更高的气体压力，有助于提升储气能力。

综合考虑上述城市调峰措施，它们都需要较大的投资，而有些还需要占用城市土地。表 1-3-5 中，比较了地下储气和其他储气方式的投资成本。

表 1-3-5　地下储气和其他储气方式的投资费用

储气方式		投资费用（元/m³ 工作气或储气量）
地下储气	枯竭油气藏储气库	0.4~2.1
	含水层储气库	2.5~4.2
	盐穴储气库	3.3~5.8
液化天然气（LNG）储存		40~50
高压球罐储气		400~500
高压管网储气		300~400

很明显，通过在城市内建设球罐或高压管网等措施来进行调峰需要更多的建设资金，相较之下，建设地下储气库是一种更为经济和合理的方案。为了实现上游和中游足够的地下储气库建设，并合理规划生产量和供气计划以满足下游用户的用气需求，下游用户需要提供一年中各月、各日、各时段的用气数据。这些数据可以通过不同用户的实际数据积累，通过叠加和整理而得到。根据下游用户提供的数据和曲线，预先编制地下储气库的运营计划，以满足城市的所有调峰需求。

二、地下储气库的类型

1. 枯竭油气藏储气库

在枯竭的油层或气层中建立地下储气库是世界上最常用、最经济的地下储气方式之一。因其建设成本低且运行可靠，所以成为地下储气库的首选。截至 2021 年底，全球已建立了 425 座枯竭油气田类型的地下储气库，占地下储气库总数的 76.7%。

2. 含水层储气库

含水层储气库是另一大型地下储气库类型。在含水层中建设储气库的方法是通过向含水层的孔隙注入高压气体，将水排出，直接在非渗透性含水层盖层下形成储气区。截至 2021 年底，全球共有 82 座这种类型的储气库，占地下储气库总数的 14.8%。

3. 盐穴储气库

盐穴储气库是指在地下盐层中通过水溶解盐而形成空穴来储存天然气。其规模通常远小于枯竭油气藏类型和含水层类型的储气库，其单位有效容积的投资费用较高，成本也相对较高，且涉及盐水处理问题，盐穴的形成需要几年的时间。但盐穴储气的优势在于其利用率较高，注气时间较短，垫层气用量较少，可以在需要时将垫层气完全采出。西气东输金坛储气库即为盐穴储气库。

截至 2021 年底，全球建立了 52 座盐穴储气库，约占地下储气库总数的 7.9%。

三、国外地下储气库建设情况

截至 2021 年底，全球共建有地下储气库 662 座，主要分布于美国、欧洲等发达地区。国际天然气市场通常划分为北美、南美、欧洲、独联体、中东、非洲和亚太等七大区域市场，其中除了非洲，其他六个地区均建有储气库。但是分布极不均衡，北美、欧洲和独联体等传统天然气市场占据了 93% 的储气能力。北美集中了全球约三分之二数量的储气库，共

439座。总工作气量方面，北美地区总工作气量为 $1635×10^8m^3$，位居全球第一；排第二的是独联体地区，总工作气量为 $1208×10^8m^3$；其次是欧洲地区，总供气量为 $1076×10^8m^3$。北美地区日外输能力为 $37.55×10^8m^3$，位居全球首位；其次是欧洲地区，日外输能力为 $20.94×10^8m^3$；排第三的是独联体地区，日外输能力为 $12.09×10^8m^3$。由于这些国家拥有充足的地下储气库容量，结合完善的管道输配系统和多源气体供应，他们的气体供应调峰问题得以很好解决。

尽管建设地下储气库需要大量资金，但综合考虑高压输气管道的情况，与不建设地下储气库的方案相比，可节省输气管道和压气站的投资20%~30%，将输气成本降低15%~20%。

如果将上游、中游和下游作为整体考虑，与在城市内建立高压球罐等设施相比，建设地下储气库将带来更为显著的经济和社会效益。因此，建设地下储气库是天然气技术发展的不可或缺的一环。

四、国内地下储气库建设情况

我国注重各类储气库的技术研发，不断加大建设力度，建成了一些地下储气库，也推动了储气库建设技术的创新。截至2020年底，我国已建成各类储气库27座，总储气库容量为 $142×10^8m^3$。虽然我国储气库起步晚、地质条件差，但经过不断的理论创新，建设了一批难度较大的储气库，短期内实现了从零到百亿立方米级调峰能力的历史性跨越，迈入快速发展阶段。按照中长期发展规划，未来将建成西北、中西部、东北、华北、西南、中东部六大储气中心，2030年储气能力将达 $405×10^8m^3$，形成地下储气库—管网—气田—消费区相互联动的态势，起到调峰保供作用。其建设主体主要包括中国石油和中国石化这两家大型国企。

截至2021年底，中国石油已建成23座地下储气库，包括22座油气藏型储气库和1座盐穴储气库，这些储气库主要分布在环渤海、长三角、中西部、西南、西北和东北地区。这些储气库的总设计库容为 $404.8×10^8m^3$，工作气能力为 $173.9×10^8m^3$，调峰占中国城镇燃气调峰总量45%，保障了北京地区冬季50%的用气量，为京津冀"蓝天保卫战"作出重大贡献；在中亚进口气减供、西气东输管道因自然灾害中断等突发事件中发挥了应急保障关键作用。中国石油创造了断裂系统最复杂、埋藏最深、运行压力最高、井底压差最大等4项建库世界纪录，结束我国"有气无库"的历史。表1-3-6为中国石油储气库基本情况概览。

表1-3-6 中国石油储气库基本情况概览表

名称	类型	座数	库容 (10^8m^3)	工作气量 (10^8m^3)	注气能力 （标准状态） （m^3/d）	采气能力 （标准状态） （m^3/d）	调峰能力 (10^8m^3)
大港库群	油气藏	6	70.0	30.0	1755	3400	20.0
金坛	盐穴	1	26.4	17.1	900	1500	7.0
京58库群	油气藏	3	17.4	7.8	400	600	4.0
刘庄	油气藏	1	3.9	1.8	150	200	1.1
华北苏桥群	油气藏	5	70.5	23.3	1300	2100	9.2
双6	油气藏	1	57.5	32.2	1200	1500	19.5
相国寺	油气藏	1	42.6	23.0	1400	2850	21.0
呼图壁	油气藏	1	107.0	45.1	1550	2800	35.0

续表

名称	类型	座数	库容（$10^8 m^3$）	工作气量（$10^8 m^3$）	注气能力（标准状态）（m^3/d）	采气能力（标准状态）（m^3/d）	调峰能力（$10^8 m^3$）
大港板南群	油气藏	3	10.7	5.6	240	400	4.0
陕224	油气藏	1	8.6	3.3	220	420	3.3

注：金坛储气库为中国石油和中国石化合建。

截至2021年底，中国石化已建成3座储气库，其中包括2座油气藏型储气库和1座盐穴型储气库。中国石化的第一座储气库是文96储气库，它利用中原油田文96枯竭砂岩油气藏建成，具备较大的天然气应急调峰能力。江苏金坛盐穴储气库则是中国石化的第二座储气库，是"川气东送"管道的重要配套工程。中国石化具有丰富的建库资源，主要分布在华北地区和"川气东送"沿线等中东部天然气消费中心附近，具有较好的区位优势。根据国家储气调峰需求与中国石化天然气发展规划，中国石化将打造华北地区和长江经济带两大调峰中心，建成西北、东北地区调峰站，逐步完善储气调峰体系，实现天然气全产业链效益的最大化。基于中国石化调峰设施中远期发展战略，依托油气藏、盐穴储气、含水层等不同类型储气库建库资源，预计2035年中国石化将建成$300×10^8 m^3$储气能力。表1-3-7为中国石化储气库基本情况概览。

表1-3-7 中国石化储气库基本情况概览表

名称	类型	座数	库容（$10^8 m^3$）	工作气量（$10^8 m^3$）	注气能力（标准状态）（m^3/d）	采气能力（标准状态）（m^3/d）	建成调峰能力（$10^8 m^3$）
文96	油气藏	1	5.9	2.0	180	245	2.0
金坛	盐穴	1	11.8	7.2	450	1500	1.8
文23	油气藏	1	84.3	32.7	1800	3000	13.0

中国的天然气消费自2004年步入迅速发展期。年消费量从2001年的$259×10^8 m^3$增长到2023年的$3945.3×10^8 m^3$，天然气在居民、工业、电力和交通等领域的利用在未来将不断稳步增长。2023年我国天然气消费以城市燃气和工业燃料为主，占比之和约为76.47%。具体表现来看，城市燃气增量达到$169×10^8 m^3$，其中，居民和采暖受气价和城镇化的影响，用气增长放缓，公共公服用气同比增加约$25×10^8 m^3$；由于天然气相比成品油具有较好的价格优势，交通用气同比大幅增加约$52×10^8 m^3$。预计2030年，中国的年天然气消费量将达到$5000×10^8 m^3$，储气库的调峰保供需求也将达到$500×10^8 m^3$。有相关机构预测，到2035年和2050年，中国的天然气需求将分别达到$6500×10^8 m^3$和$7500×10^8 m^3$以上，占一次能源比重分别达到16.3%和17.6%。因此，未来一段时间内，中国的地下储气库将迎来新的建设高峰。

第二编
城市燃气技术规范

随着我国经济、社会和科技的迅猛发展，工程建设标准为我国经济建设提供了有力的支持。目前，工程建设标准已经基本实现了全面覆盖，并形成了相对完善的标准体系。这些标准在确保工程质量和安全、推动产业转型升级、加强节能降碳和生态环境保护、促进经济提质增效以及提升国际竞争力等方面发挥了重要作用。然而，面对日益变化的国内外形势，工程建设标准化工作已经无法很好地满足发展需求。这些问题的根源在于我国现有的标准化体制已经无法适应市场经济的发展要求。

在制定新的标准之前，相关部门经过论证，发现我国工程建设标准体制存在六个主要问题。第一，标准供给渠道单一，市场化标准供应不足；第二，标准的修订周期长，无法满足市场需求，也抑制了技术创新；第三，现行的强制性条文逐渐显露出弊端；第四，标准对工程建设的目标性能要求不够系统和突出；第五，部分标准的技术水平和指标不高，缺乏前瞻性的技术要求，尤其是对于城市生命线工程建设标准水平较低，影响了城市的综合承载能力，增加了城市安全运行的风险；第六，标准的国际化水平滞后。正是因为这些问题的存在，导致我国工程建设标准在实际管理、施行和应用过程中，政府与市场的定位、功能等出现了不匹配、不协调的问题，限制了市场主体的活力的发挥。这不仅阻碍了标准化工作的有效开展，也影响了标准化作用的有效发挥。因此，我国工程建设标准改革应该不断完善标准共同治理模式，发挥政府底线管理的作用，充分释放市场主体的标准化活力，优化政府颁布标准与市场自主制定标准的二元结构。

我国城镇燃气工程建设标准自 20 世纪 60 年代末开始制定，并随着城镇燃气事业的发展逐渐完善。这些标准的目的是确保燃气的安全生产、输送和使用，推动科技进步，保护人民的生命和财产安全，为城镇燃气工程建设提供重要的技术支持。自第一部城镇燃气工程建设标准《建筑采暖卫生与煤气工程质量检验评定标准》（GBJ 302—1988）1989 年实施以来，已经建立了一个以综合标准为目标的城镇燃气工程建设标准体系，其中包括基础标准、通用标准和专用标准。这些标准不仅具有强制性，还有推荐性，相互支持，形成了一个技术标准的结构框架。

然而，从长远的角度来看，特别是从国际标准化的角度来看，燃气行业的工程建设标准和标准体系仍存在一些问题。首先，强制性标准在现行法律法规的支持下不足。其次，部分强制性条款对实施和监督不利。此外，缺乏明确的目标要求，不利于技术创新。最后，强制性属性阻碍了国际化发展的进程。

为了解决上述问题，在工程建设标准化改革的背景下，借鉴了发达国家燃气行业的"技术法规"制定经验，目标是确保燃气工程的"本质安全"，自 2000 年加入世界贸易组织以来，开始探索制定"有中国特色技术法规"的道路。在 2009 年，国家发布了全文强制标准《城镇燃气技术规范》（GB 50494—2009）。从 2015 年开始，根据住房和城乡建设部《关于深化工程建设标准化工作改革的意见》（建标〔2016〕166 号）的要求，又率先在城镇燃气工程建设标准方面进行了标准体制的深化。《燃气工程项目规范》（GB 55009—2021）是住房和城乡建设部组织有关单位制定的，该规范于 2022 年 1 月 1 日起实施，为强制性工程建设规范，必须严格执行规范内的全部条文。与此同时，《城镇燃气技术规范》（GB 50494—2009）废止。

《燃气工程项目规范》（GB 55009—2021）是我国燃气工程的重要技术法规，它以燃气工程的功能和性能要求为导向，通过规定强制性技术要求来控制项目结果，以实现保障燃气工程本质安全的目标。同时，该规范还起到了连接法律法规和技术标准的桥梁作用，将法律规定转化为技术要求，并为推荐性技术标准的制定提供了方向引导。《燃气工程项目规范》（GB 55009—2021）共分为 6 章 161 条，包括总则、基本规定、燃气质量、燃气厂站、管道和调压设施、燃具和用气设备。在燃气质量方面，明确了燃气发热量波动范围，以解决天然气热值波动大的问题，提高燃气供应的质量和技术水平。在管道和调压设施方面，明确了燃气设施的保护范围和控制范围，为科学建设和本质安全提供了具体要求。在输配管道压力分级方面，调整了压力等级划分，与国际接轨，避免了建设困难和投资增加的问题。在燃具和用气设备方面，强调提高用户燃具和用气设备的本质安全，要求家庭用户管道加装安全装置，并规定用户气瓶应具可追溯性，这些方面参考了日本和英国的标准。

第一章　基本性能规定

本部分主要内容涉及燃气工程的规模与布局、建设要求以及运行维护方面的功能和性能要求。通过确定燃气工程的用气规模和气源、供气能力储备量的原则，以及选择气源的基本原则，规定了燃气供应系统的供气能力储备量、燃气供应系统的建设、燃气设施的设置以及运行维护等方面的要求。这些规定的目的是确保燃气工程能够满足其根本功能性要求。

第一节　规模与布局

我国的城乡建设进程正在加速，燃气设施的建设也在迅速展开。燃气的使用已经成为人们生活中不可或缺的一部分，它不仅为居民生活带来了便利，还推动了国民经济的发展。确定燃气工程用气规模是合理安排气源、管网压力级制和燃气厂站布局的基础，也是工程建设的基础。城乡发展状况和人口规模应以当地总体规划或详细规划的远期数据为依据。用户需求包括居民生活、商业、工业企业、供暖通风和空调、燃气汽车等各类用户的用气量以及其他用气量。供气资源包括本地区能源条件、燃气种类、数量以及可供应本地区的其他燃气种类和数量。用气规模应具有一定的预见性，需要根据当地的总体规划或详细规划中的城乡发展状况、人口发展规模和供气资源等条件，结合国家现行能源政策，调查当地用气情况，并在分析研究用量指标和用气规律的基础上，考虑交通条件和地区经济状况，采用不同的预测方法对用气规模进行预测。

气源选择方面首要考虑是遵循国家的能源政策。能源是国家经济发展的基础。在国家经济规划中，能源的发展既受国家经济发展的影响，同时也对国家经济的发展起到推动和限制作用。能源政策中对燃气利用方向的指引，决定了未来燃气发展的方向。能源规划是根据一定时期内国家经济和社会发展的预测，对能源的结构、开发、生产、转换、使用和分配等各个环节进行统筹安排。其次，气源选择还应考虑本地区的能源条件、燃气资源的种类和数量，以及外部可供应本地区的燃气资源种类和数量。同时还要结合交通条件和地区经济发展进行科学的统筹考虑，坚持节能环保和稳定可靠的原则。确定采用何种燃气气源供应，也涉及整个燃气系统的建设，包括厂站布局、输配方案确定和应用设施选择。因此，选择的气源应具备可靠性、长期性和可持续性。

燃气供应系统由三个部分组成：气源点、输配管网和应用设施。气源点可以是天然气门站或人工制气厂。输配管网是将气源输送到用户的一系列设施，包括管网、储配站和调压站等。应用设施包括用户管道、燃气表、燃具和用气设备等。瓶装液化石油气供应系统由储存站、储配站、灌瓶厂、换瓶站、转运车和应用设施组成。此外，还需要储气设施、调度控制系统、事故应急抢修系统和客户服务系统等来满足需求。

城乡功能结构包括城市、乡镇和农村的功能类型以及经济结构、社会结构和空间结构。功能类型分为特殊功能和综合功能。特殊功能是指其他城乡没有的特定条件下具备的功能，例如港口城市、铁路交通枢纽城市和旅游乡镇等。综合功能是指同时存在多种主导功能的城市，例如北京作为政治、文化、国际交往和科技创新中心，上海作为国际经济、国际金融、国际贸易、国际航运和国际科技创新中心。在选址布局燃气设施时，需要充分考虑城乡结构对用气的需求，并在规划时适度超前，以满足城乡建设发展的需要，促进燃气行业的发展。同时，安全也应该放在重要的位置，充分考虑燃气事故对周边环境和工程运行的影响。

基于以上要求，《燃气工程项目规范》（GB 55009—2021）第二章对燃气工程规模及布局作了以下要求。

2.1.1 燃气工程用气规模应根据城乡发展状况、人口规模、用户需求和供气资源等条件，经市场调查、科学预测，结合用气量指标和用气规律综合分析确定。

2.1.2 气源的选择应按国家能源政策，遵循节能环保、稳定可靠的原则，考虑可供选择的资源条件，并经技术经济论证确定。

2.1.3 燃气供应系统应具有满足调峰供应和应急供应的供气能力储备。供气能力储备量应根据气源条件、供需平衡、系统调度和应急的要求确定。

2.1.4 燃气供应系统设施的设置应与城乡功能结构相协调，并应满足城乡建设发展、燃气行业发展和城乡安全的需要。

第二节 建设要求

为了满足用户对连续、稳定和安全供气的需求，燃气供应系统必须具备一些基本功能要求。为了实现这些要求，必须建设输送、储存调峰和运行管理等设施装置，这些设施必须在合理可行且符合规范的工艺参数下运行。一个完善的燃气供气系统应该包括布置合理的管网、满足储气需求的设施、调度控制系统、事故应急抢修系统和客户服务系统等。从安全角度来看，系统运行时不得超过设计压力级别，并且必须具备事故工况切断功能。此外，管道设备必须具备足够的强度和良好的密封性，压力波动也不能超过管道和设备允许的工作范围。一个基本的燃气供气系统不应该缺乏任何一个必要设施，这些设施是实现安全稳定供气要求的必备条件。

燃气运行企业与一般的公司、企业、单位有着显著的差异。它不仅需要管理燃气管网和设备，还要满足众多用户的供气需求。为了实现科学、严谨、高效和规范的燃气供应管理，信息管理系统起到了关键作用，提升了运营企业的管理水平。信息管理系统应具备数据采集和监控功能，以及地理信息系统、客户实时服务系统等其他功能。

规范编制还应要求燃气设施的建设单位按照国家相关的工程建设标准，来确保工程质量达到一定的使用年限要求。设施运营单位必须采取适当的运行维护措施来管理这些设施。燃气经营单位应定期对燃气设施进行安全检查，并进行巡查、检测、维修和维护，以确保燃气设施的安全运行。为了保障供气系统的安全性，在达到设计工作年限或遭遇重大事故灾害后，应进行评估，以确定是否继续使用、改造或更换设施。如果决定继续使用，必须制定相应的安全保证措施。重大灾害包括自然灾害（如地震、水灾）和人为灾害（如施工外力、火灾）。评估将基于缺陷的定量检测，通过理论分析和计算来确定缺陷是否会危及结构的安全可靠性，并基于缺陷的发展规律进行预测研究，以确定结构的安全使用寿命。

基于以上要求，《燃气工程项目规范》（GB 55009—2021）第二章对燃气工程建设要求作了以下规定：

2.2.1 燃气供应系统应设置保证安全稳定供气的厂站、管线以及用于运行维护等的必要设施，运行的压力、流量等工艺参数应保证供应系统安全和用户正常使用，并应符合下列规定：

  1 供应系统应具备事故工况下能及时切断的功能，并应具有防止管网发生超压的措施；
  2 燃气设备与管道应具有承受设计压力和设计温度下的强度和密封性；
  3 供气压力应稳定，燃具和用气设备前的压力变化应在允许的范围内。

2.2.2 燃气供应系统应设置信息管理系统，并应具备数据采集与监控功能。燃气自动化控制系统、基础网络设施及信息管理系统等应达到国家信息安全的要求。

2.2.3 燃气设施所使用的材料和设备应满足节能环保及系统介质特性、功能需求、外部环境、设计条件的要求。设备，管道及附件的压力等级不应小于系统设计压力。

2.2.4 在设计工作年限内，燃气设施应保证在正常使用维护条件下的可靠运行。当达到设计工作年限或在遭受地质灾害、运行事故或外力损害后需继续使用时，应对燃气设施进行合于使用评估。

2.2.5 燃气设施应采取防火、防爆、抗震等措施，有效防止事故的发生。

2.2.6 管道及管道与设备的连接方式应符合介质特性和工艺条件，连接必须严密可靠。

2.2.7 设置燃气设备、管道和燃具的场所不应存在燃气泄漏后聚集的条件。燃气相对密度大于等于 0.75 的燃气管道、调压装置和燃具不得设置在地下室、半地下室、地下箱体、地下综合管廊及其他地下空间内。

2.2.8 燃具和用气设备的性能参数应与所使用的燃气类别特性和供气压力相适应，燃具和用气设备的使用场所应满足安全使用条件。

第三节 运行维护

燃气设施必须经过合格的竣工验收和正常的调试后方可投入使用，这是确保燃气设施安全运行的重要保证，也是确保燃气设施符合设计要求的关键环节。必须严格遵守国家工程管理的规章制度，认真进行竣工验收工作。通过验收工作，可以及时发现工程施工过程中存在的问题，避免工程质量问题的发生。对于燃气工程来说，安全设施和环保设施是必不可少的，它们是落实国家相关政策、保证生产运行安全和控制污染的必要条件。应该重视安全设施和环保设施的建设，确保它们与主体工程同时投入使用，这对于防止和减少生产安全事故、控制污染具有重要意义。

在燃气工程的建设和运行中，必须坚持安全第一、预防为主、综合治理的安全管理方针，建立健全安全生产责任制度和群防群治制度。燃气工程的设计必须符合国家强制性规范和技术标准，以确保工程的安全性能。在施工过程中，应根据工程的特点制定相应的安全技术措施；对于专业性较强的工程项目，应编制专项安全施工组织设计，并采取相应的安全技术措施。施工现场应采取维护安全、防范危险、预防火灾等措施；如果条件允许，应对施工现场进行封闭管理。如果施工现场可能对毗邻的建筑物、构筑物和特殊作业环境造成损害，施工企业应采取安全防护措施。燃气运行单位应建立健全安全管理制度，加强对操作维护人员的燃气安全知识和操作技能的培训。燃气运行单位应制定本单位的燃气安全事故应急预案，配备应急人员和必要的应急装备和器材，并定期组织演练。

由于燃气具有易燃易爆的特性，燃气设施分布广泛，因此应采取警示措施来提醒厂站外的人员；同时，也应提醒从业人员要增强安全意识，切实减少违章行为，避免事故的发生。在进行燃气设施的动火作业时，可能会发生燃气泄漏，因此划定作业区并对其进行严格管理是非常必要的。在作业区周围设置护栏和警示标志可以保护作业人员，同时也可以提醒路人和车辆等注意安全，这对于作业的安全也是必须采取的措施。

确保燃气的安全供应是燃气运行单位的重要职责。为了保障人身安全，一定要保证燃气设施在发生事故时有切实可行的应急救援人员和抢修措施，以将事故危害限制在最低程度内。可以自行组建配备队伍和机具装备，也可以委托专业公司进行服务，并明确各自的责任和服务要求。

基于以上要求，《燃气工程项目规范》（GB 55009—2021）第二章对燃气工程运行维护方面作了以下规定：

2.3.1 燃气设施应在竣工验收合格且调试正常后，方可投入使用。燃气设施投入使用前必须具备下列条件：

1 预防安全事故发生的安全设施应与主体工程同时投入使用；
2 防止或减少污染的设施应与主体工程同时投入使用。

2.3.2 燃气设施建设和运行单位应建立健全安全管理制度，制定操作维护规程和事故应急预案，并应设置专职安全管理人员。

2.3.3 燃气设施的施工、运行维护和抢修等场所及重要的燃气设施应设置规范、明显的安全警示标志。

2.3.4 燃气设施的运行单位应配备具有专业技能且无间断值班的应急抢险队伍及必需的备品配件、抢修机具和应急装备，应设置并向社会公布24h报修电话和其他联系方式。

2.3.5 燃气设施可能泄漏燃气的作业过程中，应有专人监护，不得单独操作。泄漏燃气的原因未查清或泄漏未消除前，应采取有效安全措施，直至燃气泄漏消除为止。

2.3.6 燃气设施现场的操作应符合下列规定：

  1 操作人员应熟练掌握燃气特性、相关工艺和应急处置的知识和技能；

  2 操作或抢修作业应标示出作业区域，并应在区域边界设置护栏和警示标志；

  3 操作或抢修人员作业应穿戴防静电工作服及其他防护用具，不应在作业区域内穿脱和摘戴作业防护用具；

  4 操作或抢修作业区域内不得携带手机、火柴或打火机等火种，不得穿着容易产生火花的服装。

2.3.7 燃气设施正常运行过程中未达到排放标准的工艺废弃物不得直接排放。

第二章 燃气质量

第一节 燃气质量要求

一、城镇燃气质量的基本要求

1. 热值高

通常情况下,用户在选择燃气气源的时候,应尽量选择热值较高的。因为热值高的燃气更能节约资源,如果燃气热值过低,会大大增加输配系统的投资和金属消耗量。所以一般情况下不会使用低热值燃气,当技术和经济比在一个较合理范围中时,才允许使用热值较低的燃气作为城镇燃气的气源。

2. 毒性小

燃气是一种有毒性的物质,一旦泄漏达到一定量,很容易造成人员中毒。为了防止这种情况的发生,达到居民安全用气的目的,必须控制城市燃气中的有毒成分含量,比如一氧化碳等的含量。

3. 杂质少

城市燃气中含有一定量的杂质及有害成分,这些杂质和有害成分可能会导致燃气系统设备故障、仪器故障、管道堵塞、燃烧设备使用故障,甚至发生事故。所以应该尽量控制燃气中的杂质及有害成分含量。

二、城镇燃气质量的具体要求

《燃气工程项目规范》(GB 55009—2021)中对城镇燃气质量作了具体规定。

本章包含的规定主要涉及进入燃气供应系统的燃气性能、不同气质种类的燃气质量、燃气加臭处理以及燃气中掺混空气等方面。在燃气质量方面,提出了一些具体技术规定,以实现燃气工程的基本功能,本章还对燃气的热值稳定性要求进行了明确。

作为一种公共事业的商品,燃气的质量必须符合特定要求并保持稳定。首先,燃气是由多种可燃和不可燃气体混合而成的,我国主要的城市燃气来源包括人工煤气、天然气和液化石油气。其次,燃气的质量应满足用户的需求和使用条件,某些特殊用户可能需要改质或调质。再次,为了公平交易和稳定燃烧,燃气的发热量应保持稳定。此外,为了确保燃烧器具正常稳定工作,燃气的成分也应保持稳定。

燃气的热值是其作为商品的主要质量指标,保持热值稳定既是对消费者负责,也是燃具和用气设备安全运行的必要条件。一个燃气供气系统可能接纳来自不同气源的燃气,其基准发热量应综合考虑各气源的组分、热值等参数来确定,以尽量满足各气源无须进行热值调整即可进入供气管网的要求。对于针对某单一用户供气的系统,则应满足该用户对发热量等气质参数的要求,这通常通过供气合同约定。燃气燃烧器具的设计和调整都是基于特定的燃气组分进行的。当燃气组分发生变化时，燃烧稳定性和烟气中的一氧化碳含量也会发生变化。如果燃气组分偏离设计范围，将导致燃气燃烧器具无法正常使用，产生熄火、回火或烟气中含有过量一氧化碳等有害气体，从而影响环境、浪费能源，甚至危害人民的生命健康和安全。

在燃气输配、储存和应用的过程中，为了确保燃气系统和用户的安全，减少管道设备的腐蚀、堵塞和损坏，减轻对环境的污染并保证系统的经济合理性，要求燃气满足一定的质量指标并保持相对稳定的质量是非常重要的。

基于以上要求，《燃气工程项目规范》（GB 55009—2021）第三章对燃气质量作了以下规定。

3.0.1 燃气工程供应的燃气质量应符合下列规定：
    1 应符合国家规定的燃气分类和气质标准；
    2 应满足各类用户的用气需求和使用条件；
    3 发热量（热值）应保持稳定；
    4 组分变化应保证燃具正常工作。

3.0.2 系统供应的燃气应确定基准发热量（热值），发热量（热值）变化应在基准发热量（热值）的±5%以内。燃气组分及杂质含量、露点温度和接气点压力等气质参数应根据气源条件和用气需求确定。

3.0.3 天然气及按天然气质量交付的页岩气、煤层气、煤制天然气、生物质气等的质量应符合下列规定：
    1 天然气的质量应符合表3.0.3 的规定：

表 3.0.3 天然气的质量指标

项目	指标
高位发热量（MJ/m³）	≥31.4
总硫（以硫计）（mg/m³）	≤100
硫化氢（mg/m³）	≤20
二氧化碳（体积分数）（%）	≤4.0

注：表中气体体积的标准参比条件是 101.325kPa，20℃。

    2 在天然气交接点的压力和温度条件下，天然气的烃露点应比最低环境温度低5℃；天然气中不应有固态、液态或胶状物质。

3.0.4 液化石油气的质量应符合表3.0.4 的规定。

表 3.0.4 液化石油气的质量指标

项目	质量指标 商品丙烷	质量指标 商品丙丁烷混合物	质量指标 商品丁烷
密度（15℃）（kg/m³）	报告	报告	报告
蒸气压（37.8℃）（kPa）	≤1430	≤1380	≤485
组分			
C₃ 烃类组分（体积分数）（%）	≥95	—	—
C₄ 及 C₄ 以上烃类组分（体积分数）（%）	≤2.5	—	—
（C₃+C₄）以上烃类组分（体积分数）（%）	—	≥95	≥95
C₅ 及 C₅ 以上烃类组分（体积分数）（%）	—	≤3.0	≤2.0
残留物 蒸发残留物（mL/100mL）	≤0.05	≤0.05	≤0.05
残留物 油渍观察	通过	通过	通过

续表

项目	质量指标		
	商品丙烷	商品丙丁烷混合物	商品丁烷
铜片腐蚀（40℃，1h）（级）	≤1		
总硫含量（mg/m³）	≤343		
硫化氢（需满足下列条件之一）：			
乙酸铅法	无		
层析法（mg/m³）	≤10		
游离水	无		

注：1 液化石油气中不允许人为加入除加臭剂以外的非烃类化合物；
2 每次以 0.1mL 的增量将 0.3mL 溶剂-残留物混合液滴到滤纸上，2min 后在日光下观察，无持久不退的油环为通过；
3 "—"为不得检出。

3.0.5 人工煤气的质量应符合表 3.0.5 的规定。

表 3.0.5　人工煤气的质量指标

项目	质量指标
低热值[1]（MJ/m³）	
一类气[2]	>14
二类气[2]	>10
杂质	
焦油和灰尘（mg/m³）	<10
硫化氢（mg/m³）	<20
氨（mg/m³）	<50
萘[3]（mg/m³）	<50×10²/P（冬天）
	<100×10²/P（夏天）
含氧量[4]（体积分数）	
一类气	<2%
二类气	<1%
含一氧化碳[5]（体积分数）	<10%

注：1 表中煤气体积（m³）指在 101.325kPa，15℃状态下的体积；
2 一类气为煤干馏气，二类气为煤气化气、油气化气（包括液化石油气及天然气改制）；
3 萘指萘和它的同系物 α-甲基萘及 β-甲基萘；在确保煤气中萘不析出的前提下，各地区可以根据当地燃气管道埋设处的土壤温度规定本地区煤气中含萘指标；当管道输气点绝对压力（P）小于 202.65kPa 时，压力（P）因素可不参加计算；
4 含氧量指制气厂生产过程中的所要求的指标；
5 对二类气或掺有二类气的一类气，其一氧化碳含量应小于 20%（体积分数）。

第二节　燃气中的杂质及有害物的影响

一、焦油与灰尘

干馏煤气中通常含有焦油与灰分。这些成分颗粒较大，容易积聚在阀门及设备的缝隙处，长期积聚容易造成阀门关闭不严，阻塞管道及用气设备等问题。

二、硫化物

天然气中的硫化物主要是硫化氢，硫化氢是一种无色、有臭鸡蛋味的气体，燃烧后会生成二氧化硫和水。其他燃气中硫化物成分较多,有硫化氢,还有少量硫醇（CH_3SH、C_2H_5SH）、二硫化碳（CS_2）、二氧化硫等物质。

三、萘

人工煤气中萘比较多,萘会在温度较低的时候以结晶状态析出,析出的固体萘会附着在管壁,长期下去会使管道流通的横截面变窄,从而堵塞管道。

四、氨

氨具有一定的腐蚀性,它将对燃气设备及管道、天然气燃具等产生腐蚀作用,燃烧会生成氮氧化物（NO、NO_2）,这些氮氧化物都是有害气体。但另一方面,氨对酸性物质有中和作用,比如对于硫化物产生的酸性物质就很有用。因此燃气中允许含有微量的氨,这对金属设备及金属管道有一定的保护作用,但一定要控制其含量。

五、一氧化碳

一氧化碳这种气体通常情况下无色无味,但是有一定的毒性,它很容易和血红蛋白结合,使其失去携氧能力,造成人员窒息,所以城市燃气中一氧化碳的含量是有规定要求的,一般要求小于10%（体积分数）。

六、氧化氮

氧化氮容易和双键的烃类聚合,聚合之后会形成气态胶质,这种胶质会附着于燃气设备管道及燃气燃具之上,长期下去会引发故障。氧化氮也是一种对人体有害的物质,一旦空气中氧化氮的浓度达到0.01%,就会对人的呼吸器官产生刺激作用,如果吸入过多则会产生生命危险。

七、水

长输天然气在进入管道之前的处理阶段就必须脱水,因为天然气长距离输送必须在高压状态下进行,而天然气中的水很容易在高压状态下和烃类结合形成水合物,水合物以及水和其他杂质形成的物质容易积聚,使管道变窄,降低管道输送能力。另外水具有腐蚀作用,它会使二氧化碳、硫化氢等酸性物质对金属设备及管道的腐蚀加剧。所以如果输送的燃气含有水分,输配系统必须考虑增加排水设施,增加管道维护工作环节。

第三节　燃气的加臭

燃气是一种易燃易爆、有毒危险的物质,因此要求燃气必须具有能识别的、易于察觉的专属气味,目的是让使用者能够及时发现燃气泄漏,及时采取措施防止进一步的危害。所以国家规定,对于无臭或者臭味不足的燃气,应当加臭。如果是长距离长输天然气,一般在天然气门站进行加臭。

一、燃气中含加臭剂量的标准

《燃气工程项目规范》（GB 55009—2021）节选。

3.0.6 当气源质量未达到本规范第 3.0.2~3.0.5 条规定的质量要求时，应对燃气进行加工处理。

3.0.7 燃气应具有当其泄漏到空气中并在发生危险之前，嗅觉正常的人可以感知的警示性臭味。

3.0.8 当供应的燃气不符合本规范第 3.0.7 条的规定时，应进行加臭。加臭剂的最小量应符合下列规定：

  1 无毒燃气泄漏到空气中，达到爆炸下限的 20%时，应能察觉；

  2 有毒燃气泄漏到空气中，达到对人体允许的有害浓度时，应能察觉；

  3 对于含一氧化碳有毒成分的燃气，空气中一氧化碳含量的体积分数达到 0.02%时，应能察觉。

二、加臭剂的特性

《燃气工程项目规范》（GB 55009—2021）节选。

3.0.9 加入燃气中的加臭剂应符合下列规定：

  1 加臭剂的气味应明显区别于日常环境中的其他气味。加臭剂与燃气混合后应保持特殊的臭味，且燃气泄漏后，其臭味应消失缓慢。

  2 加臭剂及其燃烧产物不应对人体有毒害，且不应对与其接触的材料和设备有腐蚀或损害。

  3 加臭剂溶解于水的程度，其质量分数不应大于 2.5%。

3.0.10 当燃气供应系统的燃气需要与空气混合后供应时，混合气中燃气的体积分数应高于其爆炸上限的 2 倍以上，且混合气的露点温度应低于输送管道外壁可能达到的最低温度 5℃以上。混合气中硫化氢含量不应大于 20mg/m³。

三、加臭采用的方式

加臭一般有两种方式，直接滴入法和吸收法。

1. 直接滴入式

使用滴入式加臭装置是将液态加臭剂的液滴或细液流直接加入燃气管道，加臭剂蒸发后与燃气气流混合。这种装置体积小，结构简单，操作方便。一般可在室外露天或遮阳棚内放置。直接滴入式加臭装置如图 2-2-1 所示。

2. 吸收式

加臭吸收法是使液态加臭剂在加臭装置中蒸发形成气态，接着将燃气送入加臭装置中使之与气态加臭剂融至饱和状态，这就形成了加臭后的燃气。最后将加臭后的燃气送回主管道，使之与主流燃气混在一起。

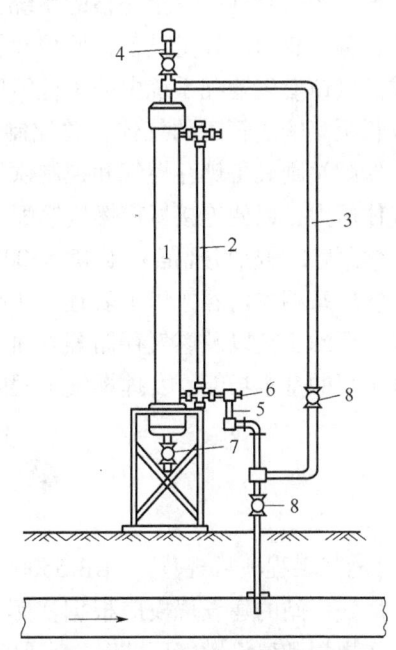

图 2-2-1 直接滴入式加臭装置
1—加臭剂储槽；2—液位计；3—压力平衡管；
4—加臭剂填充管；5—观察管；6—针型阀；
7—泄出管；8—阀门

第三章 燃气厂站

第一节 一般规定

燃气厂站是城市燃气输配系统中的重要一环，它由门站、加气站、储配站、加油加气合建站等厂站组成。

为了适应我国城镇化发展的需要，确保我国燃气厂站的安全和可持续性发展，节约能源和保护环境，我国制定了《城镇液化天然气厂站建设标准》（建标151—2011）。其中第四条规定，城镇液化天然气厂站的建设，必须遵守国家相关法律法规，执行国家保护环境、节约能源、节约土地、劳动安全、消防等有关政策和城镇供气行业的发展方针。第六条规定，城镇液化天然气厂站的建设水平应与当地经济发展水平相适应，并考虑城市经济建设和科学技术的发展，做到技术先进、经济合理、安全可靠。第七条规定，城镇液化天然气厂站的建设，应在不断总结生产、建设和科学实践的基础上，采用成熟可靠的技术和设备。鼓励采用新技术、新工艺、新材料、新设备。对需要引进的先进技术和设备，应以提高城镇液化天然气厂站的综合效益，推进技术进步为原则，在技术经济综合论证基础上确定。

城市燃气管网是一个完整的系统，包括门站、储气设施设备、调压装置、气源厂、压缩机站、输配管道、计量设备、监控及管理系统等，它包括了门站到燃气用户之间的所有设施组成。城镇燃气输配系统中的关键组成部分包括城镇燃气门站、储配站和调压站。门站负责接收长距离输送管道的气体，并控制供气压力和计量，以向城镇、居民区和工业区提供燃气。储配站则具备储存燃气和控制供气压力的功能，其设计与门站相似。调压站则专注于控制气体压力，以便连接城市燃气输配系统中不同压力系统的管网。

《燃气工程项目规范》（GB 55009—2021）中，第四章《燃气厂站》共三节四十六条，对燃气厂站相关内容作出了表述，主要规定了燃气厂站（不包括调压站和调压箱）中站区布置、厂站工艺以及燃气存储等方面的功能性能要求和技术措施。从燃气气源方面，对实现燃气工程的基本功能、发挥燃气工程的基本性能提出了具体技术规定。

第二节 站区布局

《燃气工程项目规范》（GB 55009—2021）对站区布局作了规定。

燃气厂站的建设规模应根据实际情况进行统筹，考虑可利用资源条件和规划的发展目标。在规划和建设燃气厂站时，需要正确理解燃气发展和城乡建设之间的关系。不仅要考虑城乡当前的建设需求，还要考虑未来的发展方向和需求，以避免燃气发展中的无序现象。同时，在总体布局时，应考虑生产工艺流程的顺畅，方便检修维修，以及减少事故对办公区域和周边人员的影响。

燃气厂站是城镇公用设施的重要组成部分，选址应符合城镇总体规划和燃气规划的要求，同时要保护环境、节约用地，并具备适宜的地形、工程地质、交通、供电、给水排水和通信等条件。对于容积较大的储存燃气的大型厂站，由于其危险性较大，事故发生时可能造成严重后果，因此规定其建设在城乡的边缘或相对独立的安全地带，远离人员密集场所，以避免重大人员伤亡。

除了生产区和生产辅助区，燃气厂站还设有生活区，如办公楼、客服中心和培训中心等。生活区的办公人员通常与燃气厂站的生产工艺无直接关系。为了安全管理和避免生产和办公互相干扰，尽量减少非生产办公人员受燃气厂站生产的影响，建议在燃气厂站同时设有生产区、辅助区和生活区时，将生活区和生产区分区布置，并按照规范规定的防火间距进行总体布置。当燃气厂站具有汽车加气功能时，由于加气车辆的随机性较强，难以管理，为了确保外来人员不能随意进入燃气厂站，建议采用围护结构将汽车加气区、加气服务用站房和厂站其他设施隔开。燃气厂站的四周边界应设置围墙，这是建设燃气厂站的最基本要求。设置围墙可以阻止无关车辆和人员进入站区，便于管理和保卫工作。对于液化天然气和液化石油气厂站的生产区围墙，要求考虑到当厂站发生泄漏事故时，实体围墙作为最后的保障，能够阻止事故的蔓延。此外，由于厂站围墙以外的明火无法控制，生产区设置高度不低于2.0m的不燃烧体实体围墙，作出这些要求也是为了生产区的安全。

基于以上要求，《燃气工程项目规范》（GB 55009—2021）第四章对燃气厂站作了以下规定。

4.1 站区

4.1.1 燃气厂站的单位产量、储存量和最大供气能力等建设规模应根据燃气工程的用气规模和燃气供应系统总体布局的要求，结合资源条件和城乡建设发展等因素综合确定。燃气厂站应按生产或工艺流程顺畅、通行便利和保障安全的要求布置。

4.1.2 液态燃气存储总容积大于 $3500m^3$ 或气态燃气存储总容积大于 $200000m^3$ 的燃气厂站应结合城镇发展，设在城市边缘或相对独立的安全地带，并应远离居住区、学校及其他人员集聚的场所。

4.1.3 当燃气厂站设有生产辅助区及生活区时，生活区应与生产区分区布置。当燃气厂站具有汽车加气功能时，汽车加气区、加气服务用站房与站内其他设施应采用围护结构分隔。

4.1.4 燃气厂站内大型工艺基础设施和调压计量间、压缩机间、灌瓶间等主要建（构）筑物的设计工作年限不应小于50年，其结构安全等级不应低于二级的要求。

4.1.5 燃气厂站边界应设置围护结构。液化天然气、液化石油气厂站的生产区应设置高度不低于2.0m的不燃性实体围墙。

4.1.6 燃气厂站内建筑物与厂站外建筑物之间的间距应符合防火的相关要求。

4.1.7 不同介质储罐和相同介质的不同储存状态储罐应分组布置，组之间、储罐之间及储罐与建筑物之间的间距应根据储存介质特性、储量、罐体结构形式、维护操作需求、事故影响范围及周边环境等条件确定。

4.1.8 燃气厂站道路和出入口设置应满足便于通行、应急处置和紧急疏散的要求，并应符合表4.1.8的规定。

表4.1.8 燃气厂站出入口设置

厂站类别	区域	对外出入口数量（个）	出入口的间距（m）
液化石油气储存站、储配站和灌装站	生产区	≥1	—
		当液化石油气储罐总容积>1000m³时，≥2	≥50
	辅助区	≥1	—
液化天然气供应站	生产区	当液化天然气储罐总容积>2000m³时，≥2	≥50
压缩天然气供应站	生产区	当压缩天然气供应站储气总容积>30000m³时，≥2	≥50

4.1.9 燃气相对密度大于等于0.75的燃气厂站生产区内不应设置地下和半地下建（构）筑物，寒冷地区的地下式消火栓设施除外；生产区的地下排水系统应采取防止燃气聚集的措施，电缆等地下管沟内应填满细砂。

第三节 设备和管道

一、调峰及应急设施

国家特别重视石油天然气的发展，在2017年国家发改委下发的《关于深化石油天然气体制改革的若干意见》中，明确提出完善油气储备体系，提升油气战略安全保障供应能力。建立天然气调峰政策和分级储备调峰机制。明确政府、供气企业、管道企业、城市燃气公司和大用户的储备调峰责任与义务，供气企业和管道企业承担季节调峰责任和应急责任，地方政府负责协调落实日调峰责任主体，鼓励供气企业、管道企业、城市燃气公司和大用户在天然气购销合同中协商约定日调峰供气责任。

《关于深化石油天然气体制改革的若干意见》强调了调峰机制的建立，明确责任主体和责任义务。然而据现有数据，截至2020年底，中国已建成14座地下储气库（群），设计总工作气量$239 \times 10^8 m^3$，2020年形成有效工作气量$145 \times 10^8 m^3$，占当年全国天然气消费量的4.5%，与世界11.8%的平均水平仍有较大差距。若储气资源分配到各地区，则储气应急效果甚微，加快建设储气应急设施建设，提高调峰储备能力，成为调峰工作的重点。

二、运行系统调度

城市燃气调度是指对城市燃气系统的集中监控和指挥。城市燃气调度中心会长期对气源、燃气输配、燃气运行方面的数据进行收集统计，然后进行归纳和判断，形成用气数据报告以指导燃气的生产和运行工作，达到供需平衡的目的，同时也能在满足用户需求的前提下确保平稳安全供气，保持整个管道系统的最佳运行工况及经济运行。城市燃气调度中心收集的燃气输配方面的数据包括供气压力、气源流量、输配工况、输配压力及流量等；运行方面的数据包括代表性用气点的燃气使用量、使用高峰期及厂、站内主要设备运行情况、状态。这些信息也可以使用遥测设备传输，输入到调度中心的计算机进行监控及集中统计处理，等待下一步指令。同时，城市燃气调度中心还要结合气象部门的数据，根据历史用气数据结合当地居民用气习惯进行用气量预测，对供气及管网运行方案进行优化，然后再进一步制定供气计划、储气计划及流量压力调节方案。

三、安全设施

城市燃气管道是开放的（敷设在城市的街道上）、隐蔽的（埋在地下）、危险的（极易造成燃气泄漏事故）和长期的（不出意外会持续性使用）。因此，为了使其安全可靠运行，必须得到有关方面的高度重视。

第一，对于地下燃气管线，政府等相关职能部门必须制定严格的施工报装审批制度。如遇城建施工要核发施工规划许可证的情况，必须查明是否涉及地下燃气管线，只要涉及了，建设单位与燃气安全主管单位以及管线业主单位应当协商施工方案，确保施工安全，避免造成燃气安全事故。对于施工周期长、范围大的一些施工项目，管理燃气的政府职能部门应当发起组织，召集管线业主及施工单位召开项目施工协调会议，落地落实施工单位的预防措施，整改到位之后再核发工程施工建设规划许可证。以上一系列措施都是为了防止施工损害燃气管道，造成管道燃气泄漏事故。

第二，要对燃气管道安装施工的质量进行监督，保证燃气管道安装按时高质完工。可以从两方面开展工作，一是对监理制度及监理程序进行完善；二是对燃气管线施工现场管理人员进行培训，提高他们的专业素养，对于基本的燃气设计和安装标准规范要尽可能熟悉。所有的施工工艺，比如燃气管道设计、沟槽开挖、材料使用、防腐、保温、管道敷设、管道连接、验收等工作，都必须制定或者采用相应的质量控制及标准要求。除此之外，还要明确安装质量负责人，确保所有工作都能够符合相应质量标准。

第三，对于新技术、新材料、新工艺，城市升级带来的管道改造工作要积极响应。比如钢骨架复合管、PE管等新材料是比较优质的材料，连接方式上也有优化升级，可以考虑使用。对于一些新技术，只要能够提高天然气运行稳定性，可根据情况积极采用。在数字化时代，应提高燃气管道安全运行科技管理水平，用科技的力量使管道设施运行得到强有力的安全保障。

第四，对燃气设施、燃气管道设备加强巡查。对于燃气管线中的一些设备设施，如调压箱、阀门井、凝水缸等，要实行分片分段包干制度，落实到责任人，最大限度确保设备能够按照优良的工况运行。燃气设备管理要求规定，要定期对调压器、阀门等设施进行维护，定期使用气体泄漏设备检测管线重点部位，这些都需要按照规定执行，确保所有安全隐患能及时排查出来。

《燃气工程项目规范》（GB 55009—2021）中关于厂站内设备及管道的表述如下：

4.1.10 液态燃气的储罐或储罐组周边应设置封闭的不燃烧实体防护堤，或储罐外容器应采用防止液体外泄的不燃烧实体防护结构。深冷液体储罐的实体防护结构应适应低温条件。

4.1.11 燃气厂站内的建（构）筑物应结合其类型、规模和火灾危险性等因素采取防火措施。

4.1.12 燃气厂站具有爆炸危险的建（构）筑物不应存在燃气聚积和滞留的条件，并应采取有效通风、设置泄压面积等防爆措施。

4.1.13 燃气厂站内的建（构）筑物及露天钢质燃气储罐、设备和管道应采取防雷接地措施。

第四节 燃气储罐

燃气储存的目的是通过气量调节来解决城镇燃气气源供气量和各类用户用气量之间的不平衡性问题。燃气储存有多种方式，其中最常见的一种是燃气储罐储存。为了解决气源供气均匀性与用户用气不均匀性之间的矛盾，需要合理确定储罐在输配系统中的位置。通过这样的方式，可以使输配管网的供气点分布更加合理，从而改善管网的运行工况，并优化输配管网的技术经济指标。

燃气储罐按照工作压力可分为：

（1）低压储罐。低压储罐的工作压力一般在5kPa以下，储气压力基本稳定，储气量的变化使储罐容积相应变化。

（2）高压储罐。高压储罐的几何容积是固定的，储气量变化时，储罐储气压力相应变化。

燃气储罐的设计基本参数包括介质、设计压力和设计温度，而保证储罐正常运行的基本参数则是罐容或液位。为了确保储罐在正常工况下运行，需要设置压力、温度、罐容或液位的显示、报警和安全泄放装置。对于低压燃气储罐来说，设置高低位报警装置是为了防止罐内储量过高或过低，从而避免低压储罐漏气或顶部塌陷等事故的发生。

不同时间储存的液化天然气可能具有不同的组分，因此可能存在新旧液化天然气的液体密度不同的情况。这种密度差异会导致液体产生分层现象，并在储存过程中引起扰动现象，甚至出现剧烈的翻滚现象。翻滚现象会导致液体挥发，使储罐内的温度和压力急剧上升，可能超过常压储罐的设计压力，从而引发事故。因此，要求在液化天然气常压储罐沿高度方向设置密度监测装置，以防止翻滚事故的发生。同时，根据监测数据确定相关的安全措施。

基于以上要求，《燃气工程项目规范》（GB 55009—2021）中对燃气储罐的规定如下：

4.3 储罐与气瓶

4.3.1 液化天然气和容积大于 $10m^3$ 液化石油气储罐不应固定安装在建筑物内。充气的或有残气的液化天然气钢瓶不得存放在建筑内。

4.3.2 燃气储罐应设置压力、温度、罐容或液位显示等监测装置，并应具有超限报警功能。液化天然气常压储罐应设置密度监测装置。燃气储罐应设置安全泄放装置。

4.3.3 液化天然气和液化石油气储罐的液相进出管应设置与储罐液位控制联锁的紧急切断阀。

4.3.4 低温燃气储罐和设备的基础，应设置土壤温度检测装置，并应采取防止土壤冻胀的措施。

4.3.5 当燃气储罐高度超过当地有关限高规定时，应设飞行障碍灯和标志。

4.3.6 燃气储罐的进出口管道应采取有效的防沉降和抗震措施，并应设置切断装置。

4.3.7 燃气储罐的安全阀应根据储存燃气特性和使用条件选用，并应符合下列规定：

    1 液化天然气储罐安全阀，应选用奥氏体不锈钢弹簧封闭全启式安全阀。

    2 液化石油气储罐安全阀，应选用弹簧封闭全启式安全阀。

    3 容积大于或等于 $100m^3$ 的液化天然气和液化石油气储罐，应设置2个或2个以上安全阀。

4.3.8 液态燃气储罐区防护堤内不应设置其他可燃介质储罐。不得在液化天然气、液化石油气储罐的防护堤内设置气瓶灌装口。

4.3.9 严寒和寒冷地区低压湿式燃气储罐应采取防止水封冻结的措施。

4.3.10 低压干式稀油密封储罐应设置防回转装置，防回转装置的接触面应采取防止因撞击产生火花的措施。

4.3.11 不应直接由罐车对气瓶进行充装或将气瓶内的气体向其他气瓶倒装。

4.3.12 气瓶应具有可追溯性，应使用合格的气瓶进行灌装。气瓶灌装后，应对气瓶进行检漏、检重或检压。所充装的合格气瓶上应粘贴规范明显的警示标签和充装标签。

第五节 安全和消防

燃气使用场所的火灾隐患整改的主要措施有以下几点：

一、防止形成爆炸性混合气体

1. 消除设备、管路的"跑、冒、滴、漏"

燃气管道及燃气设施设备中，最容易发生泄漏事故的部位就是连接处、动密封处、阀门密封处等部位。如果产品质量不好或者产品选择不合理，都有可能导致泄漏事故发生。另外，使用中要注意定期对设施设备进行保养、检修及维护，确保设施设备的安全运行。所以，应根据以上情况，正确使用设备，对有故障的设备不准投入运行；经常进行巡回检查等。

2. 消除人为的燃气放散

按照有关安全规定要求，燃气设备、管路中应设置检修火炬，不得随意对燃气进行排放。有些管道尚存有人为放散燃气的现象，对于这些情况应对现有工艺系统进行完善，提出必要的安全技术措施。

3. 防止空气渗入设备

燃气管道内如果有空气渗入，会造成系统压力波动、运行工况不稳、易形成爆炸性气体等情况，所以燃气设备及燃气管道应该确保其密封性能，防止空气渗入造成安全事故。

4. 设置通风装置

燃气生产厂站应该严格做到通风良好，设置通风装置，保持厂站内空气流通，控制燃气浓度在允许范围之内，防止爆炸性气体的生成。

5. 设置监测报警装置

在数字化时代，燃气生产场所内应设置自动监测、报警及控制系统，能够在第一时间发现险情上报，以便及时采取措施。

二、消除着火源

（1）在燃气生产场所可能出现的着火源主要有：非防爆电器产生的电火花、电、气焊火花、静电火花、雷电火花、撞击火花、明火及其他着火源等。

（2）对于多种多样的着火源要采取严格措施将其消除和控制住，主要措施有：

① 生产区所有电器使用防爆电器，定期检查维修。

② 严禁烟火，生产区内不准吸烟和带入火种。

③禁止拖拉机、电瓶车进入生产区；机动车要装消火器，禁止进入生产车间禁止在生产区修车、擦车，在燃气泄漏情况下禁止发动车辆。

④生产和检修作业应防止撞击摔砸强烈摩擦。应使用无火花工具或涂上黄油的工具。

⑤生产区检修动火或使用非防爆电器应按危险作业规定执行。

⑥燃气设备、工艺系统采取防静电措施。

⑦罐区及建筑物采取防雷措施。

⑧生产辅助区应严格控制着火源。在发生危险情况时，要能及时全部熄灭。禁止在厂区内随意设明火、烧纸，烧树叶、燃放鞭炮等。

《建筑防火通用规范》（GB 55037—2022）中也对消防安全作出了规定：

1.0.2 除生产和储存民用爆炸物品的建筑外，新建、改建和扩建建筑在规划、设计、施工、使用和维护中的防火，以及既有建筑改造、使用和维护中的防火，必须执行本规范

1.0.3 生产和储存易燃易爆物品的厂房、仓库等，应位于城镇规划区的边缘或相对独立的安全地带。

1.0.4 城镇耐火等级低的既有建筑密集区，应采取防火分隔措施、设置消防车通道、完善消防水源和市政消防给水与市政消火栓系统。

1.0.5 既有建筑改造应根据建筑的现状和改造后的建筑规模、火灾危险性和使用用途等因素确定相应的防火技术要求，并达到本规范规定的目标、功能和性能要求。城镇建成区内影响消防安全的既有厂房、仓库等应迁移或改造，

1.0.6 在城市建成区内不应建设压缩天然气加气母站，一级汽车加油站、加气站、加油加气合建站。

1.0.7 城市消防站应位于易燃易爆危险品场所或设施全年最小频率风向的下风侧，其用地边界距离加油站、加气站、加油加气合建站不应小于50m，距离甲、乙类厂房和易燃易爆危险品储存场所不应小于200m。城市消防站执勤车辆的主出入口，距离人员密集的大型公共建筑的主要疏散出口不应小于50m。

2.1.7 建筑中有可燃气体、蒸气、粉尘、纤维爆炸危险性的场所或部位，应采取防止形成爆炸条件的措施；当采用泄压、减压、结构抗爆或防爆措施时，应保证建筑的主要承重结构在燃烧爆炸产生的压强作用下仍能发挥其承载功能。

2.1.8 在有可燃气体、蒸气、粉尘、纤维爆炸危险性的环境内，可能产生静电的设备和管道均应具有防止发生静电或静电积累的性能。

2.1.9 建筑中散发较空气轻的可燃气体、蒸气的场所或部位，应采取防止可燃气体、蒸气在室内积聚的措施；散发较空气重的可燃气体、蒸气或有粉尘、纤维爆炸危险性的场所或部位，应符合下列规定：

1 楼地面应具有不发火花的性能，使用绝缘材料铺设的整体楼地面面层应具有防止发生静电的性能；

2 散发可燃粉尘、纤维场所的内表面应平整、光滑，易于清扫；

3 场所内设置地沟时，应采取措施防止可燃气体、蒸气、粉尘、纤维在地沟内积聚，并防止火灾通过地沟与相邻场所的连通处蔓延，

4.1.4 燃油或燃气锅炉、可燃油油浸变压器、充有可燃油的高压电容器和多油开关、柴油发电机房等独立建造的设备用房与民用建筑贴邻时，应采用防火墙分隔，且不应贴邻建筑中人员密集的场所。上述设备用房附设在建筑内时，应符合下列规定：

1 当位于人员密集的场所的上一层、下一层或贴邻时，应采取防止设备用房的爆炸作用危及上一层、下一层或相邻场所的措施；

2 设备用房的疏散门应直通室外或安全出口；

3 设备用房应采用耐火极限不低于 2.00h 的防火隔墙和耐火极限不低于 1.50h 的不燃性楼板与其他部位分隔，防火隔墙上的门、窗应为甲级防火门、窗。

4.1.5 附设在建筑内的燃油或燃气锅炉房、柴油发电机房，除应符合本规范第 4.1.4 条的规定外，尚应符合下列规定：

1 常（负）压燃油或燃气锅炉房不应位于地下二层及以下，位于屋顶的常（负）压燃气锅炉房与通向屋面的安全出口的最小水平距离不应小于 6m；其他燃油或燃气锅炉房应位于建筑首层的靠外墙部位或地下一层的靠外侧部位，不应贴邻消防救援专用出入口、疏散楼梯（间）或人员的主要疏散通道。

2 建筑内单间储油间的燃油储存量不应大于 $1m^3$。油箱的通气管设置应满足防火要求，油箱的下部应设置防止油品流散的设施。储油间应采用耐火极限不低于 3.00h 的防火隔墙与发电机间、锅炉间分隔。

3 柴油机的排烟管、柴油机房的通风管、与储油间无关的电气线路等，不应穿过储油间。

4 燃油或燃气管道在设备间内及进入建筑物前，应分别设置具有自动和手动关闭功能的切断阀。

9.3.1 下列场所应设置通风换气设施：

1 甲、乙类生产场所；

2 甲、乙类物质储存场所；

3 空气中含有燃烧或爆炸危险性粉尘、纤维的丙类生产或储存场所；

4 空气中含有易燃易爆气体或蒸气的其他场所；

5 其他具有甲、乙类火灾危险性的房间。

9.3.2 下列通风系统应单独设置：

1 甲、乙类生产场所中不同防火分区的通风系统；

2 甲、乙类物质储存场所中不同防火分区的通风系统；

3 排除的不同有害物质混合后能引起燃烧或爆炸的通风系统；

4 除本条第 1 款、第 2 款规定外，其他建筑中排除有燃烧或爆炸危险性气体、蒸气、粉尘、纤维的通风系统。

第四章　燃气管道和调压设施

第一节　管道分类

《燃气工程项目规范》（GB 55009—2021）中，第五章《管道和调压设施》共三节六十二条，主要有燃气管道和调压设施中输配管道、调压设施以及用户管道等方面的规定。从燃气输配方面，对实现燃气工程的基本功能、发挥燃气工程的基本性能提出了具体技术规定。

燃气管道有如下一些分类方式：用途、敷设方式及输气压力。

一、根据用途分类

1. 城镇燃气管道

（1）输气管道：城镇燃气门站至城镇配气管道之间的管道。

（2）配气管道：在供气地区将燃气分配给居民用户、商业用户和工业企业用户的管道。配气管道包括街区的和庭院的分配管道。

（3）用户引入管：室外配气支管与用户室内燃气进口管总阀门之间的管道。

（4）室内燃气管道：从用户室内燃气进口管总阀门到用户各燃具或用气设备之间的燃气管道。

2. 工业企业燃气管道

（1）工厂引入管和厂区燃气管道将燃气从城镇燃气管道引入工厂，分配到各用气车间的管道。

（2）车间燃气管道从车间的管道引口将燃气送到车间内各个用气设备（如窑炉）的管道。车间燃气管道包括干管和支管。

（3）炉前燃气管道从支管将燃气分送给炉上各个燃烧设备的管道。

二、根据敷设方式分类

（1）地下燃气管道。在城市及城镇中，为了车辆、行人方便，一般采用地下敷设的方式埋地敷设的管道。

（2）架空燃气管道。在管道越过河流、障碍物、建筑物时，为了管理维修方便，采用架空敷设的管道。

三、根据输气压力分类

燃气泄漏可能会造成较为严重的后果，例如中毒、火灾、爆炸等，因此燃气管道相对于其他管道来说，气密性要求更高。对于长输燃气管道或者环城管道，压力较高，管道内出现破裂或者管道接头脱开的可能性较大，危险性较高。因此燃气管道按照其压力等级的不同，其管道材料选择、安装质量要求、检验标准和运行管理要求有所不同。在实际运行中，管输压力既要考虑用户安全使用的要求，又要考虑经济性能要求。需要在符合相关规范要求的前提下，保证用户的安全使用，同时尽可能降低成本，提高收益，达到最佳使用效率。

在城镇燃气管网系统中，各级压力的主管应该形成一个环网，特别是那些压力较高的管道。初建时可以是半环形或枝状的管道，但应逐步发展成为一个完整的环网。城镇、工厂区和居民点可以通过长距离输气管线来供气。对于那些距离城镇燃气管道较远的大型用户，若经过论证证明经济合理和安全可靠，可以自行建设调压站与长输管线相连接。除了一些允许设立专用调压器并与长输管线相连接的管道检查站用气外，单个的居民用户不得与长输管线相连接。

《燃气工程项目规范》（GB 55009—2021）中对燃气管道作出了规定。

第二节 调压设施

《燃气工程项目规范》（GB 55009—2021）节选。
5.1 输配管道
5.1.1 输配管道应根据最高工作压力进行分级，并应符合表5.1.1的规定。

表5.1.1 输配管道压力分级

名称		最高工作压力（MPa）
超高压		4.0<P
高压	A	2.5<P≤4.0
	B	1.6<P≤2.5
次高压	A	0.8<P≤1.6
	B	0.4<P≤0.08
中压	A	0.2<P≤0.4
	B	0.01<P≤0.2
低压		P≤0.01

5.1.2 燃气输配管道应结合城乡道路和地形条件，按满足燃气可靠供应的原则布置，并应符合城乡管线综合布局的要求。输配管网系统的压力级制应结合用户需求、用气规模、调峰需要和敷设条件等进行配置。

5.1.3 液态燃气输配管道、高压A及高压A以上的气态燃气输配管道不应敷设在居住区、商业区和其他人员密集区域、机场车站与港口及其他危化品生产和储存区域内。

5.1.4 输配管道的设计工作年限不应小于30年。

5.1.5 输配管道与附件的材质应根据管道的使用条件和敷设环境对强度、抗冲击性等机械性能的要求确定。

5.1.6 输配管道及附属设施的保护范围应根据输配系统的压力分级和周边环境条件确定。最小保护范围应符合下列规定：

    1 低压和中压输配管道及附属设施，应为外缘周边0.5m范围内的区域；

    2 次高压输配管道及附属设施，应为外缘周边1.5m范围内的区域；

    3 高压及高压以上输配管道及附属设施，应为外缘周边5.0m范围内的区域。

5.1.7 输配管道及附属设施的控制范围应根据输配系统的压力分级和周边环境条件确定。最小控制范围应符合下列规定：

  1 低压和中压输配管道及附属设施，应为外缘周边0.5m~5.0m范围内的区域；
  2 次高压输配管道及附属设施，应为外缘周边1.5m~15.0m范围内的区域；
  3 高压及高压以上输配管道及附属设施，应为外缘周边5.0m~50.0m范围内的区域。

5.1.8 在输配管道及附属设施的保护范围内，不得从事下列危及输配管道及附属设施安全的活动：

  1 建设建筑物、构筑物或其他设施；
  2 进行爆破、取土等作业；
  3 倾倒、排放腐蚀性物质；
  4 放置易燃易爆危险物品；
  5 种植根系深达管道埋设部位可能损坏管道本体及防腐层的植物；
  6 其他危及燃气设施安全的活动。

5.1.9 在输配管道及附属设施保护范围内从事敷设管道、打桩、顶进、挖掘、钻探等可能影响燃气设施安全活动时，应与燃气运行单位制定燃气设施保护方案并采取安全保护措施。

5.1.10 在输配管道及附属设施的控制范围内从事本规范第5.1.8条列出的活动，或进行管道穿跨越作业时，应与燃气运行单位制定燃气设施保护方案并采取安全保护措施。在最小控制范围以外进行作业时，仍应保证输配管道及附属设施的安全。

5.1.11 钢质管道最小公称壁厚不应小于表5.1.11的规定。

表5.1.11 钢制管道最小公称壁厚

钢管公称直径 DN (mm)	最小公称壁厚 (mm)
DN100~DN150	4.0
DN200~DN300	4.8
DN350~DN450	5.2
DN500~DN550	6.4
DN600~DN700	7.1
DN750~DN900	7.9
DN950~DN1000	8.7
DN1050	9.5

5.1.12 聚乙烯等不耐受高温或紫外线的高分子材料管道不得用于室外明设的输配管道。

5.1.13 埋地输配管道不得影响周边建（构）筑物的结构安全，且不得在建筑物和地上大型构筑物（架空的建、构筑物除外）的下面敷设。

5.1.14 埋地输配管道应根据冻土层、路面荷载等条件确定其埋设深度。车行道下输配管道的最小值埋深度不应小于0.9m，人行道及田地下输配管道的最小值埋深度不应小于0.6m。

5.1.15 当输配管道架空敷设时，应采取防止车辆冲撞等外力损害的措施。

5.1.16 输配管道不应在排水管（沟）、供水管渠、热力管沟、电缆沟、城市交通隧道、城市轨道交通隧道和地下人行通道等地下构筑物内敷设。当确需穿过时，应采取有效的防护措施。

5.1.17 当输配管道穿越铁路、公路、河流和主要干道时，应采取不影响交通，水利设施并保证输配管道安全的防护措施。

5.1.18 河底穿越输配管道时，管道至河床的覆土厚度应根据水流冲刷条件及规划河床标高确定。对于通航的河流，应满足疏浚和投锚的深度要求。输配管道穿越河流两岸的上、下游位置应设立标志。

5.1.19 输配管道上的切断阀门应根据管道敷设条件，按检修调试方便、及时有效控制事故的原则设置。

5.1.20 埋地钢质输配管道应采用外防腐层辅以阴极保护系统的腐蚀控制措施。新建输配管道的阴极保护系统应与输配管道同时实施，并应同时投入使用。

5.1.21 埋地钢质输配管道埋设前，应对防腐层进行100%外观检查，防腐层表面不得出现气泡、破损、裂纹、剥离等缺陷。不符合质量要求时，应返工处理直至合格。

5.1.22 输配管道的外防腐层应保持完好，并应定期检测。阴极保护系统在输配管道正常运行时不应间断。

5.1.23 聚乙烯管道的连接不得采用螺纹连接或粘接。不得采用明火加热连接。

5.1.24 输配管道安装结束后，必须进行管道清扫、强度试验和严密性试验，并应合格。

5.1.25 输配管道进行强度试验和严密性试验时，所发现的缺陷必须待试验压力降至大气压后方可进行处理，处理后应重新进行试验。

5.1.26 输配管道和设备维修前和修复后，应对周边窨井、地下管线和建（构）筑物等场所的残存燃气进行全面检查。

5.1.27 输配管道和无人值守的调压设施应进行定时巡查。对不符合安全使用条件的输配管道，应及时更新、改造、修复或停止使用。

5.1.28 输配管道沿线应设置管道标志。管道标志毁损或标志不清的，应及时修复或更新。

5.1.29 废弃的输配管道及设施应及时拆除；不能立即拆除的，应及时处置，并应设置明显的标识或采取有效封堵，管道内不应存有燃气。

5.1.30 暂时停用的输配管道应保压并按在用管道进行管理。

5.2 调压设施

5.2.1 不同压力级别的输配管道之间应通过调压装置连接。

5.2.2 调压站的选址应符合管网系统布置和周边环境的要求。

5.2.3 进口压力为次高压及以上的区域调压装置应设置在室外独立的区域、单独的建筑物或箱体内。

5.2.4 独立设置的调压站或露天调压装置的最小保护范围和最小控制范围应符合表5.2.4的规定。

表5.2.4 独立设置的调压站或露天调压装置的最小保护范围和最小控制范围

燃气入口压力	有围墙时		无围墙且设在调压室内时		无围墙且露天设置时	
	最小保护范围	最小控制范围	最小保护范围	最小控制范围	最小保护范围	最小控制范围
低压、中压	围墙内区域	围墙外3.0m区域	调压室0.5m范围内区域	调压室0.5m~5.0m范围内区域	调压装置外缘1.0m范围内区域	调压装置外缘1.0m~6.0m范围内区域
次高压	围墙内区域	围墙外5.0m区域	调压室1.5m范围内区域	调压室1.5m~10.0m范围内区域	调压装置外缘3.0m范围内区域	调压装置外缘3.0m~15.0m范围内区域

续表

燃气入口压力	有围墙时		无围墙且设在调压室内时		无围墙且露天设置时	
	最小保护范围	最小控制范围	最小保护范围	最小控制范围	最小保护范围	最小控制范围
高压、高压以上	围墙内区域	围墙外25.0m区域	调压室3.0m范围内区域	调压室3.0m~30.0m范围内区域	调压装置外缘5.0m范围内区域	调压装置外缘5.0m~50.0m范围内区域

5.2.5 在独立设置的调压站或露天调压装置的最小保护范围内，不得从事下列危及燃气调压设施安全的活动：
  1 建设建筑物、构筑物或其他设施；
  2 进行爆破、取土等作业；
  3 放置易燃易爆危险物品；
  4 其他危及燃气设施安全的活动。

5.2.6 在独立设置的调压站或露天调压装置的最小控制范围内从事本规范第5.2.5条列出的活动时，应与燃气运行单位制定燃气调压设施保护方案并采取安全保护措施。在最小控制范围以外进行作业时，仍应保证燃气调压设施的安全。

5.2.7 调压设施周围应设置防侵入的围护结构。调压设施范围内未经许可的人员不得进入。在易于出现较高侵入危险的区域，应对站点增加安全巡检次数或设置侵入探测设备。

5.2.8 调压设施周围的围护结构上应设置禁止吸烟和严禁动用明火的明显标志。无人值守的调压设施应清晰地标出方便公众联系的方式。

5.2.9 调压站的调压装置设置区域应有设备安装、维修及放置应急物品的空间和设置出入通道的位置。

5.2.10 露天设置的调压装置应采取防止外部侵入的措施，并应与边界围护结构保持可防止外部侵入的距离。

5.2.11 设置调压装置的建筑物和容积大于$1.5m^3$的调压箱应具有泄压措施。

5.2.12 调压站、调压箱、专用调压装置的室外或箱体外进口管道上应设置切断阀门。高压及高压以上的调压站、调压箱、专用调压装置的室外或箱体外出口管道上应设置切断阀门。阀门至调压站、调压箱、专用调压装置的室外或箱体外的距离应满足应急操作的要求。

5.2.13 设置调压装置的环境温度应保证调压装置活动部件正常工作，并应符合下列规定：
  1 湿燃气，不应低于0℃；
  2 液化石油气，不应低于其露点。

5.2.14 对于存在燃气相对密度大于等于0.75的可燃气体的空间，应采用不发火花地面，人能够到达的位置应使用防静电火花的材料覆盖。

5.2.15 当调压节流效应使燃气的温度可能引起材料失效时，应对燃气采取预加热等措施。

5.2.16 调压装置的厂界环境噪声应控制在国标准允许的范围内。

5.2.17 燃气调压站的电气、仪表设备应根据爆炸危险区域进行选型和安装，并应设置过电压保护和雷击保护装置。

5.2.18 调压系统出口压力设定值应保持下游管道压力允许的范围内。调压装置应设置防止燃气出口压力超过下游压力允许值的安全保护措施。

5.2.19 当发生出口压力超过下游燃气设施设计压力的事故后，应对超压影响区内的燃气设施进行全面检查，确认安全后方可恢复供气。

第三节 用户管道

《燃气工程项目规范》（GB 55009—2021）节选。
5.3 用户管道

5.3.1 用户燃气管道最高工作压力应符合下列规定：
  1 住宅内，明设时不应大于0.2MPa；暗埋、暗封时不应大于0.01MPa。
  2 商业建筑、办公建筑内，不应大于0.4MPa。
  3 农村家庭用户内，不应大于0.01MPa。

5.3.2 用户燃气管道设计工作年限不应小于30年。预埋的用户燃气管道设计工作年限应与该建筑设计工作年限一致。

5.3.3 用户燃气管道及附件应结合建筑物的结构合理布置并应设置在便于安装、检修的位置，不得设置在下列场所：
  1 卧室、客房等人员居住和休息的房间；
  2 建筑内的避难场所、电梯井和电梯前室、封闭楼梯间、防烟楼梯间及其前室；
  3 空调机房、通风机房、计算机房和变、配电室等设备房间；
  4 易燃或易爆品的仓库、有腐蚀性介质等场所；
  5 电线（缆）、供暖和污水等沟槽及烟道、进风道和垃圾道等地方。

5.3.4 燃气引入管、立管、水平干管不应设置在卫生间内。

5.3.5 使用管道供应燃气的用户应设置燃气计量器具。

5.3.6 用户燃气调压器和计量装置，应根据其使用燃气的类别、压力、温度、流量（工作状态、标准状态）和允许的压力降、安装条件及用户要求等因素选择，其安装应便于检修、维护和更换操作，且不应设置在密闭空间和卫生间内。

5.3.7 燃气相对密度小于0.75的用户燃气管道当敷设在地下室、半地下室或通风不良场所时，应设置燃气泄漏报警装置和事故通风设施。

5.3.8 用户燃气管道穿过建筑物外墙或基础的部位应采取防沉降措施。高层建筑敷设燃气管道应有管道支撑和管道变形补偿的措施。

5.3.9 当用户燃气管道架空或沿建筑外墙敷设时，应采取防止外力损害的措施。

5.3.10 用户燃气管道与燃具的连接应牢固、严密。

5.3.11 用户燃气管道阀门的设置部位和设置方式应满足安全、安装和运行维护的要求。燃气引入管、用户调压器和燃气表前、燃具前、放散管起点等部位应设置手动快速切断阀门。

5.3.12 暗埋和预埋的用户燃气管道应采用焊接接头。

5.3.13 用户燃气管道的安装不得损坏建筑的承重结构及降低建筑结构的耐火性能或承载力。

第五章 燃具和用气设备

第一节 一般规定

燃气燃烧器具在使用与管理中涉及的方面众多，不仅对于燃气燃烧器具本身的各种事项进行规定，在使用燃气燃烧器具的过程中也进行了详尽的规定，主要包括《商用燃气燃烧器具》（GB 35848—2018）、《燃气燃烧器具安全技术条件》（GB 16914—2012）、《家用燃气燃烧器具安全管理规则》（GB 17905—2008）、《家用燃气用具通用试验方法》（GB/T 16411—2023）、《家用燃气燃烧器具安装及验收规程》（CJJ 12—2013）、《家用燃气报警器及传感器》（CJ/T 347—2010）和《燃气燃烧器具使用交流电源的安全通用要求》（CJ/T 3062—1996）等。

《燃气工程项目规范》（GB 55009—2021）中，第六章《燃具和用气设备》共三节二十条，主要规定了燃具和用气设备中家庭用燃具和附件、商业燃具、用气设备和附件，以及烟气排除等方面的规定。从用户方面，对实现燃气工程的基本功能、发挥燃气工程的基本性能提出了具体技术规定。

第二节 居民用燃具

居民用户是指以燃气为燃料进行炊事或制备热水为主的用户。居民用燃具需按设计、制造、检验等程序生产，经出厂检验合格后才能达到居民家庭使用。家用燃具，如燃气灶、燃气热水器、燃气采暖热水炉等均为 10kPa 以下的低压燃具。可以满足家庭炊事和制备热水的需要。根据居民用气特点，《燃气工程项目规范》（GB 55009—2021）中对居民用燃具的规定如下：

6 燃具和用气设备

6.1 家庭用燃具和附件

6.1.1 家庭用户应选用低压燃具。不应私自在燃具上安装出厂产品以外的可能影响燃具性能的装置或附件。

6.1.2 家庭用户的燃具应设置熄火保护装置。燃具铭牌上标示的燃气类别应与供应的燃气类别一致。使用场所应符合下列规定：

1 应设置在通风良好、具有给排气条件、便于维护操作的厨房、阳台、专用房间等符合燃气安全使用条件的场所。

2 不得设置在卧室和客房等人员居住和休息的房间及建筑的避难场所内。

3 同一场所使用的燃具增加数量或由另一种燃料改用燃气时，应满足燃具安装场所的用气环境条件。

6.1.3 直排式燃气热水器不得设置在室内。燃气采暖热水炉和半密闭式热水器严禁设置在浴室、卫生间内。

6.1.4 与燃具贴邻的墙体、地面、台面等，应为不燃材料。燃具与可燃或难燃的墙壁、地板、家具之间应保持足够的间距或采取其他有效的防护措施。

6.1.5 高层建筑的家庭用户使用燃气时，应符合下列规定：
　　1 应采用管道供气方式；
　　2 建筑高度大于100m时，用气场所应设置燃气泄漏报警装置，并应在燃气引入管处设置紧急自动切断装置。

6.1.6 家庭用户不得使用燃气燃烧直接取暖的设备。

6.1.7 当家庭用户管道或液化石油气钢瓶调压器与燃具采用软管连接时，应采用专用燃具连接软管。软管的使用年限不应低于燃具的判废年限。

6.1.8 燃具连接软管不应穿越墙体、门窗、顶棚和地面，长度不应大于2.0m且不应有接头。

6.1.9 家庭用户管道应设置当管道压力低于限定值或连接灶具管道的流量高于限定值时能够切断向灶具供气的安全装置；设置位置应根据安全装置的性能要求确定。

6.1.10 使用液化石油气钢瓶供气时，应符合下列规定：
　　1 不得采用明火试漏；
　　2 不得拆开修理角阀和调压阀；
　　3 不得倒出处理瓶内液化石油气残液；
　　4 不得用火、蒸汽、热水和其他热源对钢瓶加热；
　　5 不得将钢瓶倒置使用；
　　6 不得使用钢瓶互相倒气。

6.1.11 家庭用户不得将燃气作为生产原料使用。

第三节　商业燃具及用气设备

商业燃具或用气设备种类较多，商业用气场所的确定可能滞后于建筑功能方案设计，还有将原有非用气房间改造，以使其满足用气环境要求以后变更为用气房间的可能性。所以，商业用气场所的通风条件既应该满足燃烧所需空气和燃烧产生的烟气排放要求，还应能够保证发生燃气泄漏事故时，可燃气体快速稀释，避免产生爆炸危险混合气体聚积的情况。具体的用气场所建筑的耐火等级、防火、隔热、给排气及安全防范措施等详细要求应符合相关标准的规定。《燃气工程项目规范》（GB 55009—2021）中对商业燃具、用气设备和附件的规定如下：

6.2　商业燃具、用气设备和附件

6.2.1 商业燃具或用气设备应设置在通风良好、符合安全使用条件且便于维护操作的场所，并应设置燃气泄漏报警和切断等安全装置。

6.2.2 商业燃具或用气设备不得设置在下列场所：
　　1 空调机房、通风机房、计算机房和变、配电室等设备房间；
　　2 易燃或易爆品的仓库、有强烈腐蚀性介质等场所。

6.2.3 公共用餐区域、大中型商店建筑内的厨房不应设置液化天然气气瓶、压缩天然气气瓶及液化石油气气瓶。

6.2.4 商业燃具与燃气管道的连接软管应符合本规范第6.1.7条和第6.1.8条的规定。

6.2.5 商业燃具应设置熄火保护装置。
6.2.6 商业建筑内的燃气管道阀门设置应符合下列规定：

  1 燃气表前应设置阀门；

  2 用气场所燃气进口和燃具前的管道上应单独设置阀门，并应有明显的启闭标记；

  3 当使用鼓风机进行预混燃烧时，应采取在用气设备前的燃气管道上加装止回阀等防止混合气体或火焰进入燃气管道的措施。

第三编 城市燃气安全管理

第一章 城市燃气工程建设

第一节 燃气工程概述

一、燃气工程性质与分类

燃气工程是市政工程重要基础设施之一。燃气工程的规划建设直接关系到城乡居民的生计，并与城乡建设、住房、供水、供电、交通等设施相互配套、相互促进，影响城乡的经济、文化、环境建设与可持续发展。因此，燃气工程建设必须符合当地城乡建设总体规划和国民经济发展纲要的要求。

燃气工程是复杂的系统工程。根据燃气设施用途的不同，燃气工程大致可分为：气源工程、场站工程、输配管网工程、用户工程。

二、燃气工程建设的基本原则与程序

1. 基本原则

（1）燃气工程的规划建设、运行管理应遵循安全生产、保障供应、节约资源、保护环境、技术先进、经济合理的原则。

（2）工业和民用建筑需配套建设燃气设施的，其燃气设施应当与主体工程同时设计、同时施工、同时验收。燃气工程中的安全设施和环境保护设施应与主体工程同时投入使用。

（3）燃气工程建设应由符合国家规定的相应资质等级的勘察设计、施工和监理单位承担，并严格按照国家相关技术标准、规范及规程执行，应保证工程质量、进度、投资、安全，并进行文明施工。

（4）采用新技术、新工艺、新材料、新设备时，应满足国家现行标准规范相关要求。当采用的技术措施与技术规范的规定不一致时，应进行判定。

2. 基本程序

工程项目基本建设程序是指工程项目从设想、选择、评估、决策、设计、施工到竣工验收、投产试运行的整个建设过程中，各项工作必须遵循先后次序。一个工程项目一般要经过投资决策、建设实施和交付使用三个发展阶段。

1) 项目投资决策阶段

项目投资决策阶段的工作主要是编制项目建议书、项目申请报告或可行性研究报告。投资决策阶段主要是对拟建项目作框架性的总体设想，对项目何时投资、在何地投资、如何实施等重大问题进行科学论证和多方案比较，阐明项目建设的必要性、重要性、可行性等，供筹建单位做出决策，提高项目投资决策的科学性和合理性。此阶段虽然投入少，但项目效益影响大。前期若决策失误，往往会导致重大损失。

(1) 项目建议书。

根据《国务院关于投资体制改革的决定》（国发〔2004〕20号），政府投资项目和非政府投资项目分别实行审批制、核准制或登记备案制。

① 政府投资项目。对于采用直接投资和资本金注入方式的政府投资项目，政府需要从投资决策的角度审批项目建议书。应根据建设规模和限额划分，编制项目建议书，并报送政府有关部门审批。需要注意的是，批准后的项目建议书并不代表项目的最终决策。

② 非政府投资项目。对于企业不使用政府资金投资建设的项目，政府不再进行投资决策性质的审批，项目实行核准制或登记备案制。企业不需要编制项目建议书，可直接编制可行性研究报告。

③ 项目建议书一般应包括以下几个方面的内容：建设项目提出的必要性和依据；供气规模、气源和储气设施布点的初步设想；建设项目内容及气源供应情况、建设条件、协作关系；投资估算、资金筹措及还贷方案设想。

(2) 项目申请报告。

项目申请报告，是企业在投资建设应报政府核准的项目时，为获得项目核准机关对拟建项目的行政许可，按核准要求报送的项目论证报告。编写项目申请报告时，应根据政府公共管理的要求，对拟建项目从规划布局、资源利用、征地移民、生态环境、经济和社会影响等方面进行综合论证，为有关部门对企业投资项目核准提供依据。至于项目的市场前景、经济效益、资金来源、产品技术方案等内容，不必在项目申请报告中进行详细分析和论证。目前部分省、市政府根据项目申请报告即可完成项目立项，不再要求提供可行性研究报告。项目申请报告一般应包括以下几方面内容：

① 项目建设的必要性；

② 项目建设的技术可行性；

③ 项目建设的经济合理性。

(3) 可行性研究报告。

① 政府投资项目。政府需要从投资决策的角度审批可行性研究报告，除特殊情况外不再审批开工报告，同时还要严格审批其初步设计和概算；对于采用投资补助、转贷和贷款贴息方式的政府投资项目，则只审批资金申请报告。

② 非政府投资项目。一律不再实行审批制。根据不同情况，实行核准制或登记备案制。

(4) 注意事项。

① 针对主要燃气场站和高压管道等重大建设项目，相关法律法规还要求建设前期聘请专业单位做好《安全评估报告》《环境评估报告》《消防审核意见》，场站工程所需土地还需取得土地管理部门《土地规划选址意见书》。此外，工程竣工后应取得相关安评、环评、消防、建设选址及建设用地规划许可证等，还需进行项目后评估、核实、核查等各项工作。

② 针对市政中压管网和小区庭院管道等中小型燃气工程项目，项目前期工作可适当简

化。应了解清楚当地政府主管部门要求及有关法规，做好前期申报工作。

2）项目建设实施阶段

燃气工程项目建设实施阶段工作内容主要包含工程设计、建设准备、施工安装、投产准备等阶段。

（1）工程设计。

工程设计包括初步设计和施工图设计两个阶段，有特殊要求的项目还需要增加技术设计。其中，初步设计阶段通过对工程项目作出的基本技术经济规定，编制项目总概算。如果初步设计提出的总概算超过可行性研究报告总投资的10%，可行性研究报告需要重新审批。初步设计方案应符合城市总体规划，并由建设单位报送建设行政主管部门审批。

施工图设计则是根据批准的初步设计，绘制出正确、完整和尽可能详尽的土建与安装工程图纸，以满足工程施工及设备材料采购和定制的要求。建设单位应当将施工图报送建设行政主管部门，并由其委托有关审查机构，进行结构安全和强制性标准规范执行情况等内容的审查。施工图一经审查批准，不得擅自修改。如遇特殊情况需要进行涉及审查主要内容的修改时，必须重新报请原审批部门，由原审批部门委托审查机构审查后再批准实施。

（2）建设准备。

建设单位完成工程建设准备工作并具备工程开工条件后，应及时办理工程质量监督手续和施工许可证。

① 工程质量监督手续的办理。建设单位在办理施工许可证之前，应当到规定的工程质量监督机构办理工程质量监督注册手续。办理质量监督注册手续时，需提供下列资料：施工图设计文件审查报告和批准书；中标通知书和施工、监理合同；建设单位、施工单位和监理单位工程项目的负责人和机构组成；施工组织设计和监理规划（监理实施细则）；其他需要的文件资料。

② 施工许可证的办理。建设单位在开工前，应当向工程所在地的县级以上人民政府建设行政主管部门申请领取施工许可证。工程投资额在30万元以下或者建筑面积在300m^2以下的建筑工程，可以不申请办理施工许可证。

项目在开工建设之前要切实做好各项准备工作，其主要内容包括：

征地、拆迁和场地平整；

完成施工用水、电、通信、道路等接通工作；

组织招标，选择工程监理单位、承包单位及设备、材料供应商；

准备必要的施工图纸。

（3）施工安装。

项目的开工时间，是指工程项目设计文件中规定的任何一项永久性工程第一次正式破土开槽施工的日期。不需要开槽的，以正式开始打桩的日期为开工日期。需进行大量土、石方工程的，以开始土、石方工程的日期为开工日期。工程地质勘察、场地平整、原有建筑物的拆除、临时建筑、施工用临时道路和水、电等工程开始施工的日期，不能算作正式开工日期。

项目正式开工后，即开展各项既定的施工安装工作。

（4）投产准备。

投产准备是指燃气管输系统正式投产运营前应做的准备工作，一般应包括以下主要内容：人员准备，组织准备，技术准备和物资准备。

3）项目交付使用阶段

工程项目交付使用阶段包含竣工验收、项目后评价两部分。

（1）竣工验收。

竣工验收一般由项目批准单位或委托项目主管部门组织，建设单位、监理单位、施工单位、勘察设计单位参与验收。验收委员会要对工程设计、施工和设备质量等方面做出全面的评价。

竣工验收的范围和标准如下：

① 生产性项目和辅助公用设施已按设计要求建设完毕，能满足生产要求；

② 主要工艺设备经联动负荷试车合格，形成生产能力，具备投入正式运行的能力；

③ 生产准备工作能适应投产初期的需要；

④ 环境保护设施、劳动安全卫生设施、消防设施已按设计要求，与主体工程同时建成使用。

（2）项目后评价。

项目后评价是工程项目实施阶段管理的延伸，通过对项目实施过程、结果及其影响进行调查研究和全面系统回顾，与项目决策时确定的目标以及技术、经济、环境、社会指标进行对比，找出差别和变化，分析原因，总结经验，吸取教训，得到启示，提出对策建议。通过信息反馈，改善今后的投资管理和决策，达到提高投资效益的目的。

项目后评价包括效益后评价、过程后评价、影响后评价、可持续性评价，常用的基本评价方法主要有对比法、逻辑框架法、成功度评价法等。

三、燃气工程建设注意事项

（1）应严格执行招标程序，做好资格预审工作，保证公平竞争。燃气工程涉及土建工程、安装工程，具有鲜明的行业特殊性，关键人员也应具有相应的从业资质。

（2）压力管道和压力容器需报当地质量技术监督（市场监管）部门参与监督检查。

（3）按国家相关建设工程定额、计价标准进行工程预决算。

（4）坚持民生优先；坚持先规划设计、后建设施工；坚持先地下、后地上。

（5）工艺方案应经过多方案的技术经济比选。一般高压输送、中压配送、低压使用。燃气供应系统应设置数据采集与监控管理信息化系统。

（6）根据气源压力等级、储气方式、站址地质条件、安全评估、环境保护、运行管理、人文因素等综合条件，合理确定储气调峰规模及其设施，加强质量监督管理，确保工程质量与安全。

（7）城镇燃气设施的建设、运行、维护，应采取有效保证人身和公共安全的措施。

（8）对抗震设防烈度为6度及以上地区，燃气设施的建设必须采取抗震措施。

第二节　工程建设手续

城镇燃气厂站工程、高压和次高压管道工程一般需由当地发展改革委审批备案立项，并由当地自然资源与规划部门、住房城乡建设部门、市政管理部门进行审批，涉及用地的还需要办理用地等行政许可手续。一般申报手续，可参考如下内容。

一、可行性研究立项阶段

（1）委托具备资质的单位编制项目可行性研究报告；
（2）办理《项目选址意见书》；
（3）委托具备资质的单位进行环境影响评价，编制《环境影响报告》，报环境保护部门审批；
（4）委托具备资质的单位进行地质灾害评价、压覆矿产资源评价，出具评价报告，提交自然资源局审查；
（5）委托具备资质的单位进行安全预评价；
（6）建设项目安全审查；
（7）用地预审；
（8）项目审批/备案制立项。

二、施工前阶段

（1）总平面图审查及用地规划审批，办理《建设用地规划许可证》；
（2）办理建设项目用地审批；
（3）办理《建设用地批准书》；
（4）初步设计审查；
（5）委托具备资质的单位进行地质勘查；
（6）施工图设计审查；
（7）建设项目安全设施设计审查；
（8）管线综合总平面审批；
（9）建筑工程消防设计审核；
（10）防雷装置设计审核；
（11）办理《建设工程规划许可证》；
（12）工程招标投标备案；
（13）办理《施工许可证》。

三、施工阶段

（1）地下管线信息查询；
（2）占用城市绿地和砍伐、迁移城市树木；
（3）工程建设占用、挖掘道路；
（4）建设工程质量监督申请；
（5）特种设备安装告知；
（6）计量器具检测。

四、竣工验收阶段

（1）建设项目环境保护设施竣工验收；
（2）建设工程消防验收；
（3）防雷装置竣工验收；

（4）民用建筑节能专项验收；
（5）压力管道、压力容器监督检验；
（6）压力容器、压力管道使用登记；
（7）管线竣工测绘；
（8）房屋建筑面积现状测绘；
（9）建设工程规划验收；
（10）水土保持设施验收；
（11）建设工程竣工验收备案；
（12）城建档案接收；
（13）内部移交。

城镇燃气中压管道工程项目的行政许可一般由当地的自然资源与规划部门、住房城乡建设部门、市政管理部门进行审批。相对于天然气厂站工程、高压管线工程，中低压管道工程的行政许可手续相对简便。在工程准备施工前，先到规划部门进行报批，申报的主要内容有施工报告、管线走向图，管线走向图包括管线位置、管道埋深和间距等内容。在取得规划部门的建设工程规划许可之后，根据管线所经区域，是否穿越公路、铁路、河流、绿化带、电线杆等区域，向城建、执法、园林、市政、消防等相关属地管理部门申报审批手续。取得上述部门批复许可后，方可组织施工。施工完成后，根据当地政府要求进行，组织相关部门进行验收。

第三节　建设管理

一、初步设计审查及批复

（1）ⅰ类燃气工程项目的初步设计文件，应当符合《城镇燃气设计规范（2020版）》（GB 50028—2006）等国家有关技术规范和地方燃气发展规划的要求，并提交以下资料进行审查批准：

① 初步设计审查申请报告；
② 初步设计文件（有国有投资的项目还应附概算文本）；
③ 发改部门出具的立项或项目核准备案批文；
④ 勘察、设计中标通知书（指勘察、设计应当公开招标的项目）；
⑤ 规划批准文件；
⑥ 工程项目用地红线图；
⑦ 工程地质勘察报告；
⑧ 法律、法规规定的其他资料。

（2）ⅱ类燃气工程和ⅲ类燃气工程中的已建建筑（小区）增设、改造的用户供气工程可不进行初步设计审查。

（3）ⅲ类燃气工程中的新建建筑（小区）配套建设的用户供气工程与房屋建筑工程同步进行初步设计文件审查及批复。

二、施工图审查备案

ⅰ类燃气工程，工程投资额在 30 万元以上的ⅱ类燃气工程，ⅲ类燃气工程中的新建建筑（小区）配套建设的用户供气工程和工程投资额在 30 万元以上的已建建筑（小区）增设、改造的用户供气工程施工图必须经过审查，未经审查或审查不合格的燃气工程施工图不得用于施工。

（1）ⅰ类燃气工程应提交以下资料：
① 初步设计批复文件及经审核盖章的初步设计文件；
② 符合国家规定深度和内容要求的施工图；
③ 施工图设计文件审查备案表；
④ 施工图设计文件审查报告；
⑤ 建筑节能设计审查备案表；
⑥ 燃气场、站工程须提交建设工程消防设计审核意见书；
⑦ 法律、法规规定的其他资料。

（2）ⅱ类燃气工程和ⅲ类燃气工程中的已建建筑（小区）增设、改造的用户供气工程提交施工图设计文件审查备案表和施工图设计文件审查报告进行施工图审查备案。

（3）ⅲ类燃气工程中的新建建筑（小区）配套建设的用户供气工程施工图与房屋建筑工程同步报审。

三、施工许可

依照前款规定应当办理施工许可的燃气工程，建设单位须在开工前申领施工许可证。

（1）ⅰ类燃气工程应提交以下资料：
① 国土用地批准手续；
② 规划部门许可文件；
③ 施工图及审查备案表（含施工图设计文件审查报告）；
④ 施工单位、监理单位中标通知书（限发改部门批文明确实施招标的项目）和施工合同、监理合同及备案资料；
⑤ 工程质量、安全监督注册申报表；
⑥ 工伤保险单；
⑦ 民工工资保证金审批表；
⑧ 流动人口计划生育审批表、建设工程档案责任书；
⑨ 法律、法规规定的其他资料。

注：燃气场、站工程提交上述全部资料；高压、次高压市政燃气管线工程及燃气管线穿（跨）越铁路、河流、公路等工程提交第②～⑨项资料。

（2）工程投资额在 30 万元以上的ⅱ类燃气工程和ⅲ类燃气工程中工程投资额在 30 万元以上的已建建筑（小区）增设、改造的用户供气工程应提交以下资料：
① 规划部门许可文件；
② 施工图及审查备案表（含施工图设计文件审查报告）；
③ 施工合同、监理合同及监理备案资料；
④ 工程质量、安全监督报监表；

⑤ 建设工程档案责任书；

⑥ 法律、法规规定的其他资料。

(3) ⅲ类燃气工程中的新建建筑（小区）配套建设的用户供气工程与房屋建筑工程同步办理施工许可手续。

四、监督管理

(1) 燃气工程建设单位与勘察、设计、施工、监理单位对建设工程质量依法承担相应责任。在工程施工建设阶段，应按照《建设工程质量管理条例》《建设工程安全生产管理条例》的规定，保证燃气工程的施工质量和施工安全。

(2) 燃气工程施工过程中，各责任主体应当严格执行国家和省有关技术规范、标准和规定并接受建设行政主管部门的监督检查。施工、监理单位必须建立健全施工、监理质量责任制度，严格工序管理，做好隐蔽工程的质量检验和竣工测量资料检验。

(3) 燃气工程建设单位必须按照国家有关规定委托具有燃气工程专业监理资质的监理单位对其建设的燃气工程实施监理。

(4) 须报建的燃气工程质量安全监督管理由质、安两站负责实施，非报建的燃气工程质量安全监督管理由县级以上地方燃气主管部门负责实施。

五、工程验收

燃气工程竣工后，建设单位应当依法组织进行竣工验收。未经验收或验收不合格的燃气工程不得交付使用。交付竣工验收的燃气工程应符合下列条件：

(1) 完成建设工程设计和合同约定的各项内容；

(2) 有完整的技术档案和施工管理资料；

(3) 有材料、设备、构配件的质量合格证明和试验、检验报告；

(4) 有勘察、设计、施工、监理单位分别签署的质量合格文件；

(5) 施工单位签署的工程质量保修书；

(6) 工程质量监督机构出具的质量监督报告；

(7) ⅰ类燃气场站工程还应具有公安消防、质量技术监督、环保、防雷防静电等部门、机构按照国家规定出具的文件；燃气管道工程还应按规定设置路面标志。

六、工程备案

(1) 燃气工程建设单位应当自工程竣工验收合格之日起15日内，根据各自工程类别，按照要求向县级以上地方燃气管理部门提交相关备案文件、办理备案手续。

(2) 地方燃气管理部门收到建设单位提交的竣工验收备案文件后，对符合条件的签署同意备案意见核发竣工验收备案表；对违反有关规定、备案文件不全、质量不符合国家强制性标准要求的，要求建设单位限期整改。整改达到要求后，重新申请备案。

(3) 未办理竣工验收备案或备案不达标的ⅰ类燃气场站工程，不得继续办理后续燃气经营许可手续；未办理竣工验收备案或备案不达标的市政燃气管线工程和管道燃气用户供气工程，管道燃气经营企业不得通气投入使用。

七、档案管理

燃气工程建设单位应当按照《中华人民共和国档案法》《城市建设档案管理规定》及地方相关规定等要求，在燃气工程竣工验收前，将按要求编制的工程档案交城建档案馆进行预验收，领取《建设工程竣工档案初验认可证》；在燃气工程竣工验收后三个月内，向城建档案馆报送一套符合规定要求的燃气工程档案，领取《建设工程档案合格证》。iii类燃气工程中的新建建筑（小区）管道燃气用户供气工程档案由房屋建筑开发建设单位与房屋建筑工程一并办理。

八、招标投标管理

燃气工程的招标投标等其他建设管理应严格按照有关法律、法规规定执行。

第二章 城市燃气生产和储配

第一节 燃气生产

天然气是由有机物质生成的，这些有机物质是海洋和湖泊中的动、植物遗体，在特定环境中经物理和生物化学作用而形成分散的碳氢化合物——天然气。

天然气生成之后，储集在地下岩石的孔隙、裂缝中。能储存天然气并能使天然气在其内部流动的岩层，称为储气岩层，又叫储集层。储集层是天然气气藏形成不可缺少的重要条件。

气田的开采时间，一般划分为采气初期、采气中期和采气末期三个时期。采气初期是指即使没有始端压气站，气体沿干线输气管也可以输送到很远距离的时期。此时，输气管始端压力通常为 $4.0 \sim 5.0 MPa$，气体能依靠自身压力送至用户。采气中期是指相当于有始端压气站的情况下沿干线输气管输送气体的时期。故在此时期中，应保持将气体送至压气站的井口压力。采气末期：是指气层压力降至很低，已不能达到始端压气站进口压力的要求，并且每个气井的产量已经很低，因而不能向外界输气，只能用作气田附近工业或民用燃气。此时气田的开采进入末期。

天然气开采出来，便进入输送阶段。长距离输气管道系统通常由矿场集输系统、输气管道及输气站组成。矿场集输系统包括井场装置、集气站、净化处理厂、矿场压气站等。其中，天然气净化包括脱凝析油、脱水、脱硫及脱碳等。输气站由首站、中间站及末站组成。天然气输气管道系统如图 3-2-1 所示。

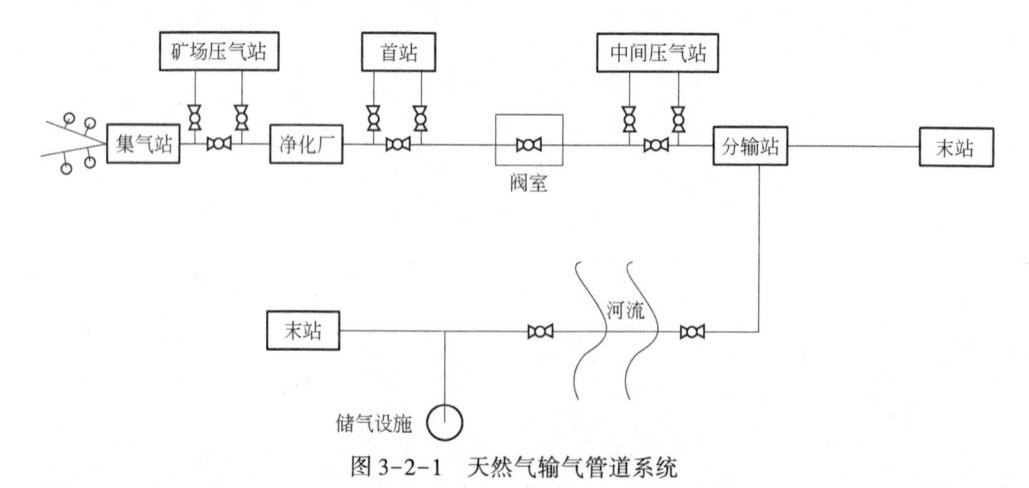

图 3-2-1 天然气输气管道系统

压缩天然气和液化天然气一般通过车或船运输，可以作为天然气长输管道建成前的城市气源，长输管道建成后的压缩天然气和液化天然气改为备用气源，同时也能为汽车提供燃料。因其供应方式灵活，应用越来越广泛。

第二节　燃气储配

一、储气罐

燃气储气罐是一种专门用于储存燃气的压力容器，具有高效、安全、可靠等特点。在燃气输配系统中，储气罐发挥着重要的作用，可以有效地调节燃气压力、稳定供气，同时还能起到应急储备和缓冲作用。

1. 储气罐的分类及组成

燃气储气罐主要分为室内和室外两种类型，其中室内型又分为高压和低压两种。室外型储气罐一般采用卧式设计，安装在地面或地下；室内型储气罐则多采用立式设计，安装在建筑物内。

燃气储气罐主要由筒体、封头、人孔、支座、接管等部件组成。筒体是储存燃气的主体，通常采用优质钢材焊接而成；封头用于封闭燃气入口和出口，一般采用椭圆形或球形设计；人孔用于进出储气罐内部，方便进行检查和维修；支座用于支撑储气罐，同时起到稳定作用；接管用于连接燃气管道和其他设备。

2. 储气罐的作用

燃气储气罐的主要作用包括储存燃气、调节压力和防止燃气泄漏。在实际应用中，储气罐可以作为一个缓冲区，在用气量波动时起到稳定供气的作用，同时还可以在用气高峰期向管道内补充燃气，确保供气的连续性和稳定性。此外，储气罐还可以防止燃气管道内进入空气，减少燃气损失，提高用气安全性。

3. 储气罐的故障排除

燃气储气罐在使用过程中可能会出现一些故障和问题，需要及时排除和处理。常见的故障包括密封不严、压力不稳、气体泄漏等。针对这些问题，可以采取相应的措施进行排除：对于密封不严的问题，可以更换密封圈或重新安装密封装置；对于压力不稳的问题，可以调整控制阀门的开度和定期检查压力表等；对于气体泄漏的问题，可以检查管道连接处和焊缝等部位是否存在漏气现象并进行修复。

二、燃气储配站

燃气储配站是燃气输配系统的重要组成部分，主要负责燃气的储存和配输。它是一种特种压力容器，在城市燃气输配系统中发挥着"蓄电池"的作用，可以有效地调节燃气供需平衡，确保燃气输配系统的稳定运行。

1. 燃气储配站设计原理

（1）确定储存燃气的种类和性质，根据不同的燃气性质选择合适的储存方式；
（2）根据用户需求量和输配系统的要求，确定合理的储存规模和输配能力；
（3）考虑安全因素，确保储气罐及其附件的安全性和可靠性；
（4）考虑环保因素，减少噪声、废气和废水的排放；
（5）优化设计方案，提高土地利用率和经济效益。

2. 燃气储配站运行管理

燃气储配站运行管理是确保其安全、稳定运行的重要保障。主要内容包括以下几个方面：

（1）建立完善的运行管理制度和安全操作规程；
（2）对储配设备进行定期检查和维护，确保其安全可靠；
（3）对运行过程进行监控和调度，确保其稳定运行；
（4）对运行人员进行培训和教育，提升其技能水平和安全意识。

3. 燃气储配站安全措施

燃气储配站安全措施是保障其安全运行的重要手段，如图 3-2-2 所示。主要措施包括以下几个方面：

（1）建立完善的安全管理体系和应急预案；
（2）对储配设备进行定期检测和维护，确保其安全可靠；
（3）对进出人员进行严格的安全管理和教育；
（4）对危险区域和设备进行明显的警示标识和安全防护。

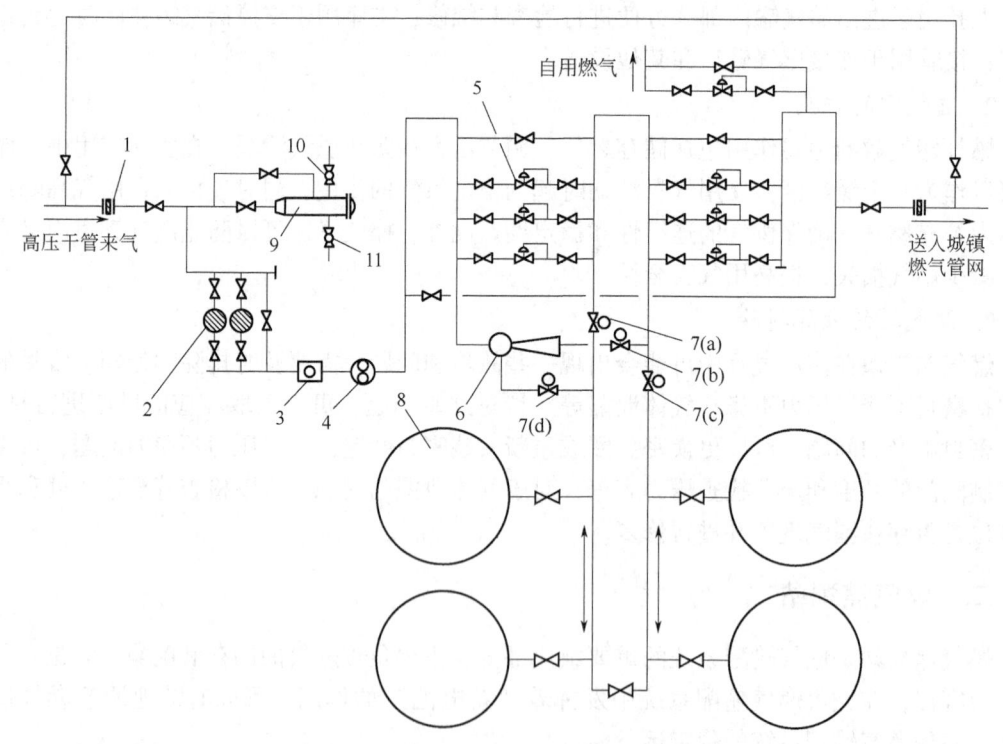

图 3-2-2　天然气高压储配站工艺流程图
1—绝缘法兰；2—过滤器；3—加臭装置；4—流量计；5—调压器；6—引射器；7—电动球阀；
8—储罐；9—清管器接收筒；10—放散阀；11—排污阀

第三章　城市燃气使用

第一节　居民用户使用

一、安全使用燃气的注意事项

燃气用户如果需要扩大用气范围、改变燃气用途，或者安装、改装、拆除固定的燃气设施和燃气器具，应该与燃气经营企业进行协商，并由燃气经营企业指派专业技术人员进行相关操作。燃气用户应该安全使用燃气，不可以进行以下行为：

(1) 厨房内不能堆放易燃、易爆物品。

(2) 使用燃气时，一定要有人照看，人离关火，一旦人离开，燃气就有被风吹灭或锅烧干、汤溢出的后果，致使火焰熄灭，燃气继续排出，造成人身中毒或引起火灾、爆炸事故。

(3) 装有燃气管道及设备的房间不能睡人，以防漏气，造成煤气中毒或引起火灾、爆炸事故。

(4) 教育小孩不要玩弄燃气灶的开关，防止发生危险。

(5) 检查燃具连接处是否漏气可用携带式可燃气检测仪或采用刷肥皂水的方法，如发现有漏气显示报警或冒泡的部位应及时紧固、维修。严禁用明火试漏。

二、发生燃气泄漏时的安全措施

(1) 首先关闭厨房内的燃气进气阀门。

(2) 立即打开门窗，进行通风。

(3) 不能开关电灯、排风扇及其他电气设备，以防电火花引起爆炸。

(4) 严禁把各种火种带入室内。

(5) 进入煤气味大的房间不能穿带有钉子的鞋。

(6) 通知燃气公司来人检查。但严禁在本室使用电话，以免有电火花产生引起燃爆。

三、发生由燃气引发的火灾的安全措施

一旦发生由燃气引发的火灾，要沉着冷静，立即采取有效措施。

(1) 迅速切断燃气源。如果是液化石油气罐引起火灾，应立即关闭角阀，移至室外（远离火区）的安全地带，以防爆炸。

(2) 起火处可用湿毛巾或湿棉被盖住，将火熄灭。无法接近火源时，应用沙土覆盖，利用灭火器控制火势，利用水降温，以防爆燃。

(3) 如火势很大，个人不能扑灭，要迅速报警火（火警电话"119"）。

① 火警电话打通后，应讲清着火单位、所在地区、街道的详细地址。

② 要讲清什么东西着火，火势如何。

③ 要讲清是平房还是楼房。

四、燃气灶的安全使用

1. 厨房安装燃气灶的要求

（1）厨房的面积不应小于 $2m^2$，高度不低于 2.2m，这是由于燃气一旦漏气，尚有一定的缓冲余地。同时，燃气燃烧时会产生一些废气，如果厨房空间小，废气不易排除，易发生人身中毒事故。

（2）厨房与卧室要隔离，防止燃气相互串通。

（3）厨房内不应放置易燃物。

（4）煤气管道与灶具用软管连接时，软管接头处要用管箍紧固，软管容易老化变质，应及时更换。不能使用过长的胶管连接。

（5）厨房内应保持通风良好。

（6）不带架的燃气灶具，应水平放在不可燃材料制成的灶台上，灶台不能太高，一般以 600~700mm 为宜。同时，灶具应放在避风的地方，以免风吹火焰，降低灶具的热效率，还可能把火焰吹熄引起事故。

（7）燃气灶从售出当日起，判废年限为 8 年。

2. 燃气灶正确操作要点

（1）非自动打火灶具应先点火后开气，即"火等气"。如果先开气后划火柴，燃气向周围泄漏，再遇火易发生危险。

（2）要调节好风门。根据火焰状况调节风门大小，防止脱火、回火或黄焰。

（3）要调节好火焰大小。在做饭的过程中，炒菜时用大火，焖饭时用小火。调节旋塞阀时宜缓慢转动，切忌猛开猛关，火焰不出锅底为度。

3. 燃气灶连接软管使用的注意事项

（1）要使用经燃气公司技术认定的耐油胶管。

（2）要将胶管固定，以免晃动影响使用。

（3）要经常检查胶管的接头处有无松动。

（4）要经常检查胶管有否老化或裂纹等情况，如发现上述情况应及时更换，以免漏气。

（5）灶前软管使用已超过两年建议更新。

（6）不能擅自在燃气管道上连接长的胶管，更不能连接燃具移入室内。

4. 燃气灶小故障的排除

家用燃气灶常见故障有漏气、回火、离焰、脱火、黄焰、连焰、点火率不高、阀门旋转不灵活等。一般情况下可自行排除，故障原因不清时，请及时向燃气公司报修。

灶具出现的一般故障及排除方法如下：

（1）排除漏气现象。漏气的原因较多，如输气管接头松动，阀芯与阀体之间的配合不好，采用的橡胶管年久老化，产生龟裂等。针对上述情况分别采取以下措施：管路接头不严或松动时，应拆开接头，重新缠聚四氟乙烯条，并紧固严密；阀门漏气应更换阀门，或拆开阀门，擦净旋塞，重新加上密封脂；橡胶管老化，应更换新管，并用管箍固紧。

（2）燃烧器回火故障的排除。燃烧器回火的原因有：燃烧器火盖与燃烧器的头部配合不好；风门开度过大；放置的加热容器过低；室内风速过大等。属于第一种原因时，应调整或互换或向厂家更换火盖；属于第二种原因时，应将风门关小些；属于第三种原因时，应调整炊事容器底部与火焰的距离；若因室内风速大时，应关上室内的门窗。

（3）离焰或脱火现象的排除。燃烧器离焰或脱火的原因有：风门开度过大；部分火孔堵塞；环境风速过大；供气压力过高等。因风门开度过大时，应关小风门开度；因部分火孔堵塞时，应疏通火孔；若因管网供气压力过高时，应将燃气节门关小。

（4）黄焰现象的排除。燃气在燃烧过程中产生黄焰的原因及排除方法：风门的开度太小或二次空气不足，此时应将风门开度调大或清除燃烧器周围的杂物；喷嘴与燃烧器的引射器不对中，此时应调整燃烧器，使引射器的轴线与喷嘴的轴线对中；喷嘴的孔径过大，此时应将喷嘴孔径扭小或更换喷嘴；有时因室内炸食品或清扫地面而产生黄焰，应打开门窗或排气扇，或停止清扫工作，黄焰即可消失；加热容器过低时，也会产生黄焰，这时应整架锅的高度。

（5）火焰连焰现象的排除。燃气燃烧时连焰的原因有：燃烧器的加工质量差或火盖变形。出现这种现象时，应转动火盖，调到一个适当的位置。若确实不能调整，应向销售部门或厂家要求更换新火盖。

（6）阀门故障的排除。阀门旋转不灵活的原因有：长期使用导致密封脂干燥；阀芯的锁母过紧；旋塞与阀体粘在一起。此时应拆开阀门检查，针对不同原因进行修理。

（7）新灶具的火力不足的解决方法。新灶具或刚刚修理的灶具火力不足的原因有：旋塞加密封脂过多，密封脂堵塞了旋塞孔。排除这种现象的方法是：拆开阀门，清理掉旋塞孔内的密封脂；也可以关上燃气总节门，将灶具的燃气入口管拆下，打开灶具节门，把打气筒的胶管接在灶具的燃气入口处，通过打气冲走旋塞孔中的密封脂。

（8）点火故障的排除。自动点火机构打不着火的原因较多，而且调整或修理需要有一定技术，所以应请燃气公司专业人员检修。

5. 燃气热水器的安全使用

（1）燃气热水器应装在厨房，用户不得自行拆、改、迁、装。

（2）安装热水器的房间应有与室外有通风的条件。

（3）使用热水器必须使烟气排向室外，厨房须开窗或启用排风换气装置，以保证室内空气新鲜。

（4）热水器附近不准放置易燃、易爆物品，不能将任何物品放在热水器的排烟口处和进风口处。

（5）在使用热水器过程中，如果出现热水阀关闭而主燃烧器不能熄灭时，应立即关闭燃气阀，并通知燃气管理部门或厂家的维修中心检修，切不可继续使用。

（6）在淋浴时，不要同时使用热水洗衣或作他用，以免影响水温和使水量发生变化。

（7）身体虚弱的人员洗澡时，家中应有人照顾，连续使用时间不应过长。

（8）发现热水器有燃气泄漏现象，应立即关闭燃气阀门，打开外窗，禁止在现场点火或吸烟。随后应报告燃气管理单位或厂家的维修中心检修热水器，严禁自己拆卸或"带病"使用。

（9）燃气热水器从售出当日起，人工煤气热水器判废年限为 6 年，液化气和天然气热水器判废年限为 8 年。

6. 燃气壁挂炉的安全使用

1）关于水压

用户在使用前，首先应检查锅炉的水压表指针是否在规定范围内，说明书中规定的标准水压为 0.1~0.12MPa，但在实际使用过程中，由于暖气系统和锅炉内都存在一些空气，当锅炉运行时，系统中的空气不断从锅炉内的排气阀排出，锅炉的压力就会无规律地下降；在冬季取暖时，暖气系统中的水受热膨胀，系统水压力会上升，待水冷却后压力又下降，此属正常现象。实验表明，壁挂炉内的水压只要保持在 0.03~0.12MPa 之间就完全不会影响壁挂炉的正常使用。如水压低于 0.02MPa 时，可能会造成生活热水忽冷忽热或无法正常启动，采暖时如水压高于 0.15MPa，在采暖时系统压力会升高，如果超过 0.3MPa，锅炉的安全阀就会自动泄水，可能会造成不必要的损失，正常情况下一个月左右补一次水即可。

系统补水后一定要关闭锅炉的补水开关，长期出差的业主应将供水总阀关闭。建议在锅炉的安全阀上加装一根排水管，以避免锅炉水压过高时带来不必要的损失。

2）关于锅炉亮红灯

锅炉在启动时，如果检测不到火焰，就会自动进入保护状态，锅炉的红色故障指示灯就会点亮报警。造成此事实的原因是与之相连的燃气曾经出现过中断。此时应检查燃气系统查找可能存在的故障：

（1）天然气是否畅通，有无停气。

（2）气表电池无电。

（3）气表中的余额不足。

（4）燃气阀门未开。

（5）燃气表故障等（以上几种现象可以通过做饭的燃气灶来验证，找到原因并解决）。

（6）检查供水供电系统并排除故障；此时如想启动锅炉，必须将锅炉进行手动复位至红色指示灯熄灭后方可。

3）燃气壁挂炉安全使用注意事项

（1）必须保证锅炉烟管的吸、排气通畅。壁挂炉烟管的构造为直径 60mm/100mm 的双芯管，锅炉工作时由外管吸入新鲜空气，内管排出燃烧废气。锅炉燃烧时需要吸入的空气量大约为 $40m^3/h$，所以产生的废气也较多。因此用户在装修封闭阳台或移机时，必须将烟管的吸、排口伸出窗外，不得将其封在室内或是使用单芯管，否则锅炉在燃烧时容易将排出的废气吸回，造成燃烧时供氧不足，极易导致锅炉发生爆燃、点不着火或频繁启动等现象，给生命财产安全留下隐患。

（2）壁挂炉在工作时，底部的暖气、热水出水管、烟管温度较高，严禁触摸，以免烫伤。

（3）冬季防冻。锅炉可以长期通电，特别是冬季，如果锅炉或暖气内已经充水，必须对锅炉设置防冻、准备充足的电和燃气，以避免暖气片及锅炉的水泵、换热器等部件被冻坏，各种品牌的供暖用壁挂炉都设有防冻功能，具体操作方法请参照说明书。注意：在设置防冻功能后，必须保证家中的水、电、气充足和畅通。为防止万一，设置防冻后也要定期检查锅炉的水压以及工作情况，确保万无一失。

4）节水方法

（1）热水龙头不宜一下开到最大。打开热水龙头直至有热水流出时，锅炉有大约 6s 的延时过程，这时锅炉和水龙头间的管线内都为冷水，所以这段时间内即使将水龙头开至最大，流出的也是凉水。如果开到最大，将会有大量的冷水白白浪费掉。所以在使用热水时应该先开小水流，等待锅炉启动至点火延时后再根据您的需要调整水流大小，这样就可以节省很多水，而且水的升温时间短。特别是浴室离锅炉较远的大户型尤为明显。

（2）将热水流出前流出的冷水用容器储存；如小水流不启动，可能是锅炉内的管路脏或热水启动感应部分不灵敏，可找专业的维修人员上门解决。

（3）在洗澡的过程中尽量减少水龙头的开关次数：因为每开关一次热水龙头，锅炉就要启动一次，就要有 6s 左右的延时，这段时间内又有大量的冷水白白地浪费掉。而且锅炉在烧热水时，没有达到设定温度前都是以大火燃烧，这样也增加了燃气的使用量。

5）节气方法

（1）关闭或调低无人居住房间的暖气片阀门：如用户的住房面积较大、房间较多，而且人口又比较少的情况下，那么不住人或者使用频率低的房间的暖气片阀门完全可以关闭或调小，这样相当于减少了供热面积，不仅节能，而且在正常使用的空间供暖温度上升也会加快，减少了燃气消耗。

（2）白天上班家中无人时不宜关闭壁挂炉，将温度挡位调至最低即可：很多上班族习惯在家中无人时，将锅炉关闭，下班后再将锅炉放置高挡进行急速加热，这种做法非常不科学。因为这样就等于一切从头开始，由于室温与锅炉设定温度温差较大，锅炉需要时间大火运行，这样不但不节能，反而会更加浪费燃气并且增加了住户挨冻的时间，而且有锅炉或暖气片被冻坏的危险。因此，在您上班出门前，只需锅炉的暖气温度调节旋钮调至"0"挡（此时锅炉处于防冻状态，暖气片内的水温保持在 35%～40% 之间，房间内的整体空间温度大约在 8～14℃），等您下班后，再将锅炉暖气挡位调至您所需要的温度即可。

（3）如果用户长期出差或尚未居住则将锅炉与暖气片内的水放掉：建议您求助专业人员将锅炉和暖气片中的水排放干净，这样一来不仅可以不使用燃气，更不用担心锅炉或暖气片被冻坏。

6）燃气壁挂炉的保养

（1）壁挂炉的核心问题是热交换的效率和寿命，而影响这两个方面的最大因素就是水垢问题。尤其是在使用生活热水时，需要不断加入新水，有些地区水质较硬，这样就会导致换热器的结垢率大大增加。随着附着在换热器内壁上的水垢不断加厚，换热器管径会变得越来越细，水流不畅，不仅增加了水泵和换热器的负担，还会导致壁挂炉的换热效率大大降低。主要表现为壁挂炉耗气量增加、供热不足、卫生热水时冷时热、热水量减少等症状。如果壁挂炉的换热部件始终处于这样一种高负荷的状态下运行，对壁挂炉的损害是非常严重的。因此，必须重视壁挂炉的水垢问题，定期清洗和保养壁挂炉，以保证其正常运行和使用寿命。

（2）暖气管内的杂质和水垢会对锅炉产生影响。壁挂炉承载着暖气系统内的水循环，由于水中含有杂质并且具有酸性，会对暖气管和管道内部造成一定的腐蚀。而所使用的暖气管大多为铸铁材质，暖气管内的砂模残留物和其他杂质在工程安装时不可能完全冲洗干净；加上暖气管系统内的水始终是封闭循环的，锅炉的暖气部分又没有过滤网，这样暖气管及管道内部的锈蚀残渣及水自身的杂质就会通过壁挂炉的循环水泵再次进入到换热器内。这些杂质在高温情况下不断分解，又有一部分变成水垢附着在换热器的内壁上，让其管径变得更细。从而循环水泵的压力进一步加大，长期运行就会造成壁挂炉的循环水泵转速降低甚至卡死，严重影响其使用寿命。因此，需要定期清洗壁挂炉和保养，以保持其正常运行和使用寿命。

（3）暖气片内的水不宜经常更换：对于暖气系统，由于初次使用时暖气片内含有大量的杂质，建议使用一年后将其中的脏水放掉，重新注入新水，间隔几年后再进行更换。因为每更换一次水都会有大量的水碱被带入，而固定的水中含碱量则是一定的；因此暖气系统内的水不宜频繁更换。经过一个取暖季后，若清洗保养也只需对壁挂炉单独进行即可。

7. 燃气烤箱灶的安全使用

（1）要熟悉使用方法和注意事项。如果是初次使用烤箱灶，用户应认真阅读产品使用说明书，掌握烤箱灶的使用方法和注意事项等。

（2）首次使用时要检查重要部件的状况。检查灶具的部件是否齐全，零配件的安放位置是否适宜。如果部件位置不合适，应及时更正，否则会妨碍使用效果。

（3）烤箱排烟口附近不要放置物品。禁止在烤箱灶的排烟口及灶面上堆放易燃物品，以免堵塞排烟口或引燃堆放物品而引起火灾。

（4）要确认烤箱的燃烧或熄火状态。点燃烤箱燃烧器后，应确认是否已经点着；关闭燃烧器时，应确认是否熄灭。在烘烤食品过程中，操作人员不可远离厨房或外出办事。

（5）定期检修燃气管路接头和阀门。燃气烤箱在工作过程中周围的温度较高，管路接头的密封填料或阀门的密封脂容易损坏或干涸，从而引起漏气。因此，需要定期检查或更换管接头的密封填料，重新添加阀门密封脂。

（6）要注意室内通风换气。使用烤箱烘烤食品时，应打开厨房的换气扇或排油烟机；未设排风扇或排油烟机时，应打开外窗，以保持室内有良好的空气环境和燃烧器的正常工作状态。

8. 燃气采暖器的安全使用

1）安装燃气采暖器的注意事项

（1）安装采暖器的房间必须具备良好的通风换气条件。除了具有给排气的采暖器之外，燃气在燃烧过程中会消耗室内大量的氧气，并释放大量的烟气。随着采暖时间的延续，释放的烟气量会持续上升，导致室内空气中的氧含量大大降低。如果没有良好的通风换气条件，室内的烟气无法及时排放，新鲜空气也无法及时补充到室内。这将严重危及室内人员的健康和生命安全，而且燃烧状况会因室内缺氧而逐渐恶化，这是十分危险的。因此，安装直排式采暖器的房间必须设置进气口和排气口（或安装换气扇）。安装无给排气的采暖器的房间应有足够的进气口面积（一般进、排气口面积不小于$0.04m^2$）。

（2）采暖器的周围严禁放置易燃、易爆物品。采暖器不得靠近木壁板，不得直接放在木地板的上面。

（3）严禁把燃气管道和采暖器设在居室内，以免因漏气造成中毒、火灾或爆炸事故。

（4）安装热水采暖器时，水路和气路均应进行密封性能试验。待试验合格后方可使用。

（5）安装采暖器的房间应设置燃气泄漏和一氧化碳报警器。

2）使用燃气采暖器的注意事项

（1）每次点火之前应检查采暖器是否漏气，设置采暖器的房间的进、排气口是否敞开。

（2）禁止不熟悉操作方法的人、神志不太清楚的老年人、少年儿童等操作燃气采暖器，也不许酗酒者进行操作。

（3）无论采暖器工作与否，均不得在采暖器上放置物品。

（4）使用直排式采暖器时，室内要有良好的给排气条件，连续采暖时间以1小时以内为宜。

（5）采用自动化程度低的采暖器时，采暖过程中，房间内应有人管理。当外出时应关掉采暖器。

（6）采暖期过后，应将采暖器的燃气和冷热水阀门关闭。对某些部件应进行保养，对坏损件进行修理。如果使用的是红外线采暖器或热风采暖器，应擦拭干净，用纸包好或装入纸袋，存放在干燥通风之处。如果使用的是热水采暖器，应放掉水，擦净盖好，来年再使用时，要对水路、气路重新进行严密性试验后方可使用。

9. 液化石油气钢瓶的安全使用

（1）液化石油气钢瓶属于压力容器，为了安全，其产品必须是国家劳动部门指定厂家生产的合格产品，非劳动部门指定厂家生产的钢瓶严禁使用。钢瓶必须按国家规定的时间进行定期检验，过期不检者严禁使用。

（2）液化石油气钢瓶上的减压阀使用时的注意事项如下：

① 减压阀和角阀是以反扣连接的。装减压阀先要对正，然后按逆时针方向旋转手轮，以手拧紧不漏气即可。

② 装减压阀时不可用力过猛，这样很容易将密封圈拧坏，造成漏气。

③ 更换钢瓶卸下减压阀时，要特别注意密封圈是否粘在角阀内。如果不慎将密封圈随钢瓶带走，换回新钢瓶后，还是照常装减压阀，势必造成漏气。一旦出现这种情况，要及时关闭角阀，再购置或换取密封圈，更不能随意用垫料代替密封圈。

④ 严禁乱拧、乱动或拆卸减压阀。发现损坏，要及时修理或更换。

⑤ 减压阀要保持清洁，呼吸孔不要堵塞。

⑥ 检查新换的减压阀好坏的方法：卸下减压阀后，从进气口用嘴吹，如果通气，表明减压阀未堵塞。再从出气口用嘴吹，慢慢吹有些通气，但用劲吹却不通，表明减压阀正常好用；如果用劲吹也通气，表明里边的胶皮膜片已经损坏，必须更换新膜，切不可勉强使用，应立即送检修站维修，否则会引起高压送气，造成意外的事故。

（3）钢瓶内充装液化气不能超装。一般居民使用钢瓶为YSP-15型，允许充装量为15kg，如果过量超装，温度升高时，钢瓶就有爆破的危险。

（4）盛装液化石油气的钢瓶要轻拿轻放，禁止摔碰。液化石油气钢瓶的设计壁厚只有2.7~3.0mm。它属于薄壁压力容器，所以在使用时要轻拿轻放和禁止摔、碰，以免在钢瓶使用中产生不必要的缺陷，影响强度，造成事故。

（5）液化石油气的体积随温度的升高而膨胀，它的膨胀系数比水要大10~16倍，所以，严禁曝晒和靠近火源、热源，也不要在液化石油气快用完时，用开水烫或其他方法加热，以免发生意外事故。

（6）液化石油气钢瓶不能倒立或卧放使用。钢瓶的使用是靠自然蒸发，它的下部是液相，上部是气相。气体从角阀出口流出，经过减压阀把压力降低到使用压力，供燃烧使用。如果钢瓶倒立和卧放使用，也就易使液体从角阀流出。减压阀也就失去了减压的作用，造成高压送气，同时容易使液体外漏。外漏的液化石油气气化后体积迅速扩大至200倍以上，遇明火很容易造成爆炸、火灾事故。

（7）一般要求钢瓶和灶具的外侧距离应保持在1~2m之间，小于1m或大于2m，均属于不安全距离。

（8）钢瓶内的液化石油气残液的处理。液化石油气主要成分是烷烃和烯烃。点燃时，沸点低的丙烷、丙烯先蒸发燃烧，而后，丁烷、丁烯蒸发燃烧，沸点高的戊烷和戊烯不易挥发，留在瓶内即所谓残液。有的用户为了节约，将钢瓶加热或倒出私自处理，结果造成重大事故。残液不准用户私自处置，而应集中由液化气站或其他充装单位统一进行倒残处置。

(9) 冬季使用液化石油气的注意事项。

使用液化石油气冬季与夏季不同。冬季气温低，液化石油气发性差，若使用不当易引起火灾。所以，应注意以下几点：

① 不要将液化石油气罐放在火炉旁、暖气上烘烤。由于液化气受热后体积膨胀，其容积膨胀系数比水大 10～16 倍，一旦受热膨胀，往往引起爆炸或火灾事故。

② 不要将液化石油气罐放在盛有热水的容器内或用开水淋烫，以免受热引起爆炸。

③ 不要放置在寒冷的低温场所。因为钢瓶在低温时脆性增强，抗压强度下降，容易破裂。特别是有薄层、锈蚀等缺陷的钢瓶，受到摩擦撞击，就有可能发生爆炸。

④ 不要私自倾倒液化气的残液，以免遇到明火引起爆炸。

（10）新换来的液化石油气罐要进行消毒。液化石油气罐是千家万户轮换使用，其外壳，特别是罐顶端的角阀，经多人触摸，有大量致病菌存在。据从液化石油气罐上采样检验，发现 6.5% 的罐上有肝炎病毒、结核分枝杆菌和引起传染病的细菌。因此，换回的液化石油气罐需用肥皂水将外面擦洗干净。尤其罐的底部是蟑螂的隐身之处，需要一并处理，避免把病菌及蟑螂卵带回家中，消毒后务必把罐体擦干，以免引起锈蚀。

10. 置换点火的安全技术措施

采用燃气直接置换空气的方法在置换过程中，会在一定时间内形成具有爆炸性的混合气体，稍有疏忽，极易发生爆炸事故。因此，燃气置换在管道投入运行前成为一道不可缺少的工序，必须精心组织，谨慎地进行，以确保置换工作顺利进行。

对零星的居民用户置换通气工作，可由燃气服务站的检验人员直接负责进行。对大面积的户内燃气管道工程的置换通气工作应有组织、有准备地进行。

（1）置换工作必须在白天进行。

（2）置换工作必须在整个工程检验合格的基础上进行。

（3）为了确保置换工作安全进行，换气时的燃气工作压力尽可能控制在较低的压力下进行。

（4）必须制定严格完整的防火防爆安全措施。

（5）建立必要的通信系统，联络畅通。

（6）工作人员必须严格坚守工作岗位，职责明确，一切行动听指挥。

（7）绘制管道置换流程图，并将整个工程的全部阀门井、凝水缸井、放散管、取样点、用户集中点标出。

（8）管道设备通入燃气的方法：

① 在通气前，必须检查整个管道工程和所有管道上的附属设备，如表、燃具、阀门等，然后关闭各阀门。

② 通气时，先通干、支管，后通表、后管及燃具。

③ 进一步检查燃气管道附近有无火源及安全措施。

④ 由专业人员打开入户总阀门。

⑤ 打开立管顶端丝堵接上胶管引到室外放散混合气。

⑥ 打开表前阀及灶具上的旋塞，放散混合气。这时，必须保证放散的厨房空气流通，减小室内燃气的浓度。严禁附近有明火。

（9）点火。

户内燃气管道置换通气后闻到较浓的燃气味时，就可以由专业人员进行试点火。可能头几次点不着，还需要继续放散，直至能点着火为止。点火燃烧正常后，方可移交用户使用。点火时，必须保持室内空气流通。

燃气热水器与其他燃具同时安装，与户内燃气管道系统同时投入运行，其置换点火程序同上述。后安装的热水器及连接管道，直接用燃气置换，打开热水器上的燃气进口阀放散，并用肥皂液涂各接口，检查是否有漏气，试压合格后即可点火。

第二节　工业与商业使用

根据国家标准《城镇燃气设计规范（2020版）》（GB 50028—2006）第10章的规定，工业与商业使用燃气应执行如下规定：

10.5.1 商业用气设备宜采用低压燃气设备。

10.5.2 商业用气设备应安装在通风良好的专用房间内；商业用气设备不得安装在易燃易爆物品的堆存处，亦不应设置在兼做卧室的警卫室、值班室、人防工程等处。

10.5.3 商业用气设备设置在地下室、半地下室（液化石油气除外）或地上密闭房间内时，应符合下列要求：

　　1　燃气引入管应设手动快速切断阀和紧急自动切断阀；停电时紧急自动切断阀必须处于关闭状态；

　　2　用气设备应有熄火保护装置；

　　3　用气房间应设置燃气浓度检测报器，并由管理室集中监视和控制；

　　4　宜设烟气一氧化碳浓度检测报警器；

　　5　应设置独立的机械送排风系统；通风量应满足下列要求：

　　　　1）正常工作时，换气次数不应小于6次/h；事故通风时，换气次数不应小于12次/h；不工作时换气次数不应小于3次/h；

　　　　2）当燃烧所需的空气由室内吸取时，应满足燃烧所需的空气量；

　　　　3）应满足排除房间热力设备散失的多余热量所需的空气量。

10.5.4 商业用气设备的布置应符合下列要求：

　　1　用气设备之间及用气设备与对面墙之间的净距应满足操作和检修的要求；

　　2　用气设备与可燃或难燃的墙壁、地板和家具之间应采取有效的防火隔热措施。

10.5.5 商业用气设备的安装应符合下列要求：

　　1　大锅灶和中餐炒菜灶应有排烟设施，大锅灶的炉膛或烟道处应设爆破门；

　　2　大型用气设备的泄爆装置，应符合本规范第10.6.6条的规定。

10.5.6 商业用户中燃气锅炉和燃气直燃型吸收式冷（温）水机组的设置应符合下列要求：

　　1　宜设置在独立的专用房间内；

　　2　设置在建筑物内时，燃气锅炉房宜布置在建筑物的首层，不应布置在地下二层及二层以下；燃气常压锅炉和燃气直燃机可设置在地下二层；

　　3　燃气锅炉房和燃气直燃机不应设置在人员密集场所的上一层、下一层或贴邻的房间内及主要疏散口的两旁；不应与锅炉和燃气直燃机无关的甲、乙类及使用可燃液体的丙类危险建筑贴邻；

　　4　燃气相对密度（空气等于1）大于或等于0.75的燃气锅炉和燃气直燃机。不得设置在建筑物地下室和半地下室；

  5 宜设置专用调压站或调压装置，燃气经调压后供应机组使用。

10.5.7 商业用户中燃气锅炉和燃气直燃型吸收式冷（温）水机组的安全技术措施应符合下列要求：

  1 燃烧器应是具有多种安全保护自动控制功能的机电一体化的燃具；

  2 应有可靠的排烟设施和通风设施；

  3 应设置火灾自动报警系统和自动灭火系统；

  4 设置在地下室、半地下室或地上密闭房间时应符合本规范第10.5.3条和10.2.21条的规定。

10.5.8 当需要将燃气应用设备设置在靠近车辆的通道处时，应设置护栏或车挡。

10.5.9 屋顶上设燃气设备时应符合下列要求：

  1 燃气设备应能适用当地气候条件。设备连接件、螺栓、螺母等应耐腐蚀；

  2 屋顶应能承受设备的荷载；

  3 操作面应有1.8m宽的操作距离和1.1m高的护栏；

  4 应有防雷和静电接地措施。

10.6 工业企业生产用气

10.6.1 工业企业生产用气设备的燃气用量，应按下列原则确定：

  1 定型燃气加热设备，应根据设备铭牌标定的用气量或标定热负荷，采用经当地燃气热值折算的用气量；

  2 非定型燃气加热设备应根据热平衡计算确定，或参照同类型用气设备的用气量确定；

  3 使用其他燃料的加热设备需要改用燃气时，可根据原燃料实际消耗量计算确定。

10.6.2 当城镇供气管道压力不能满足用气设备要求，需要安装加压设备时，应符合下列要求：

  1 在城镇低压和中压B供气管道上严禁直接安装加压设备。

  2 在城镇低压和中压B供气管道上间接安装加压设备时应符合下列规定：

    1）加压设备前必须设低压储气罐。其容积应保证加压时不影响地区管网的压力工况；储气罐容积应按生产量较大者确定；

    2）储气罐的起升压力应小于城镇供气管道的最低压力；

    3）储气罐进出口管道上应设切断阀，加压设备应设旁通阀和出口止回阀；由城镇低压管道供气时，储罐进口处的管道上应设止回阀；

    4）储气罐应设上、下限位的报警装置和储量下限位与加压设备停机和自动切断阀连锁。

  3 当城镇供气管道压力为中压A时，应有进口压力过低保护装置。

10.6.3 工业企业生产用气设备的燃烧器选择，应根据加热工艺要求、用气设备类型、燃气供给压力及附属设施的条件等因素，经技术经济比较后确定。

10.6.4 工业企业生产用气设备的烟气余热宜加以利用。

10.6.5 工业企业生产用气设备应有下列装置：

  1 每台用气设备应有观察孔或火焰监测装置，并宜设置自动点火装置和熄火保护装置；

  2 用气设备上应有热工检测仪表，加热工艺需要和条件允许时，应设置燃烧过程的自动调节装置。

10.6.6 工业企业生产用气设备燃烧装置的安全设施应符合下列要求：

1　燃气管道上应安装低压和超压报警以及紧急自动切断阀；
　　2　烟道和封闭式炉膛，均应设置泄爆装置，泄爆装置的泄压口应设在安全处；
　　3　鼓风机和空气管道应设静电接地装。接地电阻不应大于100Ω；
　　4　用气设备的燃气总阀门与燃烧器阀门之间，应设置放散管。

10.6.7　燃气燃烧需要带压空气和氧气时，应有防止空气和氧气回到燃气管路和回火的安全措施，并应符合下列要求：
　　1　燃气管路上应设背压式调压器，空气和氧气管路上应设泄压阀。
　　2　在燃气、空气或氧气的混气管路与燃烧器之间应设阻火器；混气管路的最高压力不应大于0.07MPa。
　　3　使用氧气时，其安装应符合有关标准的规定。

10.6.8　阀门设置应符合下列规定：
　　1　各用气车间的进口和燃气设备前的燃气管道上均应单独设置阀门，阀门安装高度不宜超过1.7m；燃气管道阀门与用气设备阀门之间应设放散管；
　　2　每个燃烧器的燃气接管上，必须单独设置有启闭标记的燃气阀门；
　　3　每个机械鼓风的燃烧器，在风管上必须设置有启闭标记的阀门；
　　4　大型或并联装置的鼓风机，其出口必须设置阀门；
　　5　放散管、取样管、测压管前必须设置阀门。

10.6.9　工业企业生产用气设备应安装在通风良好的专用房间内。当特殊情况需要设置在地下室、半地下室或通风不良的场所时，应符合本规范第10.2.21条和第10.5.3条的规定。

第四章　城市燃气用具生产和销售

第一节　燃具生产

根据燃气灶产品的结构、功能和具体特性，将燃气灶产品划分为家用燃气灶和商用燃气灶两个单元。其产品定义和适用范围见表3-4-1至表3-4-4。

表3-4-1　燃气灶产品单元及说明

序号	产品单元	单元产品说明	备注
1	家用燃气灶	产品定义：用本身带的支架支撑烹调器皿，并用燃气燃烧的火直接加热烹调器皿的家庭使用的器具。 产品范围：该产品单元适用于： （1）《家用燃气灶具》（GB 16410—2020）标准及其修改单规定的、单个燃烧器额定热负荷不大于5.23kW的家用燃气灶。 （2）《家用沼气灶》（GB/T 3606—2001）标准规定的、单个燃烧器额定热负荷不小于2.33kW的、使用沼气的家用燃气灶。 （3）《便携式丁烷气灶及气瓶》（T/CECS 10220—2022）标准规定的、使用充装在一次性使用的气瓶中的丁烷气的、便携式家用燃气灶	（1）《家用燃气灶具》（GB 16410—2020）标准中规定的除燃气灶之外的其他器具不属于燃气灶许可证发证范围。 （2）气电两用灶的电灶部分不属于燃气灶许可证发证范围。 （3）便携灶用灌装丁烷气和一次性使用的气瓶不属于燃气灶许可证发证范围
2	商用燃气灶	产品定义：用本身带的支架支撑烹调器皿，并用燃气燃烧的火直接加热烹调器皿的商用厨房使用的器具。 产品范围：该产品单元适用于： （1）《中餐燃气炒菜灶》（CJ/T 28—2013）标准规定的适用于中餐炒菜所用的器具，其燃气燃烧所需空气取自室内，燃烧后的烟气经灶上的排烟罩、外墙上的轴流风机或烟道排至室外，其每个燃烧器额定热负荷不大于60kW。 （2）《炊用燃气大锅灶》（CJ/T 392—2012）标准规定的炊用大型器具，其有封闭或半封闭的金属组装式炉膛，且锅是固定的或可倾斜式的。其锅的公称直径不小于600mm、单个灶眼的额定热负荷不大于80kW。 （3）《燃气蒸箱》（CJ/T 187—2013）标准规定的、利用加热水制得的微压饱和蒸汽蒸制食品的器具。其主要由燃气系统、供水系统、排烟系统、水胆（蒸汽发生器）、蒸腔等部件组成，其额定热负荷不大于80kW、蒸腔蒸汽压力不大于500Pa（表压）	（1）以城镇燃气为能源、在商用厨房内使用的烤箱、煲仔炉、蒸汽发生器、西餐炉等不属于燃气灶许可证发证范围。 （2）常用于户外的"猛火炉"不属于燃气灶许可证发证范围

表3-4-2　燃气灶产品执行标准

序号	产品单元	产品标准
1	家用燃气灶	《家用燃气灶具》（GB 16410—2020）（包括修改单） 《家用沼气灶》（GB/T 3606—2001） 《便携式丁烷气灶及气瓶》（T/CECS 10220—2022） 《家用燃气灶具能效限定值及能效等级》（GB 30720—2014）
2	商用燃气灶	《中餐燃气炒菜灶》（CJ/T 28—2013） 《炊用燃气大锅灶》（CJ/T 392—2012） 《燃气蒸箱》（CJ/T 187—2013） 《商用燃气灶具能效限定值及能效等级》（GB 30531—2014）

表 3-4-3　家用燃气灶产品相关标准

序号	相关标准
1	《人工煤气和液化石油气常量组分气相色谱分析法》（GB/T 10410—2008）
2	《城镇燃气热值和相对密度测定方法》（GB/T 12206—2006）
3	《天然气的组成分析　气相色谱法》（GB/T 13610—2020）
4	《城镇燃气分类和基本特性》（GB/T 13611—2018）
5	《热电式燃具熄火保护装置》（CJ/T 30—2013）
6	《家用燃气燃烧器具用自吸阀》（CJ/T 132—2014）
7	《燃气灶具用涂层钢化玻璃面板》（CJ/T 157—2017）
8	《家用燃气灶具陶瓷面板》（CJ/T 305—2009）
9	《家用燃具自动截止阀》（CJ/T 346—2010）
10	《家用燃气器具旋塞阀总成》（CJ/T 393—2012）
11	《家用燃气燃烧器具电子控制器》（CJ/T 421—2013）

表 3-4-4　商用燃气灶产品相关标准

序号	相关标准
1	《小功率电动机　第1部分：通用技术条件》（GB/T 5171.1—2014）
2	《人工煤气和液化石油气常量组分气相色谱分析法》（GB/T 10410—2008）
3	《城镇燃气热值和相对密度测定方法》（GB/T 12206—2006）
4	《小功率电动机的安全要求》（GB 12350—2022）
5	《天然气的组成分析　气相色谱法》（GB/T 13610—2020）
6	《热电式燃具熄火保护装置》（CJ/T 30—2013）
7	《家用燃气燃烧器具用自吸阀》（CJ/T 132—2014）
8	《家用手动燃气阀门》（CJ/T 180—2014）
9	《燃气用具连接用不锈钢波纹软管》（CJ/T 197—2010）
10	《家用燃具自动截止阀》（CJ/T 346—2010）
11	《家用燃气器具旋塞阀总成》（CJ/T 393—2012）
12	《家用燃气燃烧器具电子控制器》（CJ/T 421—2013）
13	《商用燃气燃烧器具通用技术条件》（CJ T 451—2014）

第二节　燃具销售

一、燃气燃具类型

燃气燃具是用于燃烧燃气产生热能并转换为其他形式的能量的设备，广泛应用于家庭、商业和工业等领域。根据使用场所和用途的不同，燃气燃具的类型也多种多样。以下是一些常见的燃气燃具类型：

（1）嵌入式燃气灶：嵌入式燃气灶是一种安装在厨房台面下方的燃气灶，具有美观、安全、方便清洁等优点。

（2）台式燃气灶：台式燃气灶是一种放置在厨房台面上的燃气灶，具有简单、实用、价格低廉等优点。

（3）普通燃气热水器：普通燃气热水器是一种安装在卫生间或厨房的热水器，通过燃烧燃气产生热水。

（4）强排式燃气热水器：强排式燃气热水器是一种利用排风将燃烧产生的废气排出的热水器，具有安全、高效、体积小等优点。

（5）恒温燃气热水器：恒温燃气热水器是一种能够自动调节水温的热水器，具有舒适、节能、环保等优点。

二、燃气燃具性能特点

不同品牌和类型的燃气燃具性能特点也不同，以下是一些常见的性能特点：

（1）热效率：热效率是衡量燃气燃具燃烧效率的重要指标，热效率越高，说明燃气的利用率越高。

（2）使用寿命：燃气燃具的使用寿命因品牌、质量和使用环境等因素而异，一般来说，高品质的燃气燃具使用寿命较长。

（3）安全性能：安全性能是购买燃气燃具时必须考虑的因素，包括熄火保护、漏气保护等功能。

（4）能耗：能耗是衡量燃气燃具能源消耗的重要指标，能耗越低，说明燃气燃具的节能性能越好。

（5）噪声：噪声是衡量燃气燃具使用舒适度的重要指标，噪声越低，说明燃气燃具的使用越安静。

（6）外观设计：外观设计是购买燃气燃具时需要考虑的因素之一，漂亮的外观设计可以提升厨房的整体美观度。

三、燃气燃具市场销售情况

目前，中国燃气燃具市场销售情况呈现出以下特点：

（1）市场需求持续增长：随着城市化进程的加速和人们生活水平的提高，对燃气燃具的需求量不断增加。

（2）线上销售占比上升：近年来，线上销售渠道的兴起使得越来越多的消费者选择在网上购买燃气燃具。

（3）品牌竞争激烈：市场上众多品牌竞争激烈，价格战和服务战成为市场竞争的主要手段。

（4）销售渠道多样化：除了传统的实体店销售渠道外，网上商城、超市等多样化的销售渠道也越来越受欢迎。

四、燃具销售安全相关规定

1. 燃气器具生产企业必须具备的基本条件

（1）营业执照、机构代码证、税务登记证等；

（2）生产许可证；

（3）省级以上质量检验机构的质检合格证明；

（4）根据国家、行业标准或公司招标文件规定应具备的其他条件。

2. 热水器、壁挂炉供货单位必须符合的条件

（1）必须是一级代理商，有生产企业的委托代理证书；
（2）具备独立承担民事责任的资格，具备一定的经济实力；
（3）有良好的商业信誉；
（4）招标文件规定的其他条件。

3. 热水器、壁挂炉的质量要求

（1）产品外观、结构、各种标识符合有关标准。
（2）质量性能稳定，试用期内用户反映良好，投诉率在3‰以内。
（3）经现场试验，运行效果良好，各项指标符合国家标准。
（4）必须是强排风或平衡式。
（5）根据国家、行业标准或公司招标文件规定应具备的其他条件。

4. 设备检修

燃气热水器、壁挂炉和燃气锅炉实行定期检查制度，其中壁挂炉在每年采暖期开始前1~3个月进行安全检查；热水器每两年安排检查（清理）一次，可不定期；燃气锅炉由生产厂家负责检查，燃具销售公司配合进行供气管路的安全检查。

第五章　城市燃气事故抢修和处理

第一节　事故抢修

一、事故等级

根据燃气泄漏污染程度、管网压力级制、管道发生的物理变化程度和前期危害程度暂划为一级、二级和三级事故，共三个等级。

1. 一级事故

凡发生下列情况之一者属一级事故：

（1）因燃气泄漏引发着火、中毒、爆炸等灾害性事故及造成大范围人员伤亡的。

（2）发现明显的燃气泄漏并窜入附近其他地下空间（如电缆沟、电信沟、暖气沟、地下室、污水沟等）而造成大面积污染的，需要封闭一大片区或疏散大批居民的。

（3）液化气储罐站发生大面积泄漏，需要封闭一大片区或疏散大批居民的。

（4）门站、气化间、调压站内调压器失灵造成高级别压力燃气窜入低级别压力燃气管网的。

2. 二级事故

凡发生下列情况之一者属二级事故：

（1）发现明显的燃气泄漏但没有造成着火、中毒、爆炸等灾害性事故和人身损伤的。

（2）高中压燃气设施受外力作用而造成突发性断裂的。

（3）液化气储罐站发生严重泄漏，造成人员轻微受伤，可能导致严重的财产和设备损失的。

（4）门站、气化间、调压站（器）等因设备故障造成燃气放散、燃气泄漏报警等事故但未造成窜压的。

（5）CNG槽车与橇装站连接软管爆裂的。

3. 三级事故

凡发生下列情况之一者属三级事故：

（1）发现明显的燃气泄漏但污染范围较小、没有窜入附近其他地下空间的。

（2）低压燃气管道受外力作用造成突发性断裂的。

（3）室外水井、阀井、室外燃气阀门、燃气表等受外力作用造成突发性泄漏但未造成后果的。

（4）液化气储罐站发生小范围的泄漏，未造成严重的人员、设备及财产损失且企业能迅速自行处理的。

（5）液化石油气供应站点发生爆燃、爆炸的。

（6）其他一级、二级事故之外的燃气泄漏事故。

二、报告处置程序

1. 报告程序

（1）企业发生燃气泄漏事故时，应在事件发生后半小时或更短的时间内报告当地燃气管理部门，如事件发生在区县，区县燃气管理部门应在接到报告后立即报告区县燃气行政主管部门和区县人民政府，并报市燃气管理部门备案。

（2）市燃气管理部门在接到报告后应立即组织对事件情况进行核实，并在半小时内报告市建设局。

（3）如遇一级事故，市燃气管理部门应立即上报市政府办公室和市安委会办公室。

2. 报告要求

（1）报告应当采用书面形式，如书面形式来不及，可先采用电话报告，后用书面报告补上的方式。

（2）报告需有单位负责人签字或加盖单位印章。

（3）报告应涵盖下列内容：事故发生的时间、地点、单位；事故的简要经过、伤亡人数，直接经济损失的初步估计；事故发生原因的初步判断；事故发生后采取的措施及事故控制情况。

3. 处置程序

（1）市燃气管理部门接到一级燃气事故报告经核实无误后，立即报告市政府办公室和市安委会办公室，由市政府根据需要调动相关部门参与处理。如出现重大险情和大量人员伤亡事故，由市政府建议启动《××市突发事件总体应急预案》。

（2）市燃气管理部门接到二级燃气事故报告经核实无误后，立即报告市建设局，由市建设局根据需要请求政府协调相关部门参与处理。

（3）发生三级燃气事故由企业自行处理，处理完毕后书面向市燃气管理部门汇报。

三、事故应急处置指挥系统及其分工

1. 一级事故应急处置指挥系统

一级燃气事故应急处置指挥系统总指挥由分管市长担任。

2. 二级事故应急处置指挥系统

二级燃气事故应急处置指挥系统总指挥由市建设局局长担任；副总指挥由市建设局分管安全的局长担任；成员由市政公用局、市燃气办、淮安新奥燃气、清江石化、市化工医药供销公司和县（区）等相关部门负责人组成。

指挥部下设办公室，办公室设在市燃气管理办公室，办公室主任由市建设局分管领导担任，副主任由市政公用局分管领导、市燃气管理办公室负责人担任。

3. 三级事故应急处置指挥系统

三级燃气事故应急处置指挥系统由各燃气经营企业根据企业自身实际情况结合企业应急预案确定，并报市燃气管理部门备案。

4. 应急处置单位职责

（1）指挥部办公室：承接燃气泄漏或爆炸事故报告；请示总指挥启动应急处置预案；通知指挥部成员单位立即赶赴事故现场；协调各成员单位的抢险救援工作；及时向上级政府

或主管部门汇报事故情况和应急处理进展情况；落实上级政府或主管部门关于事故抢险救援的指示和批示；做好相关记录。并负责发布相关新闻信息。

（2）各燃气经营企业：负责协助制定抢险工作的各项安全技术措施和方案，负责协助事故单位提供事故地点电气设备、燃气设施、管网的具体情况；按命令停送电、停送燃气工作，及时组织抢险抢修；负责保障抢险救灾中所需的物资和设备；负责将救援物资运送到指定地点；配合相关部门做好其他工作。

5. 应急处置系统部门电话

公安110、消防119、急救120、交警122、供电95598、应急救援总队028-84200312（以四川省为例）。

四、应急处置的一般规定

（1）各燃气经营单位必须制定事故应急处置制度和上报程序。

（2）各燃气经营单位必须根据供应规模设立应急指挥机构和专业抢险抢修队伍，并配备必要的抢修设备（专用抢修车辆、维修工具、备用品等）、通信设备（包括固定电话、移动电话、对讲机等）、防护用具（防护服、手套、呼吸器、防毒面具等）、消防器材、检测仪器、防爆工具等装备，以及标志明显的服装或标志、标识等。各燃气经营单位要有安全抢险抢修组织机构图、通信联络表（包括固定电话、移动电话等）、联动机构联系表、关键岗位人员名单、全体人员名单等。

（3）各燃气经营单位必须制定燃气设施各类突发事故的应急处置预案，并报市燃气管理办公室备案。应急处置预案应定期进行演习。

（4）各燃气经营单位接到报警（电话或来访），首先问明报警原因、详细地址、报警人姓名、联系电话、报警内容（如漏气、着火、爆炸等及事故情况），接警时间，做好记录。

（5）接到报警后应5min内出动，15min内赶到报警现场，根据记录或在报警人的引导下利用工具或仪器探明报警实情，确认是否漏气。如属群众误报，要耐心向群众作解释工作，消除群众疑虑；确属漏气的应对漏气点做好隔离围护，设置好警示架、红白带，夜间设置警示灯，按照预案规定及时向有关部门、有关领导汇报，并根据事故不同情况可联系有关部门协作抢修。抢修作业应统一指挥，严明纪律，并采取安全措施。

第二节　事故处理

燃气安全事故是指燃气引发的一系列安全事故，包括泄漏、中毒、火灾和爆炸等，这些事故可能会造成人员伤亡和经济损失。这些事故根据其性质可以被分类为不同的类型，如燃气泄漏事故、燃气中毒事故、燃气爆炸事故和燃气火灾事故等。对于燃气安全事故的调查处理工作，必须采取严肃的态度，因为只有查明真正的事故原因，才能明确责任，吸取教训，并避免同类事故的重复发生。

为了进行燃气安全事故的调查处理，必须遵循一定的原则。这些原则包括及时准确地调查事故，保持客观公正的态度，实事求是地进行调查工作，并尊重科学的方法和原则。在进行事故的具体调查工作时，必须坚持"四不放过"的原则，即在事故原因未查清时不放过，在防范措施未落实时不放过，在职工群众未受到教育时不放过，以及在事故责任者未受到处理时不放过。只有这样,才能真正吸取事故教训,避免同类事故重复发生,并促进安全生产形势的稳定和改善。

一、事故报告制度

依据《中华人民共和国安全生产法》以及国务院《生产安全事故报告和调查处理条例》等法律法规对安全生产事故作了详细的报告规定:

(一) 事故隐患报告

按照我国安全生产法律法规的规定,生产经营单位一旦发现事故隐患,应立即报告当地安全生产综合监督管理部门和当地人民政府及其有关主管部门,并申请对单位存在的事故隐患进行初步评估和分级。

对重大事故隐患,经确认后,生产经营单位应编写重大事故隐患报告书,报送省级安全生产综合监督管理部门和有关主管部门,并同时报送当地人民政府及有关部门。

重大事故隐患报告书应包括以下内容:

①事故隐患类别;②事故隐患等级;③影响范围;④影响程度;⑤整改措施;⑥整改资金来源及其保障措施;⑦整改目标。

(二) 生产安全事故报告

生产经营单位发生生产安全事故后,事故现场有关人员应当立即报告本单位负责人。

"有关人员"应当在自救、互救的同时,第一时间将事故发生的时间、地点、现场情况以及初步估计的事故原因报告本单位主要负责人或分管领导。

单位负责人或分管领导接到事故报告后,应当于1小时内向事故发生地县级以上人民政府安全生产监督管理部门和负有安全生产监督管理职责的燃气主管部门(市燃气管理处)、市质量技术监督局、市公安消防支队等部门报告。

报告内容:发生事故时间、地点、事故的简要经过、有无人员伤亡、已经采取的措施等。

事故发生后,有关单位和人员应当妥善保护事故现场以及相关证据,任何单位和个人不得破坏事故现场、毁灭相关证据。事故发生地有关安全生产监督管理部门和负有安全生产监督管理职责的有关部门接到事故报告后,应当立即派人赶赴事故现场,组织事故救援和事故取证调查事故原因。

二、事故调查组组成

事故调查工作通过事故调查组完成。

事故调查组由安全生产监督管理部门牵头,燃气管理部门、公安消防和质量监督等部门参加。

事故调查组成员应当具有事故调查所需要的知识和专长,并且与事故单位及有关人员没有利害关系。

事故调查分级进行,因而事故调查组的组成也略有不同。

(1) 轻伤、重伤燃气事故由生产经营单位组织成立事故调查组,事故调查组由本单位安全、生产、技术等有关人员以及本单位工会代表参加。涉及燃气用户家中发生安全事故时,由县、区安全生产监督、质量技术监督、公安消防和燃气管理部门派人参加成立事故调查组。

（2）一般燃气伤亡事故由事故发生县、区安全生产综合监督管理部门组织成立事故调查组。
（3）重大燃气伤亡事故由事故发生市安全生产综合监督管理部门组织成立事故调查组。
（4）特大燃气伤亡事故由事故发生省安全生产综合监督管理部门组织成立事故调查组。
事故调查组职责如下：
（1）查明事故经过、人员伤亡和经济损失情况；
（2）查明事故原因和性质；
（3）确定事故责任，提出对事故责任者的处理建议；
（4）总结事故教训，提出防止类似事故再次发生所需采取措施的建议；
（5）写出事故调查报告。
事故调查组成员应遵守的组织纪律如下：
（1）服从统一领导，对事故调查组负责；
（2）遵守纪律，保守秘密；
（3）不得擅自进行事故调查工作。
调查人员对工作不负责任，致使调查工作有重大疏漏，包庇事故责任者、借机对事故责任者进行打击报复、索贿的行为，由行政监察机关对责任者给予行政处分，构成犯罪的，依法追究刑事责任。

三、事故调查方法

事故调查组独立开展事故调查工作，在事故调查过程中，一是有权向发生事故的有关单位、有关人员了解有关情况和索取有关资料，任何单位和个人不得拒绝；二是任何单位和个人不得阻碍、干涉事故调查组的正常工作。只有这样，才能保证事故调查工作的客观、公正。

1. 事故调查的六个方面
（1）现场调查，包括现场勘查、写实、描述、实物取证等。
（2）技术鉴定，通过对现场物证、残痕等进行技术研究、分析，必要时还要进行模拟实验以确定事故发生的直接原因。
（3）对当事人的问询和谈话笔录，了解当时工作状态和事故发生的经过。
（4）尸体检查，了解遇难者的死因，为进一步查找事故直接原因提供依据。
（5）救护报告是事故现场的第一手资料，包括死亡人员的位置及状态、设备和设施的状态和破坏情况，为现场勘查和分析打下基础。
（6）管理方面的调查包括：
① 企业及其主管部门对党和国家"安全第一，预防为主，综合管理"的方针和安全生产法规的执行情况；
② 企业安全管理机构的建立和安全管理人员的配备情况；
③ 安全生产规章制度的制定和执行情况；
④《作业规程》及技术措施的编制、审批和实施情况；
⑤ 对职工的培训教育情况；
⑥ 安全技术措施经费的提取和使用情况；
⑦ 历年来的安全情况。

2. 事故原因分析

事故原因分析是调查事故的关键环节。事故原因确定正确与否将直接影响到事故处理。事故原因的确定是在调查取得大量第一手资料的基础上进行的。事故原因分直接原因和间接原因。

1) 直接原因

人的不安全行为和机械、物质或环境的不安全状态为直接原因。

（1）人的不安全行为包括：

① 操作错误、忽视安全、忽视警告；
② 造成安全装置失效；
③ 使用不安全设备；
④ 手代替工具操作；
⑤ 物体存放不当；
⑥ 冒险进入危险场所；
⑦ 攀、坐不安全位置；
⑧ 在起吊物下作业、停留；
⑨ 机器运转时加油、修理、检查、调整、焊接、清扫等工作；
⑩ 分散注意力；
⑪ 未用个人防护用品；
⑫ 不安全装束；
⑬ 对易燃、易爆物处理不当。

（2）机械、物质或环境的不安全状态包括：

① 防护、保险、信号等装置缺乏或有缺陷；
② 设备、设施、工具附件有缺陷；
③ 个人防护用品用具——防护服、手套、护目镜及面罩、呼吸器官护具、听力护具、安全带、安全帽、安全鞋等缺少或有缺陷；
④ 生产场地环境不良。

2) 间接原因

间接原因包括以下几个方面：

（1）技术和设计上有缺陷，如工业构件、建筑物、机械设备、仪器仪表、工艺过程、操作方法、维修检验等设计、施工和材料使用存在问题；
（2）教育培训不够、未经培训、缺乏或不懂得安全操作技术知识；
（3）劳动组织不合理；
（4）对现场工作缺乏检查或指导错误；
（5）没有安全操作规程或不健全；
（6）没有或不认真实施事故防范措施，对事故隐患整改不力；
（7）其他。

分析事故的时候，应从直接原因入手，逐步深入到间接原因，从而掌握事故的全部原因，再分清主次，进行责任分析。

四、事故调查报告

事故调查报告是事故调查后必须形成的文件，是作出事故处理决定的主要依据，因此，事故调查组对事故调查报告应当科学分析，充分讨论。事故调查组成员或其成员单位对事故分析和事故责任者的处理意见应当取得一致意见；不能取得一致意见的，安全生产综合监督管理部门有权提出结论性意见；仍有不同意见的，应当报上级安全生产综合监督管理部门确定。

事故调查报告应当包括下列内容：
（1）事故单位的基本情况；
（2）事故发生的时间、地点、经过和事故抢救情况；
（3）人员伤亡和经济损失情况；
（4）事故发生的原因；
（5）事故的性质；
（6）对事故责任者的处理建议；
（7）事故教训和应当采取的措施；
（8）事故调查组成员名单；
（9）其他需要载明的事项。

第四编
城市燃气法律规章

第一章 燃气法律法规概述

第一节 燃气法律基本概念

一、燃气法律关系的含义

法律关系是指由法律规范确立的当事人之间的权利义务关系,法律关系反映了当事人之间相互的权利、义务,也反映了当事人之间的意志关系,同时也体现了法律制定者的意志。燃气法律关系指的是在燃气规划、建设、生产、供应、服务、使用与管理过程中,当事人之间产生的由燃气法规调整的法律上的权利与义务关系。在我国,燃气法律关系涵盖的范围很广,与燃气活动有关的、由燃气法律规范所调整的各种关系均属于燃气法律关系的范畴。具体体现有燃气经营者与燃气用户的燃气法律关系,燃气生产者与燃气经营者之间的燃气法律关系,还有国家行政管理部门与燃气经营者、燃气用户之间因燃气管理行为而形成的燃气管理关系等。燃气法律关系不仅包括纵向的法律关系,还包括横向的法律关系。纵向指的是国家对燃气的管理,横向指的是平等的燃气主体之间形成的生产、供应、买卖等法律关系。

二、燃气法律关系的构成要素

法律关系由主体、客体、内容三个要素构成。燃气法律关系是由燃气法律关系的主体、燃气法律关系的客体和燃气法律关系的内容三个要素构成。

1. 燃气法律关系的主体

燃气法律关系的主体是燃气法律关系中的当事人,包括国家机关、社会组织、燃气企业和公民。燃气法律关系的主体依法享有权利并承担相应的义务。国家机关行使政府管理经济和管理社会的职能,在燃气法律关系中处于重要的地位。国家对燃气事业的管理、监督、检查和促进是通过相应的国家机关的具体活动实现的。国家机关在依据燃气法规行使职权的过程中,与企业和公民之间产生的关系,构成燃气法律关系。

燃气管理的主体有:
(1) 住房和城乡建设部。
(2) 县级以上地方国家权力机关和地方人民政府。

（3）经常性即专门的燃气管理主体——县级以上地方人民政府城乡建设管理部门。

（4）政府其他有关管理部门，如规划、公安、市场监管、应急管理、物价等职能部门。

社会组织包括的范围很广，一切企业、事业单位和社会团体，凡是参与了燃气建设、燃气生产、燃气供应和燃气使用活动的，都是燃气法律关系的主体。例如，某用气单位与供气企业订立了供用气合同。双方权利义务关系受燃气法规的调整，形成了燃气法律关系。用气单位和供气企业也就成为燃气法律关系的主体。作为自然人的公民要用燃气，就必然要与燃气经营者发生关系。这种关系受燃气法规的调整，构成燃气法律关系，自然人也就成为燃气法律关系的主体。自然人在其他情况下，也可能成为燃气法律关系的主体。

2. 燃气法律关系的客体

燃气法律关系的客体是指燃气法律关系的主体间权利和义务所指的对象。燃气法律关系的客体包括物、行为和精神产品。

（1）物。作为燃气法律关系客体的物，又称为标的物，在燃气法律关系中主要表现为不动产的燃气设施及动产的燃气。

（2）行为。燃气法律关系中客体的行为，是指燃气法律关系的主体的作为或不作为，这种作为或不作为是由法律规范所明确规定，并受法律约束和调整的。燃气法律关系中客体的行为，按其具体内容来分，可分为燃气管理行为、燃气建设行为、燃气生产行为、燃气供应行为和燃气使用行为等。

（3）精神产品。燃气法律关系的客体中的精神产品主要表现为燃气法律关系主体的智力成果，如燃气经营者的荣誉、资质和燃气用具的商标，还有燃气公司的技术创新等。

3. 燃气法律关系的内容

燃气法律关系的内容是指燃气法律关系的主体享有的权利和承担的义务，这是燃气法律关系产生的基础。燃气法律关系主要包括两种不同类型的关系：一类是发生在国家燃气管理部门与行政相对人，如与被管理的燃气经营者和其他经济组织之间的纵向管理关系；另一类是燃气经营者与其他社会组织之间因燃气建设、生产、供应、使用行为而发生的横向协作关系，是法律地位平等的主体间的关系。在两类不同性质的法律关系中，主体的权利义务有很大的差别。

在纵向管理关系中，管理主体的权利就是依燃气法规和其他法律而享有的管理权，而义务主体——燃气经营者的义务是接受管理。国家燃气管理主体的管理权包括三个方面：

（1）燃气发展决策权。包括国家燃气发展的方针、战略和政策的制定权，燃气发展的规划权，重大燃气发展事项的决策权。

（2）组织实施权。指国家机关对燃气决策组织实施的各种权力，包括命令权、禁止权、许可权、核准权、撤销权、倡导权、检查监督权、奖惩权等。

（3）燃气纠纷的调查处理权。指燃气法律关系的参与者之间，因燃气建设、生产、供应、使用发生纠纷时，有关国家机关进行调查处理的权力。

在横向协作关系中，各主体的权利义务的具体内容依法由双方当事人协商确定。

4. 燃气法律关系的产生、变更、消灭

依照法学理论，每一种法律关系都处在不断产生、变更和消灭的运动过程中。法律关系的产生、变更和消灭需要具备一定的条件。其中，最主要的条件是有法律规范和法律事实。燃气法律关系的产生、变更和消灭也是如此。

燃气法规是燃气法律关系产生、变更与消灭的法律依据。但是燃气法律关系的产生、变更和消灭，还必须具备直接的前提条件，这就是燃气法律事实，它是燃气法规与燃气法律关系联系的中介。

燃气法律事实，就是燃气法规所规定的，能够引起燃气法律关系产生、变更和消灭的客观情况或现象。依据客观情况或现象是否以人的意志为转移，可以将燃气法律事实分为燃气法律事件和燃气法律行为。

燃气法律事件是指燃气法律规定的不以当事人的意志为转移的能够引起法律关系产生、变更和消灭的客观情况，例如社会革命、战争等引起的燃气法律关系产生、变更，甚至消灭。燃气法律行为是燃气法律关系的主体实施的，能够产生法律上的效力，产生一定法律后果的行为，包括合法的燃气法律行为和违法行为。前者如各种履行燃气合同行为等，后者如燃气法律主体不履行法定义务或者侵犯其他燃气主体权利的行为，如供气质量不合格。

第二节　燃气法律体系

燃气法律体系是指由一个国家的全部现行燃气法律规范的组合而形成的燃气法律统一整体。我国燃气法律体系是指以《城镇燃气管理条例》（国务院令第583号，2016年修订）为主导，结合有关燃气规划、燃气管理、燃气生产、燃气供应与使用、燃气设施保护等方面的法律、行政规章、地方性法规以及规章、规范性文件等所形成的不同层次、不同等级、不同方面的有机结合体。我国的燃气法体系基本分为4个层次：燃气法律及司法解释，燃气行政法规，燃气行政规章和燃气地方性法规、规章。

一、燃气法律及司法解释

法律是居于整个体系的最高层级，其法律地位和效力高于行政法规、地方性法规、部门规章、地方政府规章等下位法。涉及燃气的相关法律有《中华人民共和国城乡规划法》《中华人民共和国建筑法》《中华人民共和国安全生产法》《中华人民共和国特种设备安全法》《中华人民共和国石油天然气管道保护法》《中华人民共和国刑法》《中华人民共和国行政许可法》《中华人民共和国环境保护法》《中华人民共和国土地管理法》《中华人民共和国民法典》等，而专项的燃气法律尚属空缺。司法解释是指国家最高司法机关在适用法律、法规的过程中，对如何具体应用法律、法规的问题所做的解释。如在燃气刑事责任方面有《最高人民法院、最高人民检察院关于办理盗窃油气、破坏油气设备等刑事案件具体应用法律若干问题的解释》。

二、燃气行政法规

2010年10月19日经国务院第129次常务会议审议通过、2010年11月19日签发的中华人民共和国国务院令第583号《城镇燃气管理条例》，自2011年3月1日起施行；2016年2月6日，国务院令第666号《国务院关于修改部分行政法规的决定》对该条例进行了修改。《城镇燃气管理条例》的颁布与施行，对于加强城镇燃气的管理，保障公民生命、财产安全和公共安全，维护燃气经营者和燃气用户的合法权益具有十分重要的意义。此外国务院颁布的《建设工程质量管理条例》（国务院令第279号，2019年第二次修订）、《建设工程安全生产管理条例》（国务院令第393号）《特种设备安全监察条例》（国务院令第373号，

2009 修订）和《生产安全事故报告和调查处理条例》（国务院令第 493 号）等也涉及燃气管理的内容。

三、燃气部门规章及行政规范性文件

燃气部门规章包括国务院燃气管理部门及其他相关部门颁布的规章，燃气部门规章有依法授权制定和依职授权制定两大类，依法制定的燃气行政规章是燃气法律体系中的重要组成部分。我国先后制定了《城市燃气管理办法》（已废止）、《城市燃气安全管理规定》（已废止）、《燃气燃烧器具安装维修管理规定》（建设部令第 73 号，已废止）、《城市地下管线工程档案管理办法》（建设部令第 136 号，住房城乡建设部令第 47 号第二次修正）、《燃气经营许可管理办法》（建城〔2014〕167 号，建城规〔2019〕2 号修正）和《燃气经营企业从业人员专业培训考核管理办法》（建城〔2014〕167 号）6 部行政规章，国家能源局制定的《燃气电站天然气系统安全管理规定》（国能安全〔2015〕450 号）、国家市场监督管理总局制定的《特种设备使用单位落实使用安全主体责任监督管理规定》（国家市场监督管理总局令第 74 号）、《特种设备生产单位落实质量安全主体责任监督管理规定》（国家市场监督管理总局令第 73 号）、《特种设备安全监督检查办法》（国家市场监督管理总局令第 57 号）、《特种设备作业人员监督管理办法》（国家质量监督检验检疫总局令第 70 号，2011 修订）等，搭建起了中国燃气法律体系的主要支撑构架。

燃气部门行政规范性文件是指国务院燃气管理部门及其他相关部门为执行法律、法规和规章，对社会实施管理，依据法定权限和法定程序发布的规范，对所管辖的整个行政区域的公民、法人和其他组织行为具有普遍约束力。这类行政规范性文件较多，主要有发改委颁布的《城市燃气管道等老化更新改造和保障性安居工程中央预算内投资专项管理暂行办法》（发改投资规〔2022〕910 号）、《国家发展改革委、住房和城乡建设部、市场监管总局关于规范城镇燃气工程安装收费的指导意见》（发改价格〔2019〕1131 号）、《住房城乡建设部办公厅关于印发农村管道天然气工程技术导则的通知》（建办城函〔2018〕647 号）、《住房城乡建设部等部门关于进一步鼓励和引导民间资本进入城市供水、燃气、供热、污水和垃圾处理行业的意见》（建城〔2016〕208 号）、《市政公用设施抗震设防专项论证技术要点（室外给水、排水、燃气、热力和生活垃圾处理工程篇）》的通知（建质〔2010〕70 号）和《国家质量监督检验检疫总局关于加强车用燃气气瓶安全监察工作若干意见的通知》（质检特函〔2006〕46 号）等。

四、燃气地方性法规、规章

近年来，各省、自治区、直辖市针对各地在实施国家燃气法规中遇到的问题，尤其是针对燃气管理、生产、安全、设施保护和打击盗窃燃气违法行为的新情况、新问题，纷纷出台地方性法规和地方政府规章，完善了我国燃气法律体系，是我国燃气法律体系中最具活力的重要部分。如《北京市燃气管理条例》《上海市燃气管理条例》《天津市燃气管理条例》等，这些地方燃气法规、规章，对促进规范本地区燃气产业的发展起到了很大的作用。

五、燃气标准

我国没有技术法规的正式用语且未将其纳入法律体系的范畴，但是国家制定的许多法律法规却将燃气相关标准作为生产经营单位必须执行的技术规范而载入法律，而这些标准一旦

成为法律规定所必须执行的技术规范，它就具有了法律上的地位和效力。执行这些标准是生产经营单位的法定义务，违反法定安全生产标准的要求，同样要承担法律责任。国家制定的与燃气直接或间接相关的标准经收集整理如下：

《压力管道定期检验规则——长输管道》（TSG D7003—2022）

《强制性产品认证实施规则　家用燃气器具》（CNCA-C24-01—2021）

《燃气工程项目规范》（GB 55009—2021）

《气瓶安全技术规程》（TSG 23—2021）

《固定式压力容器安全技术监察规程》（TSG 21—2016，2021年修订）

《埋地钢质管道防腐保温层技术标准》（GB/T 50538—2020）

《油气输送管道工程测量规范》（GB/T 50539—2017）

《城镇燃气工程智能化技术规范》（CJJ/T 268—2017）

《城镇燃气自动化系统技术规范》（CJJ/T 259—2016）

《城镇燃气设施运行、维护和抢修安全技术规程》（CJJ 51—2016）

《城镇燃气规划规范》（GB/T 51098—2015）

《油气输送管道完整性管理规范》（GB 32167—2015）

《城镇燃气管网泄漏检测技术规程》（CJJ/T 215—2014）

《商用燃气燃烧器具通用技术条件》（CJ/T 451—2014）

《燃气燃烧器具气动式燃气与空气比例调节装置》（CJ/T 450—2014）

《家用燃气燃烧器具用自吸阀》（CJ/T 132—2014）

《城镇燃气加臭装置》（CJ/T 448—2014）

《管道燃气自闭阀》（CJ/T 447—2014）

《建筑用手动燃气阀门》（CJ/T 180—2014）

《商用燃气燃烧器具通用技术条件》（CJ/T 451—2014）

《中餐燃气炒菜灶》（CJ/T 28—2013）

《燃气蒸箱》（CJ/T 187—2013）

《家用燃气燃烧器具电子控制器》（CJ/T 421—2013）

《城镇燃气埋地钢质管道腐蚀控制技术规程》（CJJ 95—2013）

《家用燃气用具电子式燃气与空气比例调节装置》（CJ/T 398—2012）

《民用建筑燃气安全技术条件》（GB 29550—2013）

《城镇燃气工程基本术语标准》（GB/T 50680—2012）

《城镇燃气报警控制系统技术规程》（CJJ/T 146—2011）

《城镇燃气标志标准》（CJJ/T 153—2010）

《城镇燃气加臭技术规程》（CJJ/T 148—2010）

《城镇燃气管道非开挖修复更新工程技术规程》（CJJ/T 147—2010）

《燃气工程制图标准》（CJJ/T 130—2009）

《城镇燃气室内工程施工与质量验收规范》（CJJ 94—2009）

《城镇燃气技术规范》（GB 50494—2009）

《家用燃气灶具》（GB 16410—2007）

《城镇燃气设计规范（2020版）》（GB 50028—2006）

《石油化工金属管道工程施工质量验收规范》（GB 50517—2010）

第二章 《中华人民共和国安全生产法》解读

第一节 安全生产法律体系框架

安全生产法律体系是指我国全部现行的、不同的安全生产法律规范形成的有机联系的统一整体。构成安全生产法律体系的法律规范处在不同的法律层级。法的层级可以分为上位法与下位法，法的层级不同，其法律地位和效力也不同。上位法是指法律地位、法律效力高于其他相关法的立法。下位法相对于上位法而言是指法律地位、法律效力低于相关上位法的立法。不同的安全生产立法对同一类或者同一个安全生产行为做出不同的法律规定的，以上位法的规定为准，适用上位法的规定。上位法没有规定的，可以适用下位法。下位法的数量一般要多于上位法。安全生产法律体系具体可以分为以下层级。

一、安全生产法律

法律是安全生产法律体系中的上位法，居于整个体系的最高层级，其法律地位和效力高于行政法规、地方性法规、部门规章、地方政府规章等下位法。

国家现行的有关安全生产的专门法律有《中华人民共和国突发事件应对法》《中华人民共和国安全生产法》《中华人民共和国消防法》《中华人民共和国道路交通安全法》《中华人民共和国海上交通安全法》《中华人民共和国矿山安全法》《中华人民共和国特种设备安全法》等，与安全生产相关的法律主要有《中华人民共和国劳动法》《中华人民共和国工会法》《中华人民共和国矿产资源法》《中华人民共和国铁路法》《中华人民共和国公路法》《中华人民共和国煤炭法》《中华人民共和国电力法》《中华人民共和国民用航空法》《中华人民共和国港口法》《中华人民共和国建筑法》等。

二、安全生产法规

安全生产法规分为行政法规和地方性法规。

（1）行政法规。安全生产行政法规的法律地位和法律效力低于有关安全生产的法律，高于地方性安全生产法规、地方政府安全生产规章等下位法。《危险化学品安全管理条例》《易制毒化学品管理条例》《安全生产许可证条例》《建设工程安全生产管理条例》《民用爆炸物品安全管理条例》《生产安全事故报告和调查处理条例》等。

（2）地方性法规。地方性安全生产法规的法律地位和法律效力低于有关安全生产的法律、行政法规，高于地方政府安全生产规章。经济特区安全生产法规和民族自治地方安全生产法规的法律地位和法律效力与地方性安全生产法规相同。如《北京市安全生产条例》《四川省安全生产条例》等。

三、安全生产规章

安全生产行政规章分为部门规章和地方政府规章。

(1) 部门规章。国务院有关部门依照安全生产法律、行政法规的授权制定发布的安全生产规章的法律地位和法律效力低于法律、行政法规，高于地方政府规章。

(2) 地方政府规章。地方政府安全生产规章是最低层级的安全生产立法，其法律地位和法律效力低于其他上位法，不得与上位法相抵触。

四、法定安全生产标准

安全生产标准一旦成为法律规定必须执行的技术规范，它就具有了法律上的地位和效力。执行安全生产标准是生产经营单位的法定义务，违反法定安全生产标准的要求，同样要承担法律责任。因此，将法定安全生产标准纳入安全生产法律体系范畴，有助于构建完善的安全生产法律体系。

第二节 《中华人民共和国安全生产法》相关条文解读

《中华人民共和国安全生产法》（以下简称《安全生产法》）于2002年6月29日第九届全国人民代表大会常务委员会第二十八次会议通过，2021年6月10日第十三届全国人民代表大会常务委员会第二十九次会议第三次修正，并于2021年9月1日起实施。

《安全生产法》是我国安全生产的基础法、综合法，目的是加强安全生产工作，防止和减少生产安全事故，保障人民群众生命和财产安全，促进经济社会持续健康发展。新修正的《安全生产法》共119条，其中42条进行了修改完善，大约占原来条款的三分之一，主要包括以下几个方面的内容：

一是贯彻新思想、新理念。将习近平总书记关于安全生产工作一系列重要指示批示的精神转化为法律规定，增加了安全生产工作坚持人民至上、生命至上，树牢安全发展理念，从源头上防范化解重大安全风险等规定，为统筹发展和安全两件大事提供了坚强的法治保障。

二是落实党中央决策部署。这次修改深入贯彻中央文件的精神，增加规定了重大事故隐患排查治理情况的报告、高危行业领域强制实施安全生产责任保险、安全生产公益诉讼等重要制度。

三是健全安全生产责任体系。首先，强化党委和政府的领导责任。这次修改明确了安全生产工作坚持党的领导，要求各级人民政府加强安全生产基础设施建设和安全生产监管能力建设，所需经费列入本级预算。其次，明确了各有关部门的监管职责。规定安全生产工作实行"管行业必须管安全、管业务必须管安全、管生产经营必须管安全"。同时，对新兴行业、领域的安全生产监管职责，如果不太明确，法律规定了由县级以上地方人民政府按照业务相近的原则确定监管部门。最后，压实生产经营单位的主体责任，明确了生产经营单位的主要负责人是本单位的安全生产第一责任人。同时，要求各类生产经营单位落实全员的安全生产责任制、安全风险分级管控和隐患排查治理双重预防机制，加强安全生产标准化建设，切实提高安全生产水平。

四是强化新问题、新风险的防范应对。深刻汲取近年来的事故教训，对生产安全事故中暴露的新问题作了针对性规定。比如，要求餐饮行业使用燃气的生产经营单位要安装可燃气体报警装置，并且保障其正常使用。同时，对于新业态、新模式产生的新风险，也强调了应当建立健全并落实安全责任制，加强从业人员的教育和培训，履行法定的安全生产义务。

五是加大对违法行为的惩处力度。第一，罚款金额更高。现在对特别重大事故的罚款，最高可以达到1亿元。第二，处罚方式更严，违法行为一经发现，即责令整改并处罚款，拒不整改的，责令停产停业整改整顿，并且可以按日连续计罚。第三，惩戒力度更大。采取联合惩戒方式，最严重的要进行行业或者职业禁入等联合惩戒措施。

安全生产是城镇燃气经营企业的生命线，《安全生产法》规定了生产经营单位最基本的安全生产法定责任和义务，是燃气经营企业安全生产工作必须坚守的底线。城镇燃气经营企业主要从事危险物品的经营、储存、运输、装卸活动，肩负城镇居民和工商业用户的用气安全重任，需要重点关注以下相关条款。

一、第二条解读

第二条 在中华人民共和国领域内从事生产经营活动的单位（以下统称生产经营单位）的安全生产，适用本法；有关法律、行政法规对消防安全和道路交通安全、铁路交通安全、水上交通安全、民用航空安全以及核与辐射安全、特种设备安全另有规定的，适用其规定。

【条文释义】本条是关于本法适用范围和调整事项的规定。

1. 本法的适用范围

法律的适用范围也称为效力范围，主要包括三个方面。

（1）空间效力。安全生产法作为全国人大常委会制定的法律，其效力自然及于中华人民共和国的全部领域。安全生产法没有列入两个基本法的附件三中，因此暂不适用于香港特别行政区和澳门特别行政区。香港和澳门的安全生产立法，由这两个特别行政区的立法机关自行制定。

（2）主体范围。本法所称从事生产经营活动的单位，是指一切合法或者非法从事生产经营活动的企业、事业单位和个体经济组织以及其他组织。

（3）时间效力。本法自2002年11月1日起实施，实施期间从事生产经营活动的单位的安全生产，都纳入本法调整范围。

2. 本法的调整事项

本法的调整事项是生产经营活动中的安全问题。因此，其适用的范围限定在生产经营领域。这里讲的"生产经营活动"，既包括资源的开采活动，各种产品的加工、制作活动，也包括各类工程建设和商业、娱乐业以及其他服务业的经营活动。

3. 特殊领域安全生产的法律适用

考虑到国民经济行业分类较多，有一部分从事生产经营活动的单位或者某些安全事项具有特殊性，需要由专门的部门采取特殊的安全监管措施，对其单独立法进行规范是必要的。如消防安全、交通运输安全、核安全、特种设备安全等问题，属于特殊的生产经营活动，由对应的法律法规专门调整。对于一些安全生产方面的问题，上述法律、行政法规中未作规定的，仍然适用本法的规定。

二、第三条解读

第三条 安全生产工作坚持中国共产党的领导。

安全生产工作应当以人为本，坚持人民至上、生命至上，把保护人民生命安全摆在首位，树牢安全发展理念，坚持安全第一、预防为主、综合治理的方针，从源头上防范化解重大安全风险。

安全生产工作实行管行业必须管安全、管业务必须管安全、管生产经营必须管安全，强化和落实生产经营单位的主体责任与政府监管责任，建立生产经营单位负责、职工参与、政府监管、行业自律和社会监督的机制。

【条文释义】安全生产工作的指导思想、方针、原则和机制是立法价值取向和制度构建的重要基础，并随着经济社会不断发展而发展、充实和完善。此次修改安全生产法，将近几年安全生产领域改革发展中不断发展的指导思想和原则要求，在法律中予以明确，作为当前和今后一个时期安全生产工作的根本遵循。

1. 安全生产工作的指导思想

（1）安全生产工作坚持中国共产党的领导。坚持党的领导是我国安全生产形势持续向好的决定性因素，有利于统筹推进安全生产系统治理，大力提升我国安全生产整体水平。

（2）安全生产工作的基本理念。

一是安全生产工作以人为本，坚持人民至上，生命至上，把保护人民生命安全摆在首位。生产经营单位要关心职工人身安全和身体健康，不断改善劳动环境和工作条件。

二是树牢安全发展的理念，正确处理安全生产与经济社会发展、安全生产与速度质量效益的关系，决不能以牺牲人的生命健康换取一时的发展。

2. 安全生产工作的基本方针

依照本条规定，安全生产工作应当坚持安全第一、预防为主、综合治理的方针，从源头上防范化解重大安全风险。

3. 安全生产工作的基本原则

本法规定了"管行业必须管安全、管业务必须管安全、管生产经营必须管安全"的"三管三必须"。厘清安全生产综合监管与行业监管的关系，明确应急管理部门、负有安全生产监督管理职责的有关部门的责任，有利于加强协作、形成合力，建立比较完善的责任体系。

4. 生产经营单位主体责任与政府监管责任

（1）生产经营单位主体责任。生产经营单位是生产经营活动的主体，也是社会经济活动中的受益者，应当承担起相应的社会责任，因此，应当是安全生产中不容置疑的责任主体。

（2）政府监管责任。按照"三管三必须"的原则，政府有关部门对安全生产负有监督管理的职责。负有安全生产监督管理职责的部门应当履行法定职责，强化监管执法，指导督促生产经营单位加强安全管理。

5. 安全生产工作机制

安全生产工作要建立生产经营单位负责、职工参与、政府监管、行业自律和社会监督的机制，形成安全生产齐抓共管的工作格局。

三、第四条解读

第四条 生产经营单位必须遵守本法和其他有关安全生产的法律、法规，加强安全生产管理，建立健全全员安全生产责任制和安全生产规章制度，加大对安全生产资金、物资、技术、人员的投入保障力度，改善安全生产条件，加强安全生产标准化、信息化建设，构建安全风险分级管控和隐患排查治理双重预防机制，健全风险防范化解机制，提高安全生产水平，确保安全生产。

平台经济等新兴行业、领域的生产经营单位应当根据本行业、领域的特点，建立健全并落实全员安全生产责任制，加强从业人员安全生产教育和培训，履行本法和其他法律、法规规定的有关安全生产义务。

【条文释义】本条对生产经营单位安全生产的基本义务作出概括规定，具体的义务在第二章生产经营单位的安全生产保障以及本法有关条款中进一步规定。

四、第五条解读

第五条　生产经营单位的主要负责人是本单位安全生产第一责任人，对本单位的安全生产工作全面负责。其他负责人对职责范围内的安全生产工作负责。

【条文释义】本条是关于生产经营单位主要负责人和其他负责人责任的规定。主要负责人作为生产经营单位的主要决策者和决定者，应当对单位的安全生产工作全面负责；其他负责人作为分管领域的具体领导者，应当对其分管领域内的安全生产工作负责。具体的义务在第二章中进行了详细规定。

五、第六条解读

第六条　生产经营单位的从业人员有依法获得安全生产保障的权利，并应当依法履行安全生产方面的义务。

【条文释义】本条是关于从业人员安全生产方面的权利义务的规定。从业人员是生产经营单位中从事生产经营活动的主体，按照宪法、劳动法等法律的规定，应当受到劳动保护，同时也应当遵守法律、法规和生产经营单位的规章制度，履行安全生产义务。

六、第十条解读

第十条　国务院应急管理部门依照本法，对全国安全生产工作实施综合监督管理；县级以上地方各级人民政府应急管理部门依照本法，对本行政区域内安全生产工作实施综合监督管理。

国务院交通运输、住房和城乡建设、水利、民航等有关部门依照本法和其他有关法律、行政法规的规定，在各自的职责范围内对有关行业、领域的安全生产工作实施监督管理；县级以上地方各级人民政府有关部门依照本法和其他有关法律、法规的规定，在各自的职责范围内对有关行业、领域的安全生产工作实施监督管理。对新兴行业、领域的安全生产监督管理职责不明确的，由县级以上地方各级人民政府按照业务相近的原则确定监督管理部门。

应急管理部门和对有关行业、领域的安全生产工作实施监督管理的部门，统称负有安全生产监督管理职责的部门。负有安全生产监督管理职责的部门应当相互配合、齐抓共管、信息共享、资源共用，依法加强安全生产监督管理工作。

【条文释义】本条是关于安全生产监督管理体制的规定。国务院应急管理部门和县级以上地方各级人民政府应急管理部门是对我国安全生产工作实施综合监督管理的部门，有关部门在各自职责范围内对有关行业、领域的安全生产工作实施监督管理。

1. 应急管理部门的安全生产监督管理职责

依据本法规定以及应急管理部门的"三定"方案，国务院应急管理部门和县级以上地方各级人民政府应急管理部门负责安全生产综合监督管理和工矿商贸行业安全生产监督管理等职能。综合监管职责主要包括两个方面：一是承担本级安全生产委员会的日常工作；二是指导协调、监督检查、巡查考核本级政府有关部门和下级政府安全生产工作。

2. 其他有关部门的安全生产监督管理职责

除应急管理部门外，国务院有关部门和县级以上人民政府有关部门依照法律、行政法规、地方性法规以及本部门"三定"方案，对有关行业、领域的安全生产工作实施监督管理。

3. 新兴行业、领域监管职责不明确时的处理原则

随着新情况、新问题、新业态大量出现，"认不清、想不到、管不到"的问题突出，比如，平台经济中的外卖行业，涉及食品安全、交通安全、网络安全等多个领域；一些综合性较强的新型农家乐，涉及旅游、餐饮、农业农村等多个领域。为防止出现监管盲区，规定了由县级以上地方人民政府按照业务相近的原则确定监管部门。

七、第十六条解读

第十六条　国家实行生产安全事故责任追究制度，依照本法和有关法律、法规的规定，追究生产安全事故责任单位和责任人员的法律责任。

【条文释义】本条是关于生产安全事故责任追究制度的规定。生产安全事故是由多因一果造成，其中诱因多是人为因素，如违反安全生产的法律、法规、标准和有关技术规程、规范等。为此，对生产安全事故实行责任追究制度。

1. 行政责任

行政责任包括政务处分和行政处罚，安全生产法进一步加大了处罚力度。

2. 民事责任

依照民法典的有关规定，因生产安全事故造成人员、他人财产损失的，生产安全事故责任单位和责任人员应当承担赔偿责任。赔偿责任主要包括造成人身和财产损害两方面的责任。造成人身损害的，应当赔偿医疗费、护理费、交通费等为治疗和康复支出的合理费用，以及因误工减少的收入。造成残疾的，还应当赔偿残疾生活辅助具费和残疾赔偿金。造成死亡的，还应当赔偿丧葬费和死亡赔偿金。侵害他人财产的，财产损失按照损失发生时的市场价格或者其他方式计算。

3. 刑事责任

《中华人民共和国刑法》在"危害公共安全罪"一章中规定了重大责任事故罪、重大劳动安全事故罪、危险物品肇事罪、危险作业罪等重大责任事故犯罪的刑事责任。

八、第二十一条解读

第二十一条　生产经营单位的主要负责人对本单位安全生产工作负有下列职责：

（一）建立健全并落实本单位全员安全生产责任制，加强安全生产标准化建设；

（二）组织制定并实施本单位安全生产规章制度和操作规程；

（三）组织制定并实施本单位安全生产教育和培训计划；

（四）保证本单位安全生产投入的有效实施；

(五）组织建立并落实安全风险分级管控和隐患排查治理双重预防工作机制，督促、检查本单位的安全生产工作，及时消除生产安全事故隐患；

（六）组织制定并实施本单位的生产安全事故应急救援预案；

（七）及时、如实报告生产安全事故。

【条文释义】生产经营单位的主要负责人，作为单位的主要领导者，对单位的生产经营活动全面负责，必须同时对单位的安全生产工作负责。

1. 建立健全并落实本单位全员安全生产责任制，加强安全生产标准化建设

生产经营单位每一个部门、每一个岗位、每一个员工都不同程度地直接或者间接地影响安全生产，主要负责人和其他负责人员应自觉执行责任制的规定，提高全体从业人员落实全员安全生产责任制的自觉性，大力推进企业安全生产标准化建设。

2. 组织制定并实施本单位安全生产规章制度和操作规程

生产经营单位结合自身实际，制定切实可行的安全生产规章制度和操作规程，并采取有力措施督促贯彻落实到位。

3. 组织制定并实施本单位安全生产教育和培训计划

生产经营单位的安全生产教育和培训计划是根据本单位安全生产状况、岗位特点、人员结构组成，有针对性地规定单位负责人、其他负责人以及从业人员的安全生产教育和培训的统筹安排，包括经费保障、教育培训内容以及组织实施措施等内容。

4. 保证本单位的安全生产投入有效实施

充足的经费保障是生产经营单位做好安全生产工作的物质基础。生产经营单位因其特性往往更加注重追求经济效益，而在安全方面投入的积极性不高。因此，安全生产法和有关法律法规对生产经营单位安全生产投入作出了强制性规定。

5. 组织建立并落实安全风险分级管控和隐患排查治理双重预防工作机制

风险是客观存在的，针对不同的风险应当采取不同的管控手段进行控制，确保风险不会演变为事故。"事故隐患"是指生产经营单位存在的可能引发事故的因素，包括物的不安全状态、人的不安全行为以及管理上缺陷等。生产经营单位的主要负责人应当经常性地对本单位的安全生产工作进行督促、检查，对检查中发现的问题及时解决。

6. 组织制定并实施本单位的生产安全事故应急救援预案

生产安全事故应急救援预案是一个涉及多方面工作的系统工程，需要生产经营单位主要负责人组织制定和实施，一旦发生事故也要亲自指挥、调度。

7. 及时、如实报告生产安全事故

发生生产安全事故，及时向有关部门报告，有助于及时开展救援、防止事故扩大。生产经营单位的主要负责人应当按照本法和其他有关法律法规等，及时、如实地报告生产安全事故。

九、第二十四条解读

第二十四条 矿山、金属冶炼、建筑施工、运输单位和危险物品的生产、经营、储存、装卸单位，应当设置安全生产管理机构或者配备专职安全生产管理人员。

前款规定以外的其他生产经营单位，从业人员超过一百人的，应当设置安全生产管理机构或者配备专职安全生产管理人员；从业人员在一百人以下的，应当配备专职或者兼职的安全生产管理人员。

【条文释义】本条是关于生产经营单位设置安全生产管理机构或者配备安全生产管理人员的规定。对于从事一些危险性较大的行业的生产经营单位或者是从业人员较多的生产经营单位，应当有专门的人员从事安全生产管理工作，对生产经营单位的安全生产工作进行经常性检查，及时督促处理检查中发现的安全生产问题，及时监督排除生产事故隐患，提出改进安全生产工作的建议。

十、第二十五条解读

第二十五条 生产经营单位的安全生产管理机构以及安全生产管理人员履行下列职责：

（一）组织或者参与拟订本单位安全生产规章制度、操作规程和生产安全事故应急救援预案；

（二）组织或者参与本单位安全生产教育和培训，如实记录安全生产教育和培训情况；

（三）组织开展危险源辨识和评估，督促落实本单位重大危险源的安全管理措施；

（四）组织或者参与本单位应急救援演练；

（五）检查本单位的安全生产状况，及时排查生产安全事故隐患，提出改进安全生产管理的建议；

（六）制止和纠正违章指挥、强令冒险作业、违反操作规程的行为；

（七）督促落实本单位安全生产整改措施。

生产经营单位可以设置专职安全生产分管负责人，协助本单位主要负责人履行安全生产管理职责。

【条文释义】本条规定的主要目的是明确安全生产管理机构以及安全生产管理人员的职责，督促以上机构和人员履职尽责。

一是安全生产管理机构作为本单位具体负责安全生产管理事务的部门，也是主要负责人在安全生产方面的重要助手，需要负责组织或者参与拟订本单位安全生产规章制度和操作规程、生产安全事故应急救援预案。

二是根据主要负责人的安排，组织拟定本单位的安全生产教育和培训计划，以保证教育和培训计划符合本单位安全生产的实际。同时，还应当详细记录本单位安全生产教育和培训情况，及时掌握计划的实施进展动向，向本单位主要负责人报告。

三是落实"组织开展危险源辨识和评估"的职责，充分利用自身专业知识和技能，做好重大危险源的发现、辨别、评估和管控工作。

四是积极组织开展应急演练，制定详细的工作方案，精心组织实施，确保应急演练取得效果，并配合参加有关主管部门或其他部门组织的应急演练。

五是根据本单位生产经营特点、风险分布、危害因素的种类和危害程度等情况，制定检查工作计划，有步骤地巡查、检查本单位每个作业场所、设备、设施，不留死角，对于检查中发现的生产安全事故隐患，落实闭环整改。对本单位在安全生产管理、技术、装备、人员等方面存在问题的，及时提出改进的建议。

六是对检查中发现的违章指挥、强令冒险作业、违反操作规程的行为，应当立即制止和纠正。

七是按照"管生产经营必须管安全"的原则，加强对有关业务主管部门的监督，确保其整改措施落实到位，并及时向本单位主要负责人报告整改情况。

八是对于一些规模较大、专业性较强的生产经营单位，可以设置专职安全生产分管负责人协助主要负责人。

十一、第二十七条解读

第二十七条　生产经营单位的主要负责人和安全生产管理人员必须具备与本单位所从事的生产经营活动相应的安全生产知识和管理能力。

危险物品的生产、经营、储存、装卸单位以及矿山、金属冶炼、建筑施工、运输单位的主要负责人和安全生产管理人员，应当由主管的负有安全生产监督管理职责的部门对其安全生产知识和管理能力考核合格。考核不得收费。

危险物品的生产、储存、装卸单位以及矿山、金属冶炼单位应当有注册安全工程师从事安全生产管理工作。鼓励其他生产经营单位聘用注册安全工程师从事安全生产管理工作。注册安全工程师按专业分类管理，具体办法由国务院人力资源和社会保障部门、国务院应急管理部门会同国务院有关部门制定。

【条文释义】本条是对生产经营单位的主要负责人和安全生产管理人员的安全生产知识和管理能力要求的规定。由于高危行业生产经营单位专业性强、危险性大，属于事故多发的领域，对这类生产经营单位的主要负责人和安全生产管理人员，应当由主管的负有安全生产监督管理职责的部门对其安全生产知识和管理能力考核合格。未按照规定考核合格的，将依法给予生产经营单位相应处罚。2015年，原国家安全监管总局办公厅发布《关于印发安全生产知识和管理能力考核合格证式样的通知》对以上生产经营单位相关人员的考核作了具体规定。

本条还规定危险物品的生产、储存、装卸单位以及矿山、金属冶炼单位应当有注册安全工程师从事安全生产管理工作。鼓励其他生产经营单位聘用注册安全工程师从事安全生产管理工作，有效解决安全生产管理"无人管、不会管"的问题。2007年，原国家安监总局颁布了《注册安全工程师管理规定》。2017年11月，原国家安监总局、人力资源部颁布《注册安全工程师分类管理办法》，专业类别划分为：煤矿安全、金属非金属矿山安全、化工安全、金属冶炼安全、建筑施工安全、道路运输安全、其他安全（不包括消防安全）；级别设置为：高级、中级、初级（助理）。2019年1月应急管理部、人力资源部颁布了《注册安全工程师职业资格制度规定》和《注册安全工程师职业资格考试实施办法》。

十二、第三十一条解读

第三十一条　生产经营单位新建、改建、扩建工程项目（以下统称建设项目）的安全设施，必须与主体工程同时设计、同时施工、同时投入生产和使用。安全设施投资应当纳入建设项目概算。

【条文释义】在建设项目的设计和施工阶段忽视生产的安全要求，没有配备应有的安全设施，将导致项目建成后，存在着严重的设计性安全隐患。消除这些隐患往往需要付出巨大的代价，有些甚至不可挽回，从而造成严重的资金浪费并可能造成生产安全事故。在建设项目的设计施工阶段就做好生产安全事故的预防工作、对防止和减少生产安全事故，具有重要意义。为确保生产经营单位建设项目安全设施的建设，本条专门作出规定。

生产经营单位新建、改建、扩建工程项目的安全设施落实"三同时"原则，应当符合以下要求：

（1）建设项目的设计单位在编制建设项目投资计划文件时，应同时按照有关法律、法规、国家标准或者行业标准以及设计规范，编制安全设施的设计文件。安全设施的设计不得随意降低安全设施的标准。

（2）生产经营单位在编制建设项目投资计划和财务计划时，应将安全设施所需投资一并纳入计划，同时编报。

（3）对于按照有关规定项目设计需报经主管部门批准的建设项目，在报批时，应当同时报送安全设施设计文件；按照规定，安全设施设计需报主管的负有安全生产监督管理职责的部门审批的，应报主管的负有安全生产监督管理职责的部门批准。

（4）生产经营单位应当要求具体从事建设项目施工的单位严格按照安全设施的施工图纸和设计要求施工。安全设施与主体工程应同时进行施工，安全设施的施工不得偷工减料，降低建设质量。

（5）在生产设备调试阶段，应同时对安全设施进行调试和考核，并对其效果进行评价。

（6）建设项目验收时，应同时对安全设施进行验收。

（7）安全设施应当与主体工程同时投入生产和使用，不得只将主体工程投入使用，而将安全设施摆样子，不予使用。

十三、第三十二条解读

第三十二条　矿山、金属冶炼建设项目和用于生产、储存、装卸危险物品的建设项目，应当按照国家有关规定进行安全评价。

【条文释义】在建设项目期间，对项目进行安全评价，可以为建设项目安全设施设计以及安全生产管理提供依据，对防止和减少生产安全事故的发生有重要意义。

安全预评价通过分析生产过程中固有的或潜在的危险因素、危害后果以及消除和控制这些危险因素的技术措施和方案，分析建设项目选址、平面位置、安全措施是否符合法律、法规、国家标准或者行业标准、设计规范等国家规定，提出评价建议，并要求在安全设计中实施这些措施，从而保证建设项目的安全。安全预评价一般由生产经营单位委托取得相应资质的为安全生产提供技术服务的机构承担，具体要求详见《建设项目安全设施"三同时"监督管理办法》。

十四、第三十三条解读

第三十三条　建设项目安全设施的设计人、设计单位应当对安全设施设计负责。

矿山、金属冶炼建设项目和用于生产、储存、装卸危险物品的建设项目的安全设施设计应当按照国家有关规定报经有关部门审查，审查部门及其负责审查的人员对审查结果负责。

【条文释义】确定建设项目安全设施的前期设计，对相关设施后续能否正常运转使用十分重要。为依法保障安全设施的正常使用，本条对相关设计单位和人员的责任等作出专门规定。

1. 对建设项目安全设施的设计人、设计单位的要求

设计质量与设计人、设计单位的设计能力和工作态度密切相关。因此，要求其对安全设施设计负责，以保证设计的质量，为事故发生后的责任划分提供依据。

2. 对特殊建设项目安全设施设计的要求

矿山、金属冶炼建设项目和用于生产、储存、装卸危险物品的建设项目，需由有关主管部门对其安全设施的设计进行审查，只有符合相关规定，经审查同意的，方可施工。审查部门和负责审查的人员对审查结果负责。

十五、第三十四条解读

第三十四条 矿山、金属冶炼建设项目和用于生产、储存、装卸危险物品的建设项目的施工单位必须按照批准的安全设施设计施工，并对安全设施的工程质量负责。

矿山、金属冶炼建设项目和用于生产、储存、装卸危险物品的建设项目竣工投入生产或者使用前，应当由建设单位负责组织对安全设施进行验收；验收合格后，方可投入生产和使用。负有安全生产监督管理职责的部门应当加强对建设单位验收活动和验收结果的监督核查。

【条文释义】本条是关于特殊建设项目安全设施的施工和竣工验收及其监督检查的规定。特殊建设项目的施工、竣工验收等环节，对保障后续安全生产尤为重要，有必要作出专门规定，明确提出严格要求。

1. 对矿山、金属冶炼等建设项目施工的要求

矿山、金属冶炼建设项目和用于生产、储存、装卸危险物品的建设项目的施工单位必须按照批准的安全设施设计施工，任何单位和个人不得擅自决定不按照批准的安全设施设计施工或者擅自更改设计文件。凡属安全设施设计内容变更和调整的，都必须编制施工调整方案，报原审批部门批准后方可执行。

对于因施工原因造成的质量问题，施工单位承担全部责任。由有关主管部门对违法施工的单位给予行政处罚；对造成重大质量事故、构成犯罪的，依照《中华人民共和国刑法》有关规定追究刑事责任。实行总承包的工程，总承包单位对安全设施工程质量负责。实行分包的工程，分包单位要对其分包的工程质量负责。总承包单位应当与分包单位就分包工程的质量承担连带责任。

2. 对矿山、金属冶炼等建设项目安全设施验收的要求

本条所规定的特殊建设项目已经按照设计要求完成全部施工任务，交付前，由建设单位对其是否符合设计要求和工程质量标准进行验收合格后，方可投入生产和使用。为了促使建设单位按标准认真做好验收工作，本条规定负有安全生产监督管理职责的部门应当加强对验收活动和验收结果的监督核查，包括可以对有关重要项目或重要部位进行现场检查，或者对验收结果进行核实。

十六、第三十六条解读

第三十六条 安全设备的设计、制造、安装、使用、检测、维修、改造和报废，应当符合国家标准或者行业标准。

生产经营单位必须对安全设备进行经常性维护、保养，并定期检测，保证正常运转。维护、保养、检测应当做好记录，并由有关人员签字。

生产经营单位不得关闭、破坏直接关系生产安全的监控、报警、防护、救生设备、设施，或者篡改、隐瞒、销毁其相关数据、信息。

餐饮等行业的生产经营单位使用燃气的，应当安装可燃气体报警装置，并保障其正常使用。

【条文释义】本条是关于生产经营单位安全设备管理的有关规定。安全设备性能优劣以及使用是否得当，直接关系到生产经营活动的安全性，以及在发生生产安全事故时能否及时救援、减少损失。

1. 对生产安全的设备、设施及数据、信息的规定

2020年12月，刑法修正案（十一）增加规定了危险作业罪，对在生产、作业中违反有关安全管理的规定，关闭、破坏直接关系生产安全的监控、报警、防护、救生设备、设施，或者篡改、隐瞒、销毁其相关数据、信息的行为，规定了刑事责任。实践中，有些生产经营单位和责任人员出于节省运营成本、逃避监管等目的，实施关闭、破坏相关设施或者篡改、隐瞒、销毁相关数据、信息的行为，致使相关设备设施不能发挥应有的预防和保护功能，导致生产安全事故发生或者扩大事故后果。

2. 对餐饮等行业的生产经营单位使用燃气的规定

近年来餐饮等行业发生的燃气爆炸事故，给人民群众的生命财产造成重大损失。总结分析该类生产安全事故，未能及时发现燃气泄漏，是导致事故发生的重要原因。在总结实践经验和事故教训基础上，综合考虑安全生产现实需要和企业成本负担，本法规定餐饮等行业的生产经营单位使用燃气的，应当安装可燃气体报警装置，并保障其正常使用。关于燃气的范围，根据《城镇燃气管理条例》的规定，燃气是指作为燃料使用并符合一定要求的气体燃料，包括天然气（含煤层气）、液化石油气和人工煤气等。

十七、第三十九条解读

第三十九条　生产、经营、运输、储存、使用危险物品或者处置废弃危险物品的，由有关主管部门依照有关法律、法规的规定和国家标准或者行业标准审批并实施监督管理。

生产经营单位生产、经营、运输、储存、使用危险物品或者处置废弃危险物品，必须执行有关法律、法规和国家标准或者行业标准，建立专门的安全管理制度，采取可靠的安全措施，接受有关主管部门依法实施的监督管理。

【条文释义】危险物品具有较大危险性，需要从生产到处置的各个环节对危险物品实行规范管理，制定相应的法律、法规和标准，采取必要监管措施，降低危险物品发生事故概率，确保与危险物品相关生产经营活动能够安全、顺利进行。

1. 主管部门的审批和监督管理

由于危险物品涉及的行业领域较多，除安全监督管理部门外，对应的主管部门也要根据危险物品相关的活动特点，进行审批并实施监督管理。

（1）审批和监管的依据。对危险物品有关活动的审批和监管依据，除本法外还有产品质量法、道路交通安全法、环境保护法等法律，以及危险化学品安全管理条例、易制毒化学品管理条例、城镇燃气管理条例等行政法规，以及有关地方性法规、标准等。

（2）审批和监管的部门。由于监管的环节较多，危险物品的审批和监管涉及应急管理、公安、交通运输、市场监督管理等多个部门。

（3）审批的具体形式和要求。行政审批是从源头上管理危险物品相关生产、经营等活动的有效方式。生产经营单位必须按照规定取得相应的许可后，方可从事危险物品有关的活动。

2. 生产经营单位的义务

（1）执行有关法律、法规和国家标准或者行业标准。

（2）建立专门的安全管理制度。国家对危险物品涉及的生产经营活动有严格要求，需要相关的生产经营单位建立专门的安全管理制度。

（3）采取可靠的安全措施。由于危险物品的生产、经营、储存、使用、运输以及处置废弃危险物品等活动具有较大的危险性，需要生产经营单位采取安全、可靠的安全防护和应急处置措施。比如根据其危险特性，在作业场所设置相应的监测、监控、通风、防火、灭火、泄压、防毒、防静电、防泄漏以及防护围堤或者隔离操作等安全设施、设备，并设置明显的安全警示标志。

十八、第四十二条解读

第四十二条 生产、经营、储存、使用危险物品的车间、商店、仓库不得与员工宿舍在同一座建筑物内，并应当与员工宿舍保持安全距离。

生产经营场所和员工宿舍应当设有符合紧急疏散要求、标志明显、保持畅通的出口。禁止占用、锁闭、封堵生产经营场所或者员工宿舍的出口、疏散通道。

【条文释义】实际中，有的危险物品的生产经营单位为了降低成本，将员工宿舍与车间、商店、仓库等安排在同一座建筑物内，或者为防止员工在工作时间休息、盗窃产品而锁闭、封堵经营场所，一旦发生火灾、爆炸、地震等情况，员工因无法逃生而酿成的事故屡有发生。本条对生产经营单位的这些行为予以禁止。

十九、第四十三条解读

第四十三条 生产经营单位进行爆破、吊装、动火、临时用电以及国务院应急管理部门会同国务院有关部门规定的其他危险作业，应当安排专门人员进行现场安全管理，确保操作规程的遵守和安全措施的落实。

【条文释义】爆破、吊装、动火、临时用电作业具有较大的危险性，容易发生事故，而且一旦发生事故，将会对作业人员和有关人员造成较大的伤害。因此，进行危险作业时，作业人员必须严格按照操作规程进行操作，同时生产经营单位应当采取必要的事故防范措施，以防止生产安全事故的发生。

目前，还有一些作业也很危险，如有限空间作业、地下挖掘作业、悬吊作业、临近高压线作业等。因此，本条通过授权的方式明确，这样规定，有利于根据安全生产工作的实际，及时公布调整相应的危险作业目录，加强对危险作业的动态安全管理。

二十、第五十二条解读

第五十二条 生产经营单位与从业人员订立的劳动合同，应当载明有关保障从业人员劳动安全、防止职业危害的事项，以及依法为从业人员办理工伤保险的事项。

生产经营单位不得以任何形式与从业人员订立协议，免除或者减轻其对从业人员因生产安全事故伤亡依法应承担的责任。

【条文释义】为保障从业人员的安全和健康，在劳动合同中明确有关劳动安全事项是非常必要的，并明确规定禁止订立非法协议，不得免除或者减轻对从业人员因生产安全事故伤亡依法应承担的责任。

1. 劳动合同应当载明的事项

本条第一款规定了生产经营单位与从业人员订立的劳动合同应当载明保障劳动安全、防止职业危害和工伤保险事项。安全事项、社会保险事项是劳动合同中的必备事项。

2. 不得免除或者减轻的责任

本条第二款规定了禁止生产经营单位以任何形式与从业人员订立免除或者减轻其对从业人员因生产安全事故伤亡依法应承担的责任的协议，如一些生产经营单位利用自身优势地位强迫劳动者与其签订逃避安全生产事故责任的"生死合同"。本法第一百零六条规定生产经营单位与从业人员订立协议，免除或者减轻其对从业人员因生产安全事故伤亡依法应承担责任的，该协议无效；对生产经营单位的主要负责人、个人经营的投资人处二万元以上十万元以下的罚款。

二十一、第五十四条解读

第五十四条 从业人员有权对本单位安全生产工作中存在的问题提出批评、检举、控告；有权拒绝违章指挥和强令冒险作业。

生产经营单位不得因从业人员对本单位安全生产工作提出批评、检举、控告或者拒绝违章指挥、强令冒险作业而降低其工资、福利等待遇或者解除与其订立的劳动合同。

【条文释义】批评、检举、控告权和拒绝违章指挥和强令冒险作业是从业人员安全生产的基本权利，法律对此明确规定并加以保护。法律规定这些权利，一方面有利于从业人员对生产经营单位进行群众监督，促使其改进和提升本单位的安全生产管理水平，另一方面有利于及时对违法行为进行处理，保障安全生产，防范生产安全事故发生。

本条第二款禁止生产经营单位因从业人员行使第一款权利而对其进行打击报复。

二十二、第五十五条解读

第五十五条 从业人员发现直接危及人身安全的紧急情况时，有权停止作业或者在采取可能的应急措施后撤离作业场所。

生产经营单位不得因从业人员在前款紧急情况下停止作业或者采取紧急撤离措施而降低其工资、福利等待遇或者解除与其订立的劳动合同。

【条文释义】为保护从业人员的人身安全，赋予特定情况下从业人员紧急情况处置权是必要的。法律对此作出明确规定，并对从业人员行使紧急处置权加以保护。紧急撤离权包括两层含义：一是停止作业马上撤离作业场所；二是在采取可能的应急措施后撤离作业场所。需要注意的是，行使权力的选择权在从业人员，不要求从业人员必须在采取可能的应急措施后或者在征得有关负责人员同意后撤离作业场所。当然，在条件允许的情况下，从业人员可以事先报告或者采取可能的应急措施后再撤离作业场所。

本条第二款禁止生产经营单位因从业人员行使第一款权利而对其进行打击报复。

二十三、第五十六条解读

第五十六条 生产经营单位发生生产安全事故后，应当及时采取措施救治有关人员。

因生产安全事故受到损害的从业人员，除依法享有工伤保险外，依照有关民事法律尚有获得赔偿的权利的，有权提出赔偿要求。

【条文释义】本条是关于生产经营单位的及时救治义务，以及从业人员享有社会保险和有关民事赔偿权利的规定。另外，需要注意的是发生生产安全事故后，生产经营单位的救治义务不仅包括从业人员，还包括其他受到生产安全事故影响的人员。

同时，用人单位为劳动者参加工伤保险，并不意味着绝对排除其在劳动者遭受工伤时的民事赔偿责任，例如《中华人民共和国民法典》侵权责任编第一千一百八十三条第一款规定，侵害自然人人身权益造成严重精神损害的，被侵权人有权请求精神损害赔偿。

二十四、第五十七条解读

第五十七条　从业人员在作业过程中，应当严格落实岗位安全责任，遵守本单位的安全生产规章制度和操作规程，服从管理，正确佩戴和使用劳动防护用品。

【条文释义】从业人员落实岗位安全责任、遵章守制、服从管理以及正确佩戴安全防护用品，这都是在安全生产过程中应当履行的义务。

二十五、第五十九条解读

第五十九条　从业人员发现事故隐患或者其他不安全因素，应当立即向现场安全生产管理人员或者本单位负责人报告；接到报告的人员应当及时予以处理。

【条文释义】从业人员处于安全生产的第一线，最有可能及时发现事故隐患或者其他不安全因素，因此，本条规定从业人员发现事故隐患或者其他不安全因素的，应当立即向现场安全生产管理人员或者本单位负责人报告，这也符合职工参与安全生产工作的机制要求。同时，本条还规定现场安全生产管理人员或者本单位负责人接到报告的，应当及时予以处理，及时消除生产安全事故隐患。

二十六、第六十五条解读

第六十五条　应急管理部门和其他负有安全生产监督管理职责的部门依法开展安全生产行政执法工作，对生产经营单位执行有关安全生产的法律、法规和国家标准或者行业标准的情况进行监督检查，行使以下职权：

（一）进入生产经营单位进行检查，调阅有关资料，向有关单位和人员了解情况；

（二）对检查中发现的安全生产违法行为，当场予以纠正或者要求限期改正；对依法应当给予行政处罚的行为，依照本法和其他有关法律、行政法规的规定作出行政处罚决定；

（三）对检查中发现的事故隐患，应当责令立即排除；重大事故隐患排除前或者排除过程中无法保证安全的，应当责令从危险区域内撤出作业人员，责令暂时停产停业或者停止使用相关设施、设备；重大事故隐患排除后，经审查同意，方可恢复生产经营和使用；

（四）对有根据认为不符合保障安全生产的国家标准或者行业标准的设施、设备、器材以及违法生产、储存、使用、经营、运输的危险物品予以查封或者扣押，对违法生产、储存、使用、经营危险物品的作业场所予以查封，并依法作出处理决定。

监督检查不得影响被检查单位的正常生产经营活动。

【条文释义】为了确保安全生产，应急管理部门和其他负有安全生产监督管理职责的部门，依法开展安全生产行政执法工作，应当依法对生产经营单位执行有关安全生产的法律、法规和国家标准或者行业标准的情况进行监督检查。而为了确保应急管理部门和其他负有安全生产监督管理职责的部门依法有效履职，赋予其一定的权力，包括：现场调查取证权，现场处理权，采取查封或扣押行政强制措施权。

同时也应当注意，应急管理部门和其他负有安全生产监督管理职责的部门行使本条规定的职权、采取有关的行政措施时，应当依照行政强制法、行政处罚法等有关法律、法规规定的条件和程序进行。对依法应当给予行政处罚的，应当遵守行政处罚法规定的程序。

本条第二款又确立了一条重要的规则，履行监督检查职责时，不得影响生产经营单位正常的生产经营活动。

二十七、第八十一条解读

第八十一条 生产经营单位应当制定本单位生产安全事故应急救援预案，与所在地县级以上地方人民政府组织制定的生产安全事故应急救援预案相衔接，并定期组织演练。

【条文释义】本条是关于生产经营单位生产安全事故应急救援预案的制定以及定期组织演练的规定。

生产经营单位应结合实际制定生产安全事故应急救援预案，按照应急管理部2019年修改的《生产安全事故应急预案管理办法》的要求，保证单位内部编制的各类应急预案之间应当相互衔接，并与相关人民政府及其部门、应急救援队伍和涉及的其他单位的应急预案相衔接，根据本单位的事故风险特点，每年至少组织一次综合应急预案演练或者专项应急预案演练，每半年至少组织一次现场处置方案演练，进一步提高应对突发生产安全事故的救援能力。

易燃易爆物品、危险化学品等危险物品的生产、经营、储存、运输单位，矿山、金属冶炼、城市轨道交通运营、建筑施工单位，以及宾馆、商场、娱乐场所、旅游景区等人员密集场所经营单位，应当在应急预案公布之日起20个工作日内，按照分级属地原则，向县级以上人民政府应急管理部门和其他负有安全生产监督管理职责的部门进行备案，并依法向社会公布。

二十八、第八十二条解读

第八十二条 危险物品的生产、经营、储存单位以及矿山、金属冶炼、城市轨道交通运营、建筑施工单位应当建立应急救援组织；生产经营规模较小的，可以不建立应急救援组织，但应当指定兼职的应急救援人员。

危险物品的生产、经营、储存、运输单位以及矿山、金属冶炼、城市轨道交通运营、建筑施工单位应当配备必要的应急救援器材、设备和物资，并进行经常性维护、保养，保证正常运转。

【条文释义】本条是关于高危行业的生产经营单位应急救援义务的规定。危险物品（包括易燃易爆物品、危险化学品、放射性物品等）的生产、经营、存储单位以及矿山、金属冶炼、城市轨道交通运营、建筑施工单位（以下简称高危行业生产经营单位）由于其所从事活动的特殊性，一旦发生事故，将会对人民群众的生命财产安全造成严重损害。因此上述高危行业生产经营单位必须本着高度负责的态度，承担本法规定的应急救援义务。

一是高危行业生产经营单位应当建立应急救援组织，指定兼职的应急救援人员。对于生产经营规模较小的高危行业生产经营单位，可以不建立应急救援组织，但应当指定兼职的应急救援人员。无论是专职的救援人员还是兼职的救援人员，都必须经过严格训练，符合要求才能担任。否则、可能会造成不必要的损失。

二是高危行业生产经营单位应当配备必要的应急救援器材、设备和物资，注明其使用方法，并确保其可正常使用，以便及时开展自救和他救工作，避免事故情况进一步恶化。

二十九、第八十三条解读

第八十三条 生产经营单位发生生产安全事故后，事故现场有关人员应当立即报告本单位负责人。

单位负责人接到事故报告后,应当迅速采取有效措施,组织抢救,防止事故扩大,减少人员伤亡和财产损失,并按照国家有关规定立即如实报告当地负有安全生产监督管理职责的部门,不得隐瞒不报、谎报或者迟报,不得故意破坏事故现场、毁灭有关证据。

【条文释义】 本条是关于生产经营单位对生产安全事故报告和组织抢救义务的规定。2007年,国务院出台《生产安全事故报告和调查处理条例》对生产安全事故的报告、组织抢救和调查处理的组织体系、工作程序、时限要求、行为规范等作出明确规定。本条规定有助于严格落实生产安全事故责任追究制度,防止和减少生产安全事故的发生,是落实企业安全生产主体责任的直接体现。

事故发生后,依照《生产安全事故报告和调查处理条例》的有关规定,发生生产安全事故的生产经营单位应当按照下列程序作出报告:(1)事故发生后,事故现场有关人员应当立即向本单位负责人报告。(2)单位负责人接到报告后,应当于1小时内向事故发生地县级以上人民政府应急管理部门和负有安全生产监督管理职责的有关部门报告,包括当地县级以上人民政府应急管理部门和对事故单位负有安全生产监督管理职责的其他相关部门。(3)情况紧急时,事故现场有关人员可以直接向事故发生地县级以上人民政府应急管理部门和负有安全生产监督管理职责的有关部门报告,以利于积极组织事故救援力量调度。

报告事故应当包括下列内容:(1)事故发生单位概况;(2)事故发生的时间、地点以及事故现场情况;(3)事故的简要经过;(4)事故已经造成或者可能造成的伤亡人数(包括下落不明的人数)和初步估计的直接经济损失;(5)已经采取的措施;(6)其他应当报告的情况。事故报告后出现新情况的,应当及时补报。自事故发生之日起30日内,事故造成的伤亡人数发生变化的,应当及时补报。道路交通事故、火灾事故自发生之日起7日内,事故造成的伤亡人数发生变化的,应当及时补报。

"事故现场"是指事故具体发生地点及事故能够影响和波及的区域,以及该区域内的物品、痕迹所处的状态。"有关人员"主要是指事故发生单位在事故现场的有关工作人员,既可以是事故的负伤者,也可以是在事故现场的其他工作人员,以及任何首先发现事故的人都属于有关人员,负有立即报告事故的义务。"立即报告"是指在事故发生后的第一时间用最快捷的报告方式进行报告,不拘于报告形式。"单位负责人"可以是事故发生单位的主要负责人,也可以是事故发生单位主要负责人以外的其他分管安全生产工作的副职领导或其他负责人。

实践中,事故发生后,事故发生单位及其有关人员为了减轻或者逃避事故责任,谎报或者瞒报事故的现象屡有发生,法律的尊严被践踏,社会影响十分恶劣,对此种违法行为应当给予严厉的法律制裁。

三十、第八十六条解读

第八十六条 事故调查处理应当按照科学严谨、依法依规、实事求是、注重实效的原则,及时、准确地查清事故原因,查明事故性质和责任,评估应急处置工作,总结事故教训,提出整改措施,并对事故责任单位和人员提出处理建议。事故调查报告应当依法及时向社会公布。事故调查和处理的具体办法由国务院制定。

事故发生单位应当及时全面落实整改措施,负有安全生产监督管理职责的部门应当加强监督检查。

负责事故调查处理的国务院有关部门和地方人民政府应当在批复事故调查报告后一年内，组织有关部门对事故整改和防范措施落实情况进行评估，并及时向社会公开评估结果；对不履行职责导致事故整改和防范措施没有落实的有关单位和人员，应当按照有关规定追究责任。

【条文释义】发生生产安全事故，除及时组织应急救援外，事故的调查处理也应尽早展开。本条主要涉及事故调查处理的基本原则、主要任务和整改落实等，目的是确保事故的调查处理真正落到实处。

特别重大事故由国务院或者国务院授权有关部门组织事故调查组进行调查。重大事故、较大事故、一般事故分别由事故发生地省级人民政府、设区的市级人民政府、县级人民政府负责调查，鉴于事故调查和处理的具体程序较为复杂，本法授权国务院制定具体办法。国务院于2007年3月28日通过了《生产安全事故报告和调查处理条例》，对生产安全事故报告和调查处理相关工作作出具体规定。

三十一、第九十七条解读

第九十七条　生产经营单位有下列行为之一的，责令限期改正，处十万元以下的罚款；逾期未改正的，责令停产停业整顿，并处十万元以上二十万元以下的罚款，对其直接负责的主管人员和其他直接责任人员处二万元以上五万元以下的罚款：

（一）未按照规定设置安全生产管理机构或者配备安全生产管理人员、注册安全工程师的；

（二）危险物品的生产、经营、储存、装卸单位以及矿山、金属冶炼、建筑施工、运输单位的主要负责人和安全生产管理人员未按照规定经考核合格的；

（三）未按照规定对从业人员、被派遣劳动者、实习学生进行安全生产教育和培训，或者未按照规定如实告知有关的安全生产事项的；

（四）未如实记录安全生产教育和培训情况的；

（五）未将事故隐患排查治理情况如实记录或者未向从业人员通报的；

（六）未按照规定制定生产安全事故应急救援预案或者未定期组织演练的；

（七）特种作业人员未按照规定经专门的安全作业培训并取得相应资格，上岗作业的。

【条文释义】本条是关于生产经营单位违法行为的法律责任规定，针对生产经营单位在安全管理和培训教育方面的违法行为进行处罚，且罚款金额较高，主要是对"人的不安全状态"这一危险因素进行规制。

三十二、第九十九条解读

第九十九条　生产经营单位有下列行为之一的，责令限期改正，处五万元以下的罚款；逾期未改正的，处五万元以上二十万元以下的罚款，对其直接负责的主管人员和其他直接责任人员处一万元以上二万元以下的罚款；情节严重的，责令停产停业整顿；构成犯罪的，依照刑法有关规定追究刑事责任：

（一）未在有较大危险因素的生产经营场所和有关设施、设备上设置明显的安全警示标志的；

（二）安全设备的安装、使用、检测、改造和报废不符合国家标准或者行业标准的；

（三）未对安全设备进行经常性维护、保养和定期检测的；

（四）关闭、破坏直接关系生产安全的监控、报警、防护、救生设备、设施，或者篡改、隐瞒、销毁其相关数据、信息的；

（五）未为从业人员提供符合国家标准或者行业标准的劳动防护用品的；

（六）危险物品的容器、运输工具，以及涉及人身安全、危险性较大的海洋石油开采特种设备和矿山井下特种设备未经具有专业资质的机构检测、检验合格，取得安全使用证或者安全标志，投入使用的；

（七）使用应当淘汰的危及生产安全的工艺、设备的；

（八）餐饮等行业的生产经营单位使用燃气未安装可燃气体报警装置的。

【条文释义】本条是关于生产经营单位违法行为的法律责任规定，针对生产经营单位在安全设施设备方面存在的违法行为进行处罚，主要对"物的不安全状态"这一危险因素进行规制。

三十三、第一百条解读

第一百条　未经依法批准，擅自生产、经营、运输、储存、使用危险物品或者处置废弃危险物品的，依照有关危险物品安全管理的法律、行政法规的规定予以处罚；构成犯罪的，依照刑法有关规定追究刑事责任。

【条文释义】本条是关于违反危险物品安全管理规定的法律责任的规定。

1. 违法行为

任何人未经有关主管部门审批而生产、经营、运输、储存、使用危险物品或者处置废弃危险物品，就构成本条规定的违法行为。这里的"任何人"，包括自然人、法人和其他组织。

2. 法律责任

（1）依照有关危险物品安全管理的法律、行政法规的规定予以处罚。危险物品种类不同、违法行为性质不同等，其主管部门也不同。除安全生产法外，还有一系列法律和行政法规，对该违法行为规定了处罚条款，因此，本条仅作了衔接性规定。

（2）构成犯罪的，依照刑法有关规定追究刑事责任。这里讲的构成犯罪，主要是指构成《中华人民共和国刑法》第一百三十六条规定的危险物品肇事罪。该罪的构成要件包括：第一，行为人在主观方面是过失。第二，行为人客观上实施了违反危险物品管理规定的行为。第三，必须由于违反管理规定发生重大事故造成严重后果，这是追究刑事责任的必要条件。

三十四、第一百零一条解读

第一百零一条　生产经营单位有下列行为之一的，责令限期改正，处十万元以下的罚款；逾期未改正的，责令停产停业整顿，并处十万元以上二十万元以下的罚款，对其直接负责的主管人员和其他直接责任人员处二万元以上五万元以下的罚款；构成犯罪的，依照刑法有关规定追究刑事责任：

（一）生产、经营、运输、储存、使用危险物品或者处置废弃危险物品，未建立专门安全管理制度、未采取可靠的安全措施的；

（二）对重大危险源未登记建档，未进行定期检测、评估、监控，未制定应急预案，或者未告知应急措施的；

（三）进行爆破、吊装、动火、临时用电以及国务院应急管理部门会同国务院有关部门

规定的其他危险作业,未安排专门人员进行现场安全管理的;

(四) 未建立安全风险分级管控制度或者未按照安全风险分级采取相应管控措施的;

(五) 未建立事故隐患排查治理制度,或者重大事故隐患排查治理情况未按照规定报告的。

【条文释义】本条是关于生产经营单位违法行为的法律责任规定,针对生产经营单位在安全设施设备方面存在的违法行为进行处罚,主要对"管理的缺陷"这一危险因素进行规制。

三十五、第一百一十三条解读

第一百一十三条　生产经营单位存在下列情形之一的,负有安全生产监督管理职责的部门应当提请地方人民政府予以关闭,有关部门应当依法吊销其有关证照。生产经营单位主要负责人五年内不得担任任何生产经营单位的主要负责人;情节严重的,终身不得担任本行业生产经营单位的主要负责人:

(一) 存在重大事故隐患,一百八十日内三次或者一年内四次受到本法规定的行政处罚的;

(二) 经停产停业整顿,仍不具备法律、行政法规和国家标准或者行业标准规定的安全生产条件的;

(三) 不具备法律、行政法规和国家标准或者行业标准规定的安全生产条件,导致发生重大、特别重大生产安全事故的;

(四) 拒不执行负有安全生产监督管理职责的部门作出的停产停业整顿决定的。

【条文释义】本条是关于对生产经营单位存在严重违法行为予以关闭和吊销证照的规定,事关其生死存亡。

三十六、第一百一十七条解读

第一百一十七条　本法下列用语的含义:

危险物品,是指易燃易爆物品、危险化学品、放射性物品等能够危及人身安全和财产安全的物品。

重大危险源,是指长期地或者临时地生产、搬运、使用或者储存危险物品,且危险物品的数量等于或者超过临界量的单元(包括场所和设施)。

【条文释义】本条是关于本法中部分用语含义的规定。

一是关于危险物品的定义,本法所称的危险物品,包括易燃易爆物品、危险化学品、放射性物品等。易燃物品,是指容易自燃或燃烧的物品,如汽油、煤油、酒精、液化气、煤气、氢气、胶片、黄磷等。易爆物品,是指具有爆发力和破坏性,容易发生爆炸的物品,瞬间可造成人员伤亡、物品毁损的一切爆炸物品,如各种起爆器、各种炸药、烟花爆竹等。化学品,是指人工制造的或者从自然界取得的化学物质,包括化学物质本身、化学混合物或者化学配制物中的一部分,以及作为工业化学品和农药使用的物质,如氧化剂、有机过氧化物。由此可见,燃气作为一种易燃物品,属于《安全生产法》所规定的危险物品,应当依据《安全生产法》的相关规定进行管理。

二是关于重大危险源的定义。重大危险源包括两层含义:其一,是长期地或者临时地生产、搬运、使用或者储存危险物品;其二,是危险物品的数量等于或者超过临界量。

第三章 《城镇燃气管理条例》解读

第一节 条例简述

《城镇燃气管理条例》于 2010 年 10 月 19 日国务院第 129 次常务会议通过，2010 年 11 月 19 日国务院第 583 号令公布，自 2011 年 3 月 1 日起施行。根据 2016 年 1 月 13 日国务院第 119 次常务会议通过的《国务院关于修改部分行政法规的决定》，2016 年 2 月 6 日国务院发布第 666 号令公布修改了《城镇燃气管理条例》，自公布之日起施行。

随着我国燃气事业的发展，燃气行业也面临着一些亟待解决的问题，如部分地方对燃气发展统筹规划不够、重复建设、随意设置燃气供应站、不配套建设燃气设施等问题比较突出；燃气经营管理制度、安全管理制度、应急储备和应急调度制度不健全、缺乏必要的燃气安全事故预防与处理机制，导致违法经营，无序竞争，服务行为不规范等现象普遍存在，燃气安全供应能力不足，应急保障能力不强，安全措施不落实，燃气事故屡屡发生。

为了切实解决上述问题，加强燃气管理，保障燃气供应，防止和减少燃气安全事故，保障公民生命、财产安全和公共安全，维护燃气经营者和燃气用户的合法权益，促进燃气事业健康发展，有必要制定《城镇燃气管理条例》。

为了与相关法律、行政法规相衔接，划清燃气生产与燃气经营、服务、使用等上下游之间的关系，条例对适用范围规定为：从管理角度来说，城镇燃气发展规划与应急保障、燃气经营与服务、燃气使用、燃气设施保护、燃气安全事故预防与处理及相关管理活动，适用本条例。从气源角度来说，明确天然气、液化石油气的生产和进口，城市门站以外的天然气管道输送，燃气作为工业生产原料使用，沼气、秸秆气的生产和使用，不适用本条例。同时明确本条例所称燃气，是指作为燃料使用并符合一定要求的气体燃料，包括天然气（含煤层气）、液化石油气和人工煤气等。此外，条例结合燃气发展的需要规定，农村的燃气管理参照本条例的规定执行。

在本条例的气源适用范围方面，条例规定以城市门站为分界点，但现在很多城市出于地方利益考虑，实行区域内的天然气统购统销，城市从上游接气后通过区域高压管道向域内城镇燃气经营企业供气，此时存在几种情况，一是实施区域统购统销的燃气企业可能是管道输送企业，也可能本身就是城镇燃气企业；二是区域内的高压天然气管道可能按长输管道的标准设计施工，符合长输天然气管道的标准，也可能就是按城镇燃气管道的标准设计施工；三是该高压天然气管道的上游接气点是城市天然气门站，下游供给区域内城镇燃气经营企业供气时，下游城镇燃气又有城市门站。在这种情况下，两级门站之间的管道是以采用的设计规范为依据确定管道管理属性还是以首道门站为界确定管理属性？在实践中一些地区在这方面存在管理缺失的现象。长输天然气管道与城镇燃气管道在设计安全间距、设计施工规范、管道保护范围、政府职能管理部门等多个方面存在一定的区别，应当以管道的设计标准为依据进行管理，如出现城市建成区内部分长输天然气管道因特殊原因没有与长输管道整体验收移交等情况而没有纳入长输管道管理的，后期投入运营时仍应纳入整体管理，或者办理设计变更后经验收纳入城镇燃气管网管理。

条例提出燃气发展规划是加强燃气管理工作的前提，明确了燃气发展规划组织编制主体和审批程序，还明确了燃气发展规划的内容；强调加强对燃气设施建设的监管，要求建设单位将燃气设施建设工程竣工验收情况报燃气管理部门备案；强调政府和燃气经营者应完善燃气应急保障制度。

对燃气经营与服务，条例规定确立燃气经营许可证制度，明确取得燃气经营许可证的条件和审批程序，禁止个人从事管道燃气经营活动，同时规定个人从事瓶装燃气经营活动的，应当遵守省、自治区、直辖市的有关规定；明确燃气经营者的服务义务和禁止性行为；明确燃气经营者的责任；完善燃气定价机制。

对燃气使用，条例规定对燃气用户的用气行为予以规范；明确燃气用户的权利；确立燃气燃烧器具的标识制度和安装、维修制度。

对燃气设施的保护，条例规定明确燃气设施保护范围的划定以及在保护范围内的禁止性活动，并规定新建、扩建、改建建设工程不得影响燃气设施安全；明确有关单位从事可能影响燃气设施安全活动时应当采取安全保护措施；确立市政燃气设施改动审批制度，并明确对改动方案的要求。对燃气安全事故预防与处理，条例规定确立燃气安全事故应急预案制度；规定单位和个人发现燃气安全事故或者燃气安全事故隐患等情况的告知和报告义务；明确对燃气安全事故隐患的处置措施；明确燃气安全事故发生后的处置措施。同时还明确了相应的责任事故追究制度。

在《城镇燃气管理条例》发布前后，不少省市区已出台或修改了各自地方的燃气管理条例，按照法律法规体系层次，国务院条例是上位法，各省市区条例是下位法，地方条例与国务院条例冲突的，无论发布时间先后，应当执行国务院条例相关规定。

第二节 《城镇燃气管理条例》相关条文解读

《城镇燃气管理条例》（以下简称《条例》）2010年11月19日中华人民共和国国务院令第583号公布，根据2016年2月6日《国务院关于修改部分行政法规的决定》修订，对政府、城镇燃气经营企业和用户的职责、权利、义务作了规定，对城镇燃气经营管理领域来说，《条例》的相关规定至关重要，以下就燃气企业相关的重点条文进行解读。

一、第二条解读

第二条 城镇燃气发展规划与应急保障、燃气经营与服务、燃气使用、燃气设施保护、燃气安全事故预防与处理及相关管理活动，适用本条例。

天然气、液化石油气的生产和进口，城市门站以外的天然气管道输送，燃气作为工业生产原料的使用，沼气、秸秆气的生产和使用，不适用本条例。

本条例所称燃气，是指作为燃料使用并符合一定要求的气体燃料，包括天然气（含煤层气）、液化石油气和人工煤气等。

【条文释义】本条规定了《条例》的适用范围。

本条第一款对《条例》调整的行为作了规定，燃气的发展规划与应急保障、经营与服务、使用、设施保护、安全事故预防与处理及相关管理活动，分别在《条例》的第二、三、四、五、六章做了具体的规定。

本条第二款列举的方式，明确了不适用本《条例》的情形，主要是因为这些例外情形多是已有相应的法律法规进行规制。例如，城市门站以外的天然气管道输送活动受《中华人民共和国港口法》《中华人民共和国石油天然气管道保护法》等相关法律法规的调整。

本条第三款通过形态、使用目的和成分标准三个维度对燃气作了界定，并以"等"字作了开放式规定，以便将新技术、新工艺制出的新的燃气种类纳入其中。

鉴于，农村地区瓶装气和管道供气发展迅速，在《条例》附则中也规定了：农村的燃气管理参照本条例的规定执行。

值得注意的是，城镇燃气经营活动远超出《条例》规定的范围，如LNG接收站、长输天然气管道等，在实务中仍然存在管理空白区域。

"第二章 燃气发展规划与应急保障"共6条，规定了燃气发展规划与燃气应急保障的相关管理制度。对燃气发展规划编制、实施与备案，燃气设施配套建设、预留燃气设施建设用地，燃气应急储备制度、燃气应急保障能力等进行了规定。调整的是各级政府和行业主管部门的行为。

二、第八条解读

第八条 国务院建设主管部门应当会同国务院有关部门，依据国民经济和社会发展规划、土地利用总体规划、城乡规划以及能源规划，结合全国燃气资源总量平衡情况，组织编制全国燃气发展规划并组织实施。

县级以上地方人民政府燃气管理部门应当会同有关部门，依据国民经济和社会发展规划、土地利用总体规划、城乡规划、能源规划以及上一级燃气发展规划，组织编制本行政区域的燃气发展规划，报本级人民政府批准后组织实施，并报上一级人民政府燃气管理部门备案。

【条文释义】本条是对燃气发展规划的编制部门、编制依据、规划批准实施和备案管理的规定。

依据本条例规定，燃气发展规划分为国、省、市、县四级，主要由燃气管理部门负责制定。国家级规划需要明确燃气的发展方针、原则、目标、内容等，为燃气行业的健康发展起到重要的指导作用。地方规划侧重于燃气气源方案、重大基础设施布局等方面的问题，通过合法流程批准的燃气发展规划，具有法律效力，燃气管理及其他相关部门要严格按照规划开展许可和监管，相关企业也应严格按照规划组织生产经营。

三、第十一条解读

第十一条 进行新区建设、旧区改造，应当按照城乡规划和燃气发展规划配套建设燃气设施或者预留燃气设施建设用地。

对燃气发展规划范围内的燃气设施建设工程，城乡规划主管部门在依法核发选址意见书时，应当就燃气设施建设是否符合燃气发展规划征求燃气管理部门的意见；不需要核发选址意见书的，城乡规划主管部门在依法核发建设用地规划许可证或者乡村建设规划许可证时，应当就燃气设施建设是否符合燃气发展规划征求燃气管理部门的意见。

燃气设施建设工程竣工后，建设单位应当依法组织竣工验收，并自竣工验收合格之日起15日内，将竣工验收情况报燃气管理部门备案。

【条文释义】本条是对新区建设、旧区改造配套建设燃气设施，燃气设施工程规划选址和燃气设施建设工程竣工验收备案的规定。

一是新区建设、旧区改造应当配套建设燃气设施或者预留燃气设施建设用地。

二是就规划部门对燃气设施建设工程作出规划许可时应遵守的程序作出了规定。

三是对燃气设施建设工程竣工验收及验收备案进行了明确，即工程竣工后，建设单位应当自行依法开展竣工验收，并在法定的时限内将竣工验收情况报所在辖区的燃气管理部门备案。

四、第十二条解读

第十二条　县级以上地方人民政府应当建立健全燃气应急储备制度，组织编制燃气应急预案，采取综合措施提高燃气应急保障能力。

燃气应急预案应当明确燃气应急气源和种类、应急供应方式、应急处置程序和应急救援措施等内容。

县级以上地方人民政府燃气管理部门应当会同有关部门对燃气供求状况实施监测、预测和预警。

【条文释义】本条第一款、第二款明确了县级以上地方人民政府在提高燃气应急保障能力方面的职责，包含建立健全燃气应急储备制度、编制燃气应急预案等。燃气主要通过管网进行输送，一旦遇到突发事件，易导致大面积停气断供情形，对地方生产经营和居民生活造成严重影响，因此，地方各级人民政府应当未雨绸缪，建立健全燃气应急储备制度，并根据本地燃气供应的实际情况，进一步丰富气源供给种类、储存方式，分级、分类抓好落实应急储备制度的落地实施。同时，编制燃气应急预案，加强燃气行业监督管理和应急演练，以此提高燃气应急保障能力。

本条第三款还对燃气供求状况的监测预警做了规定，事前的监测、预测和预警，能够有效防范燃气供求状况发生重大失衡导致的突发事件，及时通过干预措施保持供求关系相对稳定，从而保障燃气的供给安全和社会稳定。

格式前后统一燃气供应严重短缺、供应中断等突发事件发生后，县级以上地方人民政府应当及时采取动用储备、紧急调度等应急措施，燃气经营者以及其他有关单位和个人应当予以配合，承担相关应急任务。

【条文释义】本条是关于燃气突发事件的应急处置条款，在紧急状态下，政府应当及时通过动用储备、开展紧急调度等方式恢复供应；燃气经营者应当发挥自身的专业优势，积极履行企业义务和社会责任，做好应急状态下的安全运行；其他单位和个人具体相应的处置所需的能力时，应配合政府做好相关的应急任务。

"第三章　燃气经营与服务"共13条，对投资建设燃气设施运营主体的选择方式、燃气经营许可证制度、燃气经营企业设立的条件与程序、燃气经营者的相关责任和义务、燃气供应保障、燃气质量检测监督、价格制定调整、燃气运输管理、燃气经营者接受公众监督和行业协会的作用等事项作出了相关规定。

五、第十四条解读

第十四条　政府投资建设的燃气设施，应当通过招标投标方式选择燃气经营者。

社会资金投资建设的燃气设施，投资方可以自行经营，也可以另行选择燃气经营者。

【条文释义】本条是关于投资建设燃气设施运营主体选择方式的规定。

本条对政府作为投资建设主体的燃气设施，在选择经营者时做了限制性规定，必须通过招投标的方式确定。为进一步吸引资本参与到燃气行业的建设和经营，社会资本投资建设的燃气设施，其投资者与运营主体可以不一致，既可以自行经营，也可以选择已取得经营许可的生产经营单位经营。

六、第十五条解读

第十五条　国家对燃气经营实行许可证制度。从事燃气经营活动的企业，应当具备下列条件：

（一）符合燃气发展规划要求；

（二）有符合国家标准的燃气气源和燃气设施；

（三）有固定的经营场所、完善的安全管理制度和健全的经营方案；

（四）企业的主要负责人、安全生产管理人员以及运行、维护和抢修人员经专业培训并考核合格；

（五）法律、法规规定的其他条件。

符合前款规定条件的，由县级以上地方人民政府燃气管理部门核发燃气经营许可证。申请人凭燃气经营许可证到行政管理部门依法办理登记手续。

【条文释义】本条规定了国家对燃气经营实行许可证准入制度，即必须取得燃气经营许可证才能从事经营活动，该许可制度的设立依据为《中华人民共和国行政许可法》第十二条第一款❶规定的情形。燃气是人民群众和广大企业生存和发展的重要能源基础之一，其本身具有燃烧、爆炸的特性，如对其经营企业不加规制，任由无序竞争，将导致重复建设的资源浪费和随意铺设的安全隐患，通过经营许可证制度能够有效促进燃气行业有序、健康发展。可以促进有限燃气资源的合理利用和配置，有利于燃气事业的健康发展。

同时，本条还规定了取得燃气经营许可证应当具备的四项具体条件、实施部门，明确了燃气经营许可为工商注册登记的前置性许可事项。

七、第十七条解读

第十七条　燃气经营者应当向燃气用户持续、稳定、安全供应符合国家质量标准的燃气，指导燃气用户安全用气、节约用气，并对燃气设施定期进行安全检查。

燃气经营者应当公示业务流程、服务承诺、收费标准和服务热线等信息，并按照国家燃气服务标准提供服务。

【条文释义】本条对燃气经营者责任和义务作出了规定。

燃气经营者的责任和义务分为两个方面。一是对供气用气和燃气设施检查方面的责任和义务作了规定，即企业必须严格履行合同约定，保质保量地向燃气用户供应安全的燃气，并要履行指导用户安全、节约用气的义务，定期组织人员开展设施安全检查。

二是对标准化服务方面的责任和义务。要求燃气经营者作为具有强势地位的一方，应当公示业务流程、服务承诺、收费标准等信息，保障用户的知情权，并严格按照国家燃气服务标准提供服务，从而保障消费者的合法权益。

---

❶《中华人民共和国行政许可法》第十二条第一款　下列事项可以设定行政许可：（一）直接涉及国家安全、公共安全、经济宏观调控、生态环境保护以及直接关系人身健康、生命财产安全等特定活动，需要按照法定条件予以批准的事项。

八、第十八条解读

第十八条 燃气经营者不得有下列行为：
（一）拒绝向市政燃气管网覆盖范围内符合用气条件的单位或者个人供气；
（二）倒卖、抵押、出租、出借、转让、涂改燃气经营许可证；
（三）未履行必要告知义务擅自停止供气、调整供气量，或者未经审批擅自停业或者歇业；
（四）向未取得燃气经营许可证的单位或者个人提供用于经营的燃气；
（五）在不具备安全条件的场所储存燃气；
（六）要求燃气用户购买其指定的产品或者接受其提供的服务；
（七）擅自为非自有气瓶充装燃气；
（八）销售未经许可的充装单位充装的瓶装燃气或者销售充装单位擅自为非自有气瓶充装的瓶装燃气；
（九）冒用其他企业名称或者标识从事燃气经营、服务活动。

【条文释义】本条第一款是为了保护用户公平获得燃气服务的权利，鉴于管道燃气经营具有一定垄断性，《条例》规定了燃气经营企业应当向燃气管网覆盖范围内的用户提供普遍服务，这也符合《中华人民共和国行政许可法》第六十七条的规定❶。

本条第二款规定"倒卖、抵押、出租、出借、转让、涂改燃气经营许可证"均属于违法行为。燃气经营许可证属于行政许可证件，按照《中华人民共和国行政许可法》第八十条第一款❷规定，以上情形应当依法给予处罚，构成犯罪的，依法追究刑事责任。

本条第三款规定了燃气经营企业供气经营中的告知、审批义务，燃气的持续、安全供应关系着社会的公共安全、城市的正常生产和公民的正常生活，因此，严格禁止擅自停止供气、调整供气量，或者未经审批擅自停业或者歇业。

本条第四款规定了不得"向未取得燃气经营许可证的单位或者个人提供用于经营的燃气"，主要是通过对燃气经营者设定合理审慎的辨别义务，切断非法燃气经营活动的供应链。

本条还规定了禁止"在不具备安全条件的场所储存燃气""要求燃气用户购买其指定的产品或者接受其提供的服务""擅自为非自有气瓶充装燃气"等内容，这都是出于公共安全、反不正当竞争等方面的考量。

九、第十九条解读

第十九条 管道燃气经营者对其供气范围内的市政燃气设施、建筑区划内业主专有部分以外的燃气设施，承担运行、维护、抢修和更新改造的责任。

---

❶ 《中华人民共和国行政许可法》第六十七条 取得直接关系公共利益的特定行业的市场准入行政许可的被许可人，应当按照国家规定的服务标准、资费标准和行政机关依法规定的条件，向用户提供安全、方便、稳定和价格合理的服务，并履行普遍服务的义务；未经作出行政许可决定的行政机关批准，不得擅自停业、歇业。被许可人不履行前款规定的义务的，行政机关应当责令限期改正，或者依法采取有效措施督促其履行义务。

❷ 《中华人民共和国行政许可法》第八十条第一款 被许可人有下列行为之一的，行政机关应当依法给予行政处罚；构成犯罪的，依法追究刑事责任：（一）涂改、倒卖、出租、出借行政许可证件，或者以其他形式非法转让行政许可的。

管道燃气经营者应当按照供气、用气合同的约定，对单位燃气用户的燃气设施承担相应的管理责任。

【条文释义】本条是关于管道燃气经营者对燃气设施运营管理责任的规定。

市政燃气设施是指敷设、安装在道路红线以内的城镇公用燃气设施；建筑区划内业主专有部分以外的燃气设施是指敷设、安装自建筑物与市政道路红线之间和建筑区划内业主共有的燃气设施。这两部分固定由燃气经营者负责维修保养，并不是基于产权，而是基于技术的可行性和社会责任的原因。

业主专有部分的燃气设施产权明晰，相应的其维护责任也是明确的，因此，《条例》未对该部分设施的维护与管理作出规定，鉴于，业主一般不具有相应的技术能力，实务中常在供气服务合同中委托燃气经营企业进行维护，并支付一定的费用。

对于单位用户的燃气设施，燃气经营者应与单位用户按照合同的约定承担相应的管理责任。

十、第二十一条解读

第二十一条　有下列情况之一的，燃气管理部门应当采取措施，保障燃气用户的正常用气：

（一）管道燃气经营者临时调整供气量或者暂停供气未及时恢复正常供气的；

（二）管道燃气经营者因突发事件影响供气未采取紧急措施的；

（三）燃气经营者擅自停业、歇业的；

（四）燃气管理部门依法撤回、撤销、注销、吊销燃气经营许可的。

【条文释义】本条是关于出现四种特殊情况时燃气管理部门有责任采取措施保障正常供气的规定。

燃气供应出现特殊情况时，本条采用列举的方式，规定了四种情况下，燃气管理部门应当及时采取措施保证燃气供应，这些措施包括启动燃气应急预案、协调调度、动用储备或责令燃气经营单位及时恢复供气等。

十一、第二十二条解读

第二十二条　燃气经营者应当建立健全燃气质量检测制度，确保所供应的燃气质量符合国家标准。

县级以上地方人民政府质量监督、工商行政管理、燃气管理等部门应当按照职责分工，依法加强对燃气质量的监督检查。

【条文释义】本条是关于燃气经营者和政府部门承担燃气质量责任的规定。

本条第一款是关于燃气经营者承担燃气质量责任的规定。燃气质量涉及用户切身利益和安全，字号统一关于城镇燃气的质量标准主要规定在《城镇燃气设计规范（2020版）》（GB 50028—2006）中，具体包括发热量、组分、总含硫和硫化氢量、压力、加臭剂含量等。燃气经营者应对所供燃气进行质量检测，保证燃气质量符合国家标准。

本条第二款规定县级以上地方人民政府相关部门的监管职责。质量监督部门和工商行政管理部门合并为市场监管部门，负责燃气生产、流通环节质量监管，城镇燃气主管部门则负责对企业制度执行情况等进行监管。

十二、第二十三条解读

第二十三条 燃气销售价格，应当根据购气成本、经营成本和当地经济社会发展水平合理确定并适时调整。县级以上地方人民政府价格主管部门确定和调整管道燃气销售价格，应当征求管道燃气用户、管道燃气经营者和有关方面的意见。

【条文释义】本条是关于燃气价格定价与调整原则的规定。

字号与前文相同位置不一样燃气涉及的用户范围广泛，各类用户对燃气价格波动较为敏感，同时，燃气价格也事关燃气经营企业的存续与发展，因此，合理的燃气定价和价格调整机制至关重要，要综合考虑燃气的购气、经营成本和当地用户的承受能力等因素。

因为管道燃气属于自然垄断性经营商品，其价格的确定和调整，应当依照《中华人民共和国价格法》第二十三条[1]的有关规定，由政府价格主管部门依法组织听证会，组织相关方进行充分论证后决定。

十三、第二十四条解读

第二十四条 通过道路、水路、铁路运输燃气的，应当遵守法律、行政法规有关危险货物运输安全的规定以及国务院交通运输部门、国务院铁路部门的有关规定；通过道路或者水路运输燃气的，还应当分别依照有关道路运输、水路运输的法律、行政法规的规定，取得危险货物道路运输许可或者危险货物水路运输许可。

【条文释义】本条是关于非管道运输燃气的安全管理的规定。

燃气属易燃、易爆或有毒物品，《中华人民共和国道路交通安全法》《中华人民共和国道路运输条例》《国内水路运输管理条例》和《铁路运输安全保护条例》等法律法规对通过道路、水路、铁路运输燃气有严格的规定，应当严格按照相关规定要求，做好运输过程的安全管理。

"第四章 燃气使用"共6条，对燃气用户在安全用气方面的权利、义务、禁止性行为，拆改室内燃气设施的要求，正确使用燃气燃烧器具产品，燃气燃烧器具售后服务等方面作出了规定。

十四、第二十七条解读

第二十七条 燃气用户应当遵守安全用气规则，使用合格的燃气燃烧器具和气瓶，及时更换国家明令淘汰或者使用年限已届满的燃气燃烧器具、连接管等，并按照约定期限支付燃气费用。

单位燃气用户还应当建立健全安全管理制度，加强对操作维护人员燃气安全知识和操作技能的培训。

【条文释义】本条是对普通燃气用户和单位燃气用户所规定的安全用气义务，燃气的安全使用需要各环节的主体多方共同维护。

---

[1] 《中华人民共和国价格法》第二十三条 制定关系群众切身利益的公用事业价格、公益性服务价格、自然垄断经营的商品价格等政府指导价、政府定价，应当建立听证会制度，由政府价格主管部门主持，征求消费者、经营者和有关方面的意见，论证其必要性、可行性。

十五、第二十八条解读

第二十八条　燃气用户及相关单位和个人不得有下列行为：
（一）擅自操作公用燃气阀门；
（二）将燃气管道作为负重支架或者接地引线；
（三）安装、使用不符合气源要求的燃气燃烧器具；
（四）擅自安装、改装、拆除户内燃气设施和燃气计量装置；
（五）在不具备安全条件的场所使用、储存燃气；
（六）盗用燃气；
（七）改变燃气用途或者转供燃气。
【条文释义】本条是对燃气用户作出的禁止性规定。

十六、第三十条解读

第三十条　安装、改装、拆除户内燃气设施的，应当按照国家有关工程建设标准实施作业。
【条文释义】本条是关于燃气用户户内燃气设施改动的规定。涉及燃气设施改动时，无论燃气用户还是燃气经营者都应当按国家有关规定作业。

十七、第三十二条解读

第三十二条　燃气燃烧器具生产单位、销售单位应当设立或者委托设立售后服务站点，配备经考核合格的燃气燃烧器具安装、维修人员，负责售后的安装、维修服务。
燃气燃烧器具的安装、维修，应当符合国家有关标准。
【条文释义】本条是关于燃气燃烧器具售后服务站点的建立和安装维修管理的规定。燃气燃烧器具的安装维修应当根据其产品种类，符合相应的国家标准。
"第五章　燃气设施保护"共6条，主要针对第三方作业者，是燃气经营企业保护自有燃气设施安全的重要依据和有效手段。

十八、第三十三条解读

第三十三条　县级以上地方人民政府燃气管理部门应当会同城乡规划等有关部门按照国家有关标准和规定划定燃气设施保护范围，并向社会公布。
在燃气设施保护范围内，禁止从事下列危及燃气设施安全的活动：
（一）建设占压地下燃气管线的建筑物、构筑物或者其他设施；
（二）进行爆破、取土等作业或者动用明火；
（三）倾倒、排放腐蚀性物质；
（四）放置易燃易爆危险物品或者种植深根植物；
（五）其他危及燃气设施安全的活动。
【条文释义】本条是关于燃气设施保护范围的划定和在保护范围内的禁止性活动的规定。据统计，第三方施工破坏燃气管道是燃气事故的主要原因，且造成的后果严重、影响巨大。通过立法明确划定并向社会公布燃气设施保护范围，明确禁止性活动，是做好保护燃气设施安全运行的重要预防措施。

十九、第三十四条解读

第三十四条 在燃气设施保护范围内,有关单位从事敷设管道、打桩、顶进、挖掘、钻探等可能影响燃气设施安全活动的,应当与燃气经营者共同制定燃气设施保护方案,并采取相应的安全保护措施。

【条文释义】本条是在燃气设施保护范围内,有关单位从事可能影响燃气设施安全活动时应当遵守的规定。本条重点列举了可能严重影响燃气设施安全的一些活动,也包括了与列举的活动具有同等危害性的其他活动,有关建设、施工有关单位应当与燃气经营者一起制定保护方案,履行有关的手续后,方可开工建设。

二十、第三十五条解读

第三十五条 燃气经营者应当按照国家有关工程建设标准和安全生产管理的规定,设置燃气设施防腐、绝缘、防雷、降压、隔离等保护装置和安全警示标志,定期进行巡查、检测、维修和维护,确保燃气设施的安全运行。

【条文释义】本条是关于设置和管理燃气设施保护装置和安全警示标志的规定。燃气管道一旦敷设将在较长的时间内用于输配气,管道所经区域周边形势复杂,可能需要埋地、通过河流、高空架设等情形,容易遭到外界各种因素的破坏。因此,为了延长管道的使用期限,便于后期的维护保养,避免生产安全事故,应当严格按照相应工程建设相关国家标准施工,设置各种防护措施和警示标识。

二十一、第三十六条解读

第三十六条 任何单位和个人不得侵占、毁损、擅自拆除或者移动燃气设施,不得毁损、覆盖、涂改、擅自拆除或者移动燃气设施安全警示标志。

任何单位和个人发现有可能危及燃气设施和安全警示标志的行为,有权予以劝阻、制止;经劝阻、制止无效的,应当立即告知燃气经营者或者向燃气管理部门、安全生产监督管理部门和公安机关报告。

【条文释义】本条是关于单位和个人对燃气设施和安全警示标志的禁止行为和保护义务的规定。燃气设施、安全警示标志是公共安全设施,其运行是否安全关系到公共安全,需要社会各界共同维护,《条例》也赋予各单位和个人制止和举报他人破坏的权利,从而营造燃气经营者与其他社会力量共同保护燃气设施的有利形势。

二十二、第三十八条解读

第三十八条 燃气经营者改动市政燃气设施,应当制定改动方案,报县级以上地方人民政府燃气管理部门批准。

改动方案应当符合燃气发展规划,明确安全施工要求,有安全防护和保障正常用气的措施。

【条文释义】本条第一款设立了改动市政燃气设施的行政许可。市政燃气设施改动施工会影响到部分用户的生产和生活,甚至带来一定的安全隐患,所以,市政燃气设施改动前,企业必须制定科学、合理的改动方案,报政府主管部门审批通过后,方可按照通过的方案施工。

本条第二款进一步细化规定了市政燃气设施改动方案的具体要求:首先,改动要符合当地燃气发展规划，这是方案获得批准的前置条件。其次，方案要制定安全施工要求，通过科学施工组织、针对作业活动可能带来的各种不利因素，采取相应的安全防护措施。最后，方案还要有保障正常用气的措施，这就需要燃气经营企业合理规划施工和供气经营。

"第六章 燃气安全事故预防与处理"共5条，对燃气安全事故预防、隐患报告、风险评估管理，以及燃气安全事故调查处理等作了规定。

二十三、第四十条解读

第四十条 任何单位和个人发现燃气安全事故或者燃气安全事故隐患等情况，应当立即告知燃气经营者，或者向燃气管理部门、公安机关消防机构等有关部门和单位报告。

【条文释义】本条动员全社会的力量参与燃气安全管理，共同排查和报告事故隐患，有效降低事故防范成本，提高事故防范效能，进而减少甚至避免燃气安全事故的发生。

二十四、第四十一条解读

第四十一条 燃气经营者应当建立健全燃气安全评估和风险管理体系，发现燃气安全事故隐患的，应当及时采取措施消除隐患。

燃气管理部门以及其他有关部门和单位应当根据各自职责，对燃气经营、燃气使用的安全状况等进行监督检查，发现燃气安全事故隐患的，应当通知燃气经营者、燃气用户及时采取措施消除隐患；不及时消除隐患可能严重威胁公共安全的，燃气管理部门以及其他有关部门和单位应当依法采取措施，及时组织消除隐患，有关单位和个人应当予以配合。

【条文释义】本条第一款规定了燃气经营者对存在的危险有害因素进行辨识与分析，根据其危害性和可能性的大小，分级分类制定管控措施，将风险降到最低，过程中发现事故隐患的，应当及时消除。

本条第二款规定了燃气管理部门及其他有关部门、单位、用户在燃气隐患发现和处理中的职责。

二十五、第四十二条解读

第四十二条 燃气安全事故发生后，燃气经营者应当立即启动本单位燃气安全事故应急预案，组织抢险、抢修。

燃气安全事故发生后，燃气管理部门、安全生产监督管理部门和公安机关消防机构等有关部门和单位，应当根据各自职责，立即采取措施防止事故扩大，根据有关情况启动燃气安全事故应急预案。

【条文释义】本条第一款明确了燃气事故发生后实施抢险抢修的责任主体是燃气经营者。按照《生产安全事故报告和调查处理条例》规定，事故发生后，有关人员和单位要严格按照规定上报，并启动应急预案做好处置工作，防止事故扩大，若超出本单位的处置能力时，应当向上级部门请求支援。

本条第二款规定了燃气事故发生后，政府相关部门开展事故救援处置的规定。

二十六、第四十三条解读

第四十三条 燃气安全事故经调查确定为责任事故的，应当查明原因、明确责任，并依法予以追究。

对燃气生产安全事故，依照有关生产安全事故报告和调查处理的法律、行政法规的规定报告和调查处理。

【条文释义】本条是关于燃气安全事故调查处理的规定。燃气安全事故属于生产经营活动中发生的事故，应当依照《中华人民共和国安全生产法》《生产安全事故报告和调查处理条例》等相关规定进行处理，达到一定的事故级别的责任事故，由对应的调查主体成立事故调查小组，查明原因、明确责任，并依法予以追究。

"第七章　法律责任"共9条，主要规定了相关责任主体违反本条例所应承担的法律责任。

二十七、第四十五条解读

第四十五条　违反本条例规定，未取得燃气经营许可证从事燃气经营活动的，由燃气管理部门责令停止违法行为，处5万元以上50万元以下罚款；有违法所得的，没收违法所得；构成犯罪的，依法追究刑事责任。

违反本条例规定，燃气经营者不按照燃气经营许可证的规定从事燃气经营活动的，由燃气管理部门责令限期改正，处3万元以上20万元以下罚款；有违法所得的，没收违法所得；情节严重的，吊销燃气经营许可证；构成犯罪的，依法追究刑事责任。

【条文释义】本条是对违反燃气经营许可制度的处罚规定，该违法情况分为两类：一是未取得燃气经营许可证从事燃气经营活动，二是不按照燃气经营许可证的规定从事燃气经营活动。违法者需承担两种法律责任：一是行政处罚，二是刑事责任，即《中华人民共和国刑法》第二百二十五条❶关于非法经营罪的规定。

二十八、第四十六条解读

第四十六条　违反本条例规定，燃气经营者有下列行为之一的，由燃气管理部门责令限期改正，处1万元以上10万元以下罚款；有违法所得的，没收违法所得；情节严重的，吊销燃气经营许可证；造成损失的，依法承担赔偿责任；构成犯罪的，依法追究刑事责任：

（一）拒绝向市政燃气管网覆盖范围内符合用气条件的单位或者个人供气的；

（二）倒卖、抵押、出租、出借、转让、涂改燃气经营许可证的；

（三）未履行必要告知义务擅自停止供气、调整供气量，或者未经审批擅自停业或者歇业的；

（四）向未取得燃气经营许可证的单位或者个人提供用于经营的燃气的；

（五）在不具备安全条件的场所储存燃气的；

（六）要求燃气用户购买其指定的产品或者接受其提供的服务；

（七）燃气经营者未向燃气用户持续、稳定、安全供应符合国家质量标准的燃气，或者未对燃气用户的燃气设施定期进行安全检查。

【条文释义】本条规定的违法主体是燃气经营者，违反了上文中所设置的禁止性规定，

---

❶《中华人民共和国刑法》第二百二十五条第一款、第四款【非法经营罪】违反国家规定，有下列非法经营行为之一，扰乱市场秩序，情节严重的，处五年以下有期徒刑或者拘役，并处或者单处违法所得一倍以上五倍以下罚金；情节特别严重的，处五年以上有期徒刑，并处违法所得一倍以上五倍以下罚金或者没收财产：（一）未经许可经营法律、行政法规规定的专营、专卖物品或者其他限制买卖的物品的；（四）其他严重扰乱市场秩序的非法经营行为。

如违反公平服务、经营许可等义务,违法者需承担三种法律责任:一是行政处罚;二是民事责任;三是刑事责任。

二十九、第四十八条解读

第四十八条 违反本条例规定,燃气经营者未按照国家有关工程建设标准和安全生产管理的规定,设置燃气设施防腐、绝缘、防雷、降压、隔离等保护装置和安全警示标志的,或者未定期进行巡查、检测、维修和维护的,或者未采取措施及时消除燃气安全事故隐患的,由燃气管理部门责令限期改正,处1万元以上10万元以下罚款。

【条文释义】本条是关于燃气经营者未按照本条例的规定履行有关燃气设施保护和燃气安全事故预防义务应当承担的法律责任的规定,违法主体是燃气经营者,应当承担行政处罚的法律责任。

三十、第四十九条解读

第四十九条 违反本条例规定,燃气用户及相关单位和个人有下列行为之一的,由燃气管理部门责令限期改正;逾期不改正的,对单位可以处10万元以下罚款,对个人可以处1000元以下罚款;造成损失的,依法承担赔偿责任;构成犯罪的,依法追究刑事责任:

(一)擅自操作公用燃气阀门的;
(二)将燃气管道作为负重支架或者接地引线的;
(三)安装、使用不符合气源要求的燃气燃烧器具的;
(四)擅自安装、改装、拆除户内燃气设施和燃气计量装置的;
(五)在不具备安全条件的场所使用、储存燃气的;
(六)改变燃气用途或者转供燃气的;
(七)未设立售后服务站点或者未配备经考核合格的燃气燃烧器具安装、维修人员的;
(八)燃气燃烧器具的安装、维修不符合国家有关标准的。

盗用燃气的,依照有关治安管理处罚的法律规定进行处罚。

【条文释义】本条规定的违法主体是燃气用户及相关单位和个人,根据违法情形承担三种法律责任:一是行政处罚;二是民事责任,三是刑事责任,这里的刑事责任主要涉及《中华人民共和国刑法》第一百三十六条❶关于危险物品肇事罪规定。

三十一、第五十条解读

第五十条 违反本条例规定,在燃气设施保护范围内从事下列活动之一的,由燃气管理部门责令停止违法行为,限期恢复原状或者采取其他补救措施,对单位处5万元以上10万元以下罚款,对个人处5000元以上5万元以下罚款;造成损失的,依法承担赔偿责任;构成犯罪的,依法追究刑事责任:

(一)进行爆破、取土等作业或者动用明火的;
(二)倾倒、排放腐蚀性物质的;

---

❶ 《中华人民共和国刑法》第一百三十六条 【危险物品肇事罪】违反爆炸性、易燃性、放射性、毒害性、腐蚀性物品的管理规定,在生产、储存、运输、使用中发生重大事故,造成严重后果的,处三年以下有期徒刑或者拘役;后果特别严重的,处三年以上七年以下有期徒刑。

(三) 放置易燃易爆物品或者种植深根植物的；

(四) 未与燃气经营者共同制定燃气设施保护方案，采取相应的安全保护措施，从事敷设管道、打桩、顶进、挖掘、钻探等可能影响燃气设施安全活动的。

违反本条例规定，在燃气设施保护范围内建设占压地下燃气管线的建筑物、构筑物或者其他设施的，依照有关城乡规划的法律、行政法规的规定进行处罚。

【条文释义】本条是关于在燃气设施保护范围内从事某些禁止行为应当承担的法律责任的规定。违法主体是单位和个人，视违法行为严重程度，违法主体承担三种法律责任：一是行政处罚；二是民事责任；三是刑事责任，这里的刑事责任主要涉及《中华人民共和国刑法》第一百一十八条❶和第一百一十九条❷的规定。

三十二、第五十一条解读

第五十一条　违反本条例规定，侵占、毁损、擅自拆除、移动燃气设施或者擅自改动市政燃气设施的，由燃气管理部门责令限期改正，恢复原状或者采取其他补救措施，对单位处5万元以上10万元以下罚款，对个人处5000元以上5万元以下罚款；造成损失的，依法承担赔偿责任；构成犯罪的，依法追究刑事责任。

违反本条例规定，毁损、覆盖、涂改、擅自拆除或者移动燃气设施安全警示标志的，由燃气管理部门责令限期改正，恢复原状，可以处5000元以下罚款。

【条文释义】本条是关于从事影响燃气设施安全的行为应当承担的法律责任的规定，违法主体是单位和个人，违法者需承担三种法律责任：一是行政处罚；二是民事责任；三是刑事责任，同上条。

三十三、第五十二条解读

第五十二条　违反本条例规定，建设工程施工范围内有地下燃气管线等重要燃气设施，建设单位未会同施工单位与管道燃气经营者共同制定燃气设施保护方案，或者建设单位、施工单位未采取相应的安全保护措施的，由燃气管理部门责令改正，处1万元以上10万元以下罚款；造成损失的，依法承担赔偿责任；构成犯罪的，依法追究刑事责任。

【条文释义】本条是关于建设单位、施工单位未对燃气设施尽到相关的保护义务应当承担的法律责任的规定，违法主体是建设单位和施工单位，违法者需承担三种法律责任：一是行政处罚；二是民事责任；三是刑事责任，同上条。

"第八章　附则"共3条，对本条例的部分用语含义和参照适用范围做出规定。

三十四、第五十三条解读

第五十三条　本条例下列用语的含义：

(一) 燃气设施，是指人工煤气生产厂、燃气储配站、门站、气化站、混气站、加气站、灌装站、供应站、调压站、市政燃气管网等的总称，包括市政燃气设施、建筑区划内业

---

❶ 《中华人民共和国刑法》第一百一十八条　【破坏电力设备罪；破坏易燃易爆设备罪】破坏电力、燃气或者其他易燃易爆设备，危害公共安全，尚未造成严重后果的，处三年以上十年以下有期徒刑。

❷ 《中华人民共和国刑法》第一百一十九条　【破坏交通工具罪；破坏交通设施罪；破坏电力设备罪；破坏易燃易爆设备罪（结果加重犯）】破坏交通工具、交通设施、电力设备、燃气设备、易燃易爆设备，造成严重后果的，处十年以上有期徒刑、无期徒刑或者死刑。

主专有部分以外的燃气设施以及户内燃气设施等。

（二）燃气燃烧器具，是指以燃气为燃料的燃烧器具，包括居民家庭和商业用户所使用的燃气灶、热水器、沸水器、采暖器、空调器等器具。

【条文释义】本条是关于条例中有关"燃气设施"和"燃气燃烧器具"用语含义的说明。

三十五、第五十四条解读

第五十四条　农村的燃气管理参照本条例的规定执行。

【条文释义】本条是关于农村燃气管理的效力说明，是本条例适用范围的补充说明。

第四章 燃气合同

第一节 燃气供用气合同

燃气供用气合同是燃气经营企业与燃气需求方签订的合同,其本质上是平等的民事主体之间签订的一类民事合同,故应受到《中华人民共和国民法典》等相关民事法律法规的约束。本节将依据燃气供用气合同的民事属性,结合相关民事法律对其进行介绍。

一、民法典中的有关规定

1. 民事合同的概念

《中华人民共和国民法典》第四百六十四条第一款规定:"合同是民事主体之间设立、变更、终止民事法律关系的协议。"合同是一种民事法律行为,是当事人意思表示的一致。《中华人民共和国民法典》合同编适用于平等主体之间的财产关系,而婚姻、收养、监护等有关身份关系的协议适用有关身份关系的法律规定,没有规定的可以根据其性质参照适用合同编规定。

2. 《中华人民共和国民法典》中关于供用气合同的规定

民法典合同编对供用气合同作了相关的规定。

《中华人民共和国民法典》第六百五十六条规定"供用水、供用气、供用热力合同,参照适用供用电合同的有关规定。"

1) 供用气合同的概念

供用气合同是供气人向用气人供气,用气人支付气费的合同。

2) 供用气合同的内容

供用气合同是供气人向用气人供气,由用气人支付气费的合同。

供用气合同的内容包括气的方式、质量、时间、用气量、地址、性质、计量方式、气价、气费结算方式、供用气设施的维护等条款。

3) 供用气合同的履行地点

供用气合同的履行地点,按照当事人约定;当事人没有约定或者约定不明确的,供气设施的产权分界处为履行地点。

4) 供气人的义务

供气人应当按照国家规定的供气质量标准和约定安全供气。供气人未按照国家规定的供气质量标准和约定安全供气,造成用气人损失的,应当承担损害赔偿责任。

供气人因供气设施计划检修、临时检修、依法限气或者用气人违法用气等原因,需要中断用气时,应当按照国家有关规定事先通知用气人。未事先通知用气人就中断供气,造成用气人损失的,应当承担损害赔偿责任。因自然灾害等原因停气,供气人应当按照有关规定及时抢修。未及时抢修,造成用气人损失的,应当承担损害赔偿责任。

5) 用气人的义务

用气人应当按照有关规定和当事人的约定及时交付气费。用气人逾期不交付气费的，应当按照约定支付违约金。用气人经催告在合理期限内仍不交付气费和违约金的，供气人可以按照规定的程序中止供气。

用气人应当按照国家有关规定和当事人的约定安全用气。用气人未按照国家有关规定和当事人的约定安全用气，造成供气人损失的，应当承担损害赔偿责任。

二、燃气供用气合同的概念及特点

通过《中华人民共和国民法典》对供用气合同的规定，可以看出燃气供用气合同是一种常见的民事合同种类，指供气人与用气人订立的，由供气人供应燃气、用气人使用燃气并支付燃气费的协议。但由于供用气合同标的是一种特殊的商品"燃气"，它的某些特性如标的物转移、风险承担等又与普通买卖合同有所区别，因而又属于一种特殊类型的民事买卖合同，具有如下特点。

1. 具有公用性

燃气供气人服务的消费对象是社会全体公民而不是某个阶层，因此，燃气供气人有强制缔约是权利还是义务，根据语义看应当是权利，义务，使用人不得拒绝其合理的供应要求。

2. 具有持续性

燃气供给及燃气的使用是连续性的，燃气合同的履行也应当是一种持续的状态，供应人应当不断地供应燃气，满足使用人的消费需求，不得中断，使用人在合同内享有连续使用的权利。

3. 具有双务、有偿性

根据燃气设施运行、维护管理法律的规定燃气供用双方（或多方），都享有一定的权利，承担一定的义务。

4. 一般按格式合同条款订立

供用气具有社会公益性，关系到千千万万使用者的生产生活。为适应广大用户的需要，供应方可先拟定格式合同条款，使用方按格式合同条款订立合同，便于及时高效地履行。

三、燃气供用气合同的订立

按照《中华人民共和国民法典》合同编的规定，当事人订立合同，采取要约承诺的方式。一般情况下，一方发出要约，另一方作出承诺合同即成立。由于供用气合同通常是采用格式条款订立的合同，所以作为供气一方负有对格式条款的提示义务，从而体现民事法律行为的公平原则，同时合同的订立也应符合《中华人民共和国民法典》平等、自愿、诚实守信，以及不损害社会公共利益的原则。

1. 制定格式条款应遵循公平原则

格式条款又称标准条款、标准合同、格式合同、定式合同、定型化合同，也有人称附和合同。格式条款是某些行业进行重复性交易过程中为简化订立合同的手续而形成的，如用电、用水、供气、供热等行业的合同。格式条款具有四个特点：第一，其对象具有广泛性；第二，具有持久性；第三，条款具体细致；第四，由专业者一方拟成。

格式条款在制订时必须遵循公平原则，不能利用自己的优势地位制定不公平的条款，造成合同相对方的损失。同时当对格式条款的理解发生争议时，应按照正常的理解加以解释。若有两种以上解释的应当采用不利于提供格式条款一方的解释。

2. 注意格式条款中的免责内容

在格式条款的制定中要把握合同中免责条款的规定，力戒出现无效合同，除法律中明确规定的无效合同情形以外，若格式条款约定提供格式条款的一方当事人免除其责任，加重对方责任，或排除对方主要权利的条款时，则该条款无效。即使当事人同意，也不产生效力。因此提供格式条款的一方当事人应当采取合理的方式提请对方注意免除乙方责任或限制其权利的条款，或按照对方提出的要求予以说明情况。

四、供用气合同的签约和履行

早在1999年5月建设部就推荐使用供用气格式合同（建设 GF-1999-0502 城市供用气合同）。该合同涵盖了合同规定中的必备条款，并明确约定了城市供用气合同中双方的权利义务内容，燃气供用企业与燃气用气方签订合同要以此格式条款的形式进行签约和使用。

合同的订立应经过要约和承诺阶段，这是合同签订必不可少的程序，严格按照法律的规定做好要约和承诺工作，订立合同。

1. 合同签订时要注意的事宜

（1）审阅合同双方当事人的有关材料。

为保证合同全面履行，在合同签订前要相互审阅双方当事人与履行合同有关的材料。

（2）是法人或其他组织的，要查看法定代表人的情况，经年检的经营执照、经营范围的情况。

（3）经营企业或其他组织的资金注册情况。

（4）具备安全使用燃气设施的相关行政部门的批准文件。

（5）其他有关材料。

1）合同生效的条件

合同生效条件是判断合同是否具有法律效力的标准。格式合同虽然大部分内容已经做出了明确的规定，但有些内容仍要双方协商确定，特别是城市供用气合同中单位燃气用户供用气合同的内容通常需要反复磋商，合同才能成立并生效。一般情况下合同的生效要件主要有以下几项：

（1）合同当事人具有相应的民事行为能力；

（2）合同当事人意思表示真实；

（3）合同内容不违反法律、行政法规的强制性规定，不违背公序良俗；

（4）合同必须具备法律所要求的内容。当合同具备了上述内容，将会产生法律效力，否则合同不会产生法律效力。

2）建立燃气用户供用气档案

由于燃气供用气合同具有连续使用的特点，自签订第一份燃气供用气合同后，合同便开始生效。燃气经营企业应当建立用户的供用气档案，详细记载其供用气情况、燃气设施状况、安全检查使用情况等。以便能够更好地履行合同，不断提高服务质量，确保燃气的正常供应。

2. 全面履行合同

合同的履行是指债务人全面适当地完成其合同义务，债权人的合同债权得到完全实现。

燃气供用气合同是买卖合同中的一种特殊买卖合同，一方提供燃气供另一方使用，另一方利用这些资源并支付报酬，虽也属买卖合同中的财产所有权转移，可以适用买卖合同的规则，然而燃气供用气合同在履行中又应区别于买卖合同，才能使合同得以全面履行。着重强调履行的内容如下：

1) 供用气设施产权分界

这是供用气合同在履行中最重要的一项内容，供用气中合同的履行地点，关系到双方的风险承担，权利的分配。是债务人履行债务，债权人接受履行的地方，双方必须严格按照合同规定的地点履行合同。

2) 维护管理

燃气设施的维护管理同样也是全面履行合同的一项重要内容，自产权分界点明确后，双方应按照各自的维护范围进行管理。不具备管理能力的可委托他人有偿进行维护管理，以使供用气正常进行。

3) 中止供气

供气人需检修、抢修或用气人在设施维护中发生了安全隐患或可能涉及他人公共安全及其他需中止供气的特殊情况时，供气人或用气人可以中止供气，但必须事前通知另一方。恢复正常也应及时通知另一方当事人。这也是全面履行合同中应做好的一项重要内容。履行合同的双方应遵循合同的履行原则，确保供用气合同的实现，达到正常稳定供气。

3. 双务合同履行中的抗辩权

双务合同是指当事人双方互相承担对待给付义务的合同。在双务合同中，当事人双方均承担合同义务，并且双方的义务具有对应关系，一方的义务就是对方的权利，反之亦然。从另一个角度说，双务合同也就是当事人双方互享债权的合同，双务合同是合同的主要形态。供用气合同是一种典型的双务合同。

双务合同中的抗辩权，是在符合法定条件时，当事人一方对抗对方当事人的履行请求权，暂时拒绝履行其债务的权利。它包括同时履行抗辩权、不安抗辩权和先履行抗辩权。

双务合同中的抗辩权，对于抗辩权人是一种保护手段，通过使对方当事人产生及时履行、提供担保等压力，以免去自己履行后得不到对方履行的风险，是债权保障的法律制度。

1) 同时履行抗辩权

在未约定先后履行顺序的双务合同中，当事人应当同时履行，一方在对方未对等给付以前，有权拒绝其履行要求。此项权利称为同时履行抗辩权。同时履行抗辩权只适用于双务合同。

2) 不安抗辩权

《中华人民共和国民法典》第五百二十六条、第五百二十七条规定，不安抗辩权，是指先给付义务人在有证据证明后给付义务人的经营状况已严重恶化，或者转移财产、抽逃资金以逃避债务，或者谎称有履行能力的欺诈行为，以及其他丧失或者可能丧失履行债务能力的情况时，可中止自己的履行；后给付义务人接到中止履行的通知后，在合理的期限内未恢复履行能力或者未提供适当的担保的，先给付义务人可以解除合同。燃气经营者在供用气合同中能够行使不安抗辩权的主要方式是中止供气。

因此，在运用不安抗辩权，需要停止供气时，一定要按照国家有关规定事先通知用户。一般情况下，可以先要求用户限期提供担保，而不中止供气，若用户拒不提供担保，再停气。采取停气措施一定要慎重，务必要做到程序合法。一般而言，用气人在一定期限内提供了担保就达到了催交气费的目的，尽量不要停气。

3）先履行抗辩权

先履行抗辩权，是指当事人互负债务，有先后履行顺序的，先按顺序履行，一方未履行之前，后履行一方有权拒绝其履行请求，先履行一方履行债务不符合约定的，后履行一方有权拒绝其相应的履行请求，先履行抗辩权亦属于一时的抗辩权。先履行抗辩权的行使不影响后履行一方主张违约责任。

4. 违约责任

1）违约责任的特征

违约责任是指当事人不履行合同债务而依法应当承担的法律责任。违约责任既是违约行为的后果，又是合同效力的表现。违约责任是一种民事责任，它具有民事责任的一般法律特征。其区别于其他民事责任，主要有以下几个特征：

（1）违约责任是不履行或不适当履行合同债务所引起的法律后果，违约责任的成立以有效合同的存在为前提。如果没有有效的合同，就谈不上合同债务，因此也就不存在违约责任。

违约责任的成立是当事人违反合同约定义务的结果，这是违约责任区别于其他民事责任的重要之处；侵权责任的成立不要求侵权人与受害人之间必须存在合同关系；缔约过失则是在合同缔结的过程中发生的，此时合同尚未成立，或虽然成立但被宣告无效或撤销，当事人之间存在的不是合同关系，而是缔约关系。

（2）违约责任具有相对性。违约责任仅仅发生在特定的当事人之间，合同当事人违约责任是违约的当事人一方对另一方承担的责任，合同关系以外的人不承担违约责任，合同当事人以外的第三人对当事人之间的合同不承担违约责任。

违反合同债务的当事人应对自己的违约行为负责，不能将违约责任推卸给对方。其原因是作为不履行合同债务后果的违约责任不过是合同债务的转化形态，该法律关系的主体不因之而改变。即使在合同债务由第三人代为履行的情况下，违约责任仍应由债务人承担。《中华人民共和国民法典》第五百二十三条规定："当事人约定由第三人向债权人履行债务，第三人不履行债务或者履行债务不符合约定的，债务人应当向债权人承担违约责任。"

因第三人的原因造成违约的，债务人仍应对债权人负违约责任，而不应由第三人向债权人负违约责任。《中华人民共和国民法典》第五百九十三条规定："当事人一方因第三人的原因造成违约的，应当依法向对方承担违约责任。当事人一方和第三人之间的纠纷，依照法律规定或者按照约定处理。"当然，如果第三人的行为构成了对债权人的侵犯，第三人对债权人负侵权责任。

债务人应当向债权人承担违约责任，而不是向国家或第三人承担违约责任。因为国家或者第三人不是合同关系的主体，如果债务人的违约行为造成了第三人或国家利益的损害，则需要依法追究违法行为人的法律责任，该责任在性质上不是违约责任，而属于行政责任或者刑事责任。

（3）违约责任具有一定的任意性，违约责任可以由当事人在法律规定的范围内约定。与侵权责任等民事责任不同，违约责任不但具有强制性，还具有一定的任意性。《中华人民共和国民法典》第五百八十五条第一款规定："当事人可以约定一方违约时应当根据违约情况向对方支付一定数额的违约金，也可以约定因违约产生的损失赔偿额的计算方法。"

（4）违约责任是一种财产责任。违约责任作为合同债务的转化形式，与合同债务在经济利益方面具有同一性，所以违约责任是一种财产责任。《中华人民共和国民法典》合同编第八章规定的诸种违约责任形式，如实际履行、赔偿损失、支付违约金、执行定金罚则等，大都可以用财产、金钱来进行计算，属于财产责任范畴。

2）违约责任的构成要件

违约责任的构成要件有二，一为有违约行为，二为无免责事由。前者称为违约责任的积极要件，后者称为违约责任的消极要件。

违约行为是指当事人一方不履行合同义务或者履行合同义务不符合约定条件的行为。违约行为的主体是合同当事人，违约行为是一种客观的违反合同的行为。违约行为侵害的客体是合同对方的债权。

违约的免责事由，是指当事人即使违约也不承担责任的事由。合同上的免责事由可分为两大类，即法定免责事由和约定免责事由。法定免责事由是指由法律直接规定、不需要当事人约定即可沿用的免责事由，主要指不可抗力。约定免责事由是指当事人约定的免责条款。

3）违约责任的形态

（1）不履行。

不履行包括履行不能或拒绝履行。履行不能，是债务人在客观上已经没有履行能力。拒绝履行，是债务人能够实际履行而故意不履行。作为违约行为的一种表现形式，拒绝履行必须具有以下要件：有合法债务的存在、债务人能够履行债务、债务人不履行债务、债务人不履行债务没有合法理由。

（2）履行迟延。

履行迟延又称逾期履行，指合同债务已经到期，合同当事人能够履行而不按法定或者约定的时间履行的情况。履行迟延是合同当事人在合同履行时间上的不当履行。

构成履行迟延必须具备下列要件：存在有效债务、债务人能够履行、履行期限已到、债务人不履行。判断是否构成迟延履行的前提是合同债务的履行必须有明确的期限。

（3）不完全履行。

不完全履行又称不适当履行或不正确履行，是指债务人虽然履行了债务，但其履行不符合合同的约定。不完全履行分为给付有瑕疵与加害给付两种。

给付有瑕疵又可分为四类：给付数量不完全、给付不符合质量要求、履行时间与履行地点不当、履行方法不符合约定。

（4）预期违约。

《中华人民共和国民法典》第五百七十八条规定："当事人一方明确表示或者以自己的行为表明不履行合同义务的，对方可以在履行期限届满前请求其承担违约责任。"预期违约制度的目的是使受害方提前得到法律上的救济，防止其蒙受本来可以免受的损失。

4）违约责任的方式

根据《中华人民共和国民法典》的规定，承担违约责任的方式主要有以下几种：

（1）继续履行。

继续履行又叫强制实际履行，指在一方当事人违反合同义务时，另一方当事人请求法院强制违约方继续履行合同债务的责任形式。与违约金、损害赔偿等承担违约责任形式相比，继续履行的目的不在于对受害方所受损失的弥补，而是要求违约方继续履行合同约定的义务，因此它更有利于合同目的的实现。继续履行的构成要件有三：一是必须有违约行为，二是未违约方要求违约方继续履行，三是违约方能够继续履行合同义务。

(2) 采取补救措施。

采取补救措施是指矫正合同不适当履行（质量不合格），使履行缺陷得以消除的具体措施。具体措施为修理、重做、退货、减少价款或者报酬等。

(3) 赔偿损失。

赔偿损失是指违约方以支付金钱的方式弥补受害方因违约行为所减少的财产或者所丧失利益的责任形式。赔偿损失的方式有两种，即法定损害赔偿和约定损害赔偿。赔偿损失的范围包括完全赔偿和可得利益赔偿等。

(4) 违约金。

违约金是指当事人一方违反合同时应当向对方支付的一定数量的金钱或财物。依不同的标准，违约金可分为法定违约金和约定违约金，惩罚性违约金和补偿性违约金。

(5) 定金责任。

《中华人民共和国民法典》第五百八十六条、第五百八十七条规定，当事人可以依照担保法约定一方向对方给付定金作为债权的担保。债务人履行债务后，定金应当抵作价款或者收回。给付定金的一方不履行约定的债务的，无权要求返还定金；收受定金的一方不履行约定的债务的，应当双倍返还定金。因此，在当事人约定了定金担保的情况下，如一方违约，定金罚则即成为一种违约责任的承担形式。

【案例】不签订燃气工程合同所引起的与破产清算的纠纷

债权人：某市金某发展有限公司（简称金某公司）

清算组：某市高级人民法院清算组

第一债务人：某市燃气集团有限公司

第二债务人：某市天然气燃气工程配套工程处

第三债务人：某市天然气燃气配套工程处施工队

第四债务人：某市河北营业所经营部（简称某经营部）

案情介绍：

2014年9月，第一债务人接某市高级人民法院清算组通知，第一、二债务人收过金某公司预付款×万元，有支付账务凭证为证。金某公司已进入破产清算程序，上述预付款×万元已作为破产财产成为破产债权。

经查询了解，第二债务人所属的三产企业，于2010年10月应债权人的要求收取该方预付款×万元用于进行燃气取暖施工，此工程各方进行了准备工作，参加方为某燃气工程指挥部、某销售公司某区营业所、某经营部、某燃气工程施工队、某设计院。上述五方与金某公司达成口头协议，边施工边设计边继续收取工程费用，估算需三十五万元工程费用。2010年11月中旬施工后因金某公司不再支付工程款而停止施工，直至今日工程仍未进行，成为烂尾工程。

调查发现，某燃气工程施工队一无合同、二无预算、三无审批手续、四无施工记载、五无施工设计图纸。经多次催委后补交一份工程预算价款及正式设计图纸。与对方进行口头谈合同的人已遗忘金某公司当事人或负责人姓名，一方当事人对工程的认可已难找到合法依据。双方当事人真实意思无证可查，导致成为难说清的债权债务纠纷，国家财产将受损。

审理结果：

某市高级人民法院清算组对该破产债权认为，金某公司以破产财产债权为由要求破产清算。仅提供支付过的《工程预付款财务凭证》为证据，没有书面的工程合同材料，口头约定工程合同主要条款内容的相关人员已无法证实,况且该工程债务主张裁决已经历了四年时间,故某市高级人民法院对金某公司主张裁决驳回。

本案涉及的法律问题如下:

(1) 燃气建设施工是否应签订工程合同。

(2) 燃气建设施工合同应采用的形式。

【分析】本案中涉及了一个重要的法律责任,按照法律的规定:建设工程应该签订工程合同,《中华人民共和国民法典》第七百八十九条规定建设工程合同应当采用书面形式。

建筑工程合同除双方当事人意思表示达成一致外,还应当采用书面形式明确双方的权利和义务。建筑工程合同一般具有合同标的额大、内容复杂、履行期较长等特点,为便于履行应当采用书面形式。

建筑工程合同所说的书面形式是指合同书、信件、电文、电报、电子邮件等可以有形地表现所载内容的形式。通过合同书明确合同的各项内容等是最基础的常识,合乎法律观念。目前建筑工程合同已有较规范的合同示范文本,更可作为选择应用。

涉及的民事责任如下:

首先,燃气建设工程施工是一项涉及社会公共利益、关系公众安全的重要行为。国家、政府、行业对它的施工管理都有明确的规定,对燃气建设工程施工这样的隐蔽工程更予以重点明示。没有签订书面形式合同的施工显然是完全违反民事法律规定的行为。

其次,在经济活动中的各项行为如建设施工行为是否合法有效,是否有效订立合同是一项重要的区分依据。合同是受法律约束的,采用法律的规定签订合同无疑是保证经济市场遵守法律规定、维护市场规范秩序的民事法律行为,其合法有效的行为是必然受法律保护的。

本案例中,违反法律及民事法律规定的行为必然导致产生债权债务纠纷,而且是日后难以分清的纠纷,其所产生的后果更是不堪设想的。可见对较常识的法律规定的认识也应予以重视和关注。

第二节 燃气行政合同

"燃气行政合同"虽被冠以了"合同"的称号,但并不如上文中介绍的供用气合同一般是属于完全的民事合同,它具有一定的民事属性特点,同时也具有相应的行政属性。燃气行政合同的重要内容便是行政机关对燃气企业燃气特许经营权的授予,故在这样一份民事、行政属性兼具的合同中,"燃气特许经营权"是何法律属性,燃气特许经营权约定的"特许经营协议"又是何法律定性,将在第五章进行重点介绍。

燃气行政合同是行政机关在行使行政职能过程中,为实现特定的行政管理目标,而与燃气经营者签订的合同。具有以下特征:

(1) 当事人中一方必定是行政主体,这是行政合同与其他合同的本质区别。

(2) 行政合同的内容是为了公共利益而执行公务,具有公益性。

(3) 双方意思表示一致为前提。双方意思表示一致并不等于双方追求的目的相同,行政主体签订行政合同的目的是履行行政职能,行政合同的相对方则是为了盈利。

(4) 行政合同中当事人并不具有完全平等的法律地位,行政机关可以根据国家行政管理的需要,单方面地依法变更或解除合同。

第五章 燃气经营许可制度

第一节 燃气经营许可

燃气经营许可证准入制度,是燃气管理领域的一项基本法律制度,是国家对燃气进行管理的一种事前控制,是对申请者获取经营权进而迈入燃气市场的准许。有利于行业监管、规范公共产品市场、保障公共安全和人身生命及财产安全。燃气经营许可,就是依据《行政许可法》《城镇燃气管理条例》《燃气经营许可管理办法》规定的条件进行审查,准许其进入燃气市场、进行燃气经营活动的行政行为。

一、燃气经营许可的依据

1. 相关法律的依据

燃气属于易燃易爆有中毒气体,容易发生泄漏,使其具有危险性,威胁人民群众安全。所以燃气的开发利用关系到公共利益,属于公共事业,不能实行放任的市场准入原则,必须加以规制。通过设立燃气经营许可条件,明确燃气经营者所应当具备的安全生产、提供服务的资质或条件,明确经营的权利与义务,以规范燃气经营活动,保障燃气生产、供应安全。

燃气经营许可属于《行政许可法》第十二条第二款中"有限自然资源开发利用、公共资源配置以及直接关系公共利益的特定行业的市场准入等,需要赋予特定权利的事项"类的"特许"。并且《行政许可法》第十二条第一款:"直接涉及国家安全、公共安全、经济宏观调控、生态环境保护以及直接关系人身健康、生命财产安全等特定活动,需要按照法定条件予以批准的事项"和第三款:"提供公共服务并且直接关系公共利益的职业、行业,需要具备特殊信誉、特殊条件或者特殊技能等资格、资质的事项"也是设立燃气行政许可的条文依据。

2. 合理配置资源的要求

燃气属于不可再生的有限自然资源,一方面为保障社会的可持续性发展,应贯彻"节约资源、保护环境"的宗旨,进行合理开发、有规划性地使用。另一方面,燃气作为人类生存和发展的重要能源基础,对保障国家能源供应安全、促进城市发展建设、提高人民生活水平具有重要意义。因此,燃气的供应、厂站设点、安全防御应符合城乡规划、建设和管理的要求。燃气的经营需在规划指导下有限度地实行市场竞争,如果不进行限制,由于市场的趋利性,将会形成随意经营、重复建设、争夺资源的现象,最终造成浪费资源、资源市场管理混乱、安全事故频发的不良后果。通过设立燃气经营许可证制度,有利于合理配置资源、控制危险,保障能源供应、促进燃气市场的健康发展。

二、燃气经营许可的适用范围和调整环节

在适用范围方面,燃气经营许可制度主要是针对企业设定的,也就是要求申请燃气经营

许可的主体原则上是具有法人主体资格的企业。不管企业是申请从事管道燃气经营，还是瓶装燃气经营，都适用燃气经营许可制度。法律是禁止个人从事管道燃气经营的；至于个人能否从事瓶装燃气经营，立法已经授权省、自治区、直辖市进行规定。

在调整环节方面，燃气经营许可制度仅适用燃气经营环节。当然燃气经营者一定是燃气设施的运营者；燃气设施的运营者只有取得燃气经营许可后，方可成为燃气经营者。

三、燃气经营许可的核准主体、启动机制和基本程序

在核准主体方面，燃气经营许可的核准主体为县级以上地方人民政府燃气管理部门，许可证也由其核发，但是具体发证部门应根据省级地方性法规、省级人民政府规章或决定确定。

在启动机制方面，是依申请者的申请而启动。

在基本程序方面，燃气经营许可的程序为：申请、受理、审查、听证、决定、核发许可证；燃气经营许可前置于工商登记，工商登记前置于税务登记。

四、燃气经营许可的条件

行政许可，是指行政机关根据公民、法人或者其他组织的申请，依法审查准予其从事特定活动的行为。燃气经营许可是燃气管理部门为实现市场准入管理和安全管理，根据申请，许可其从事燃气经营活动，并颁发燃气经营许可证的行为。目前燃气管理部分进行经营许可审批，主要依据的是《城镇燃气管理条例》《燃气经营许可管理办法》。省级人民政府燃气管理部门制定有具体实施办法的，可依其实施办法审批。

《燃气经营许可管理办法》（建城〔2014〕167号，建城规〔2019〕2号修正）第二条规定："从事燃气经营活动的，应当依法取得燃气经营许可，并在许可事项规定的范围内经营。"

第五条 申请燃气经营许可的，应当具备下列条件：

（一）符合燃气发展规划要求。

燃气经营区域、燃气种类、供应方式和规模、燃气设施布局和建设时序等符合依法批准的燃气发展规划。

（二）有符合国家标准的燃气气源。

1. 应与气源生产供应企业签订供用气合同。
2. 燃气气源应符合国家城镇燃气气质有关标准。

（三）有符合国家标准的燃气设施。

1. 有符合国家标准的燃气生产、储气、输配、供应、计量、安全等设施设备。
2. 燃气设施工程建设符合法定程序，竣工验收合格并依法备案。

（四）有固定的经营场所。

有固定办公场所、经营和服务站点等。

（五）有完善的安全管理制度和健全的经营方案。

安全管理制度主要包括：安全生产责任制度，设施设备（含用户设施）安全巡检、检测制度，燃气质量检测制度，岗位操作规程，燃气突发事件应急预案，燃气安全宣传制度等。

经营方案主要包括：企业章程、发展规划、工程建设计划、用户发展业务流程、故障报

修、投诉处置、质量保障和安全用气服务制度等。

（六）企业的主要负责人、安全生产管理人员以及运行、维护和抢修人员经专业培训并经燃气管理部门考核合格。专业培训考核具体办法另行制定。

经专业培训并考核合格的人员及数量，应与企业经营规模相适应，最低人数应符合以下要求：

1. 主要负责人。是指企业法定代表人和未担任法定代表人的董事长（执行董事）、经理。以上人员均应经专业培训并考核合格。

2. 安全生产管理人员。是指企业分管安全生产的负责人，企业生产、安全管理部门负责人，企业生产和销售分支机构的负责人以及企业专职安全员等相关管理人员。以上人员均应经专业培训并考核合格。

3. 运行、维护和抢修人员。是指负责燃气设施设备运行、维护和事故抢险抢修的操作人员，包括但不仅限于燃气输配场站工、液化石油气库站工、压缩天然气场站工、液化天然气储运工、汽车加气站操作工、燃气管网工、燃气用户检修工、瓶装燃气送气工。最低人数应满足：

管道燃气经营企业，燃气用户10万户以下的，每2500户不少于1人；10万户以上的，每增加2500户增加1人。

瓶装燃气经营企业，燃气用户1000户及以下的不少于3人；1000户以上不到1万户的，每800户1人；1万-5万户，每增加1万户增加10人；5万-10万户，每增加1万户增加8人；10万户以上每增加1万户增加5人。

燃气汽车加气站等其他类型燃气经营企业人员及数量配备以及其他运行、维护和抢修类人员，由省级人民政府燃气管理部门根据具体情况确定。

（七）法律、法规规定的其他条件。

第六条 申请燃气经营许可的，应当向发证部门提交下列申请材料，并对其真实性、合法性、有效性负责：

（一）燃气经营许可申请书。

（二）燃气气质检测报告；与气源供应企业签订的供用气合同书。

（三）申请人对燃气设施建设工程竣工验收合格情况，主要负责人、安全生产管理人员以及运行、维护和抢修等人员的专业培训考核合格情况，固定的经营场所（包括办公场所、经营和服务站点等）的产权或租赁情况，企业工商登记和资本结构情况的说明。

（四）本办法第五条第（五）项要求的完善的安全管理制度和健全的经营方案材料。

（五）法律、法规规定的其他材料。

五、燃气许可的权利转让及期限

行政许可是根据申请人的申请，按照法定的条件和标准颁发的。它与申请人特定的情况和条件是紧密联系的，对行政许可申请的审查实质上就是行政机关判断申请人是否符合法定条件和标准的过程。

因此，依法颁发的行政许可原则上不得转让。燃气经营许可，从权力性质上讲，是一种前置的行政性市场准入或者公共资源配置，属于行政许可中的"普通许可"。综上，燃气经营许可是禁止转让的。

燃气经营许可证的期限，中央层面的立法对此没有作明确规定。从各地的实践情况看，管道燃气经营许可证的期限一般为5~10年，瓶装燃气经营许可证的期限一般为2~5年。燃气经营的被许可人需要延续燃气经营许可的有效期的，应当在有效期届满30日前向燃气管理部门提出申请。燃气管理部门应当根据被许可人的申请，在该行政许可有效期届满前作出是否准予延续的决定；逾期未作决定的，视为准予延续。具体期限和延续办法，由地方立法规定。

六、燃气经营许可的监督机制

因燃气行业兼具公益性、安全性、垄断性和地域性的特点，燃气行业的监管应当将市场竞争与法律规制有机融合。离开适度有序的市场竞争，管道燃气行业将会缺少活力，继而效率降低；没有了必要的法律规制，管道燃气行业将会出现无序竞争和过度竞争，最终必然造成重复建设和市场混乱。

因此，必须对管道燃气行业实施法律规制。燃气经营许可，按照"谁许可、谁监督"的原则，由燃气管理部门行使监督权，属于行政监督，具有政府监管的性质，体现了权力与责任的统一。同时，对于无燃气经营许可证以及不按照燃气经营许可证的规定从事燃气经营活动的，也规定了应当承担相应的行政处罚责任以及刑事责任。

七、选择燃气经营者的两种方式

随着市场经济改革发展的深入，燃气建设投资和经营领域逐步实现了主体多元化，打破了国有资产一枝独秀的局面。体现在《城市燃气管理条例》第十四条："政府投资建设的燃气设施，应当通过招投标方式选择燃气经营者。社会资金投资建设的燃气设施，投资方可以自行经营，也可以另行选择燃气经营者。"这为非国有资产的经营者进入燃气市场提供了两条路径。

1. 政府投资建设的燃气设施选择经营者的方式

政府投资建设的燃气设施，应通过招投标的方式选择经营者。这是市场竞争机制推广中的一项重要改革。政府选择燃气设施运营单位应秉持公平、公开的原则，通过招标程序择优选取燃气经营者。这本质上是在政府与经营者之间建立起了一份行政合同，政府通过这种合同实现了在公共领域内的行政管理。

招标是一种市场交易行为，以行政主体为招标方的交易行为也可称作政府采购。这是指为了展开政务活动或提供公共服务，由行政主体预先设定合同标底，通过法定的方式方法，公开竞投，最终由行政主体比较投标书后择优确定中标者，并与其订立行政合同。实践证明，招投标制度不仅有利于节约财政支出，而且有利于强化宏观调控，活跃市场经济，保障燃气事业的健康发展。

2. 社会资金投资建设的燃气设施选择经营者的方式

社会资金投资建设的燃气设施，投资方可以自行经营，也可以另行选择燃气经营者，即对新建的燃气设施的管理可以通过运营企业来实现。燃气设施投资者和运营者既可以是同一个主体，也可以是分离开来的不同主体。这是对现行燃气设施投融资制度和管理工作机制的完善，对进一步吸引民间资金、外资等社会资金投资燃气行业、加快行业发展将产生积极作用。

第二节　燃气特许经营权制度

一、管道燃气特许经营

1. 管道燃气特许经营的含义

特许经营，此特指"行政特许经营"或"市政公用事业特许经营"，根据《市政公用事业特许经营管理办法》的规定，是指政府按照有关法律、法规规定，通过市场竞争机制选择市政公用事业投资者或者经营者，明确其在一定期限和范围内经营某项市政公用事业产品或者提供某项服务的制度。

管道燃气特许经营，依照国家《管道燃气特许经营协议示范文本》《城市管道燃气特许经营协议（示范文本GF—2004—2502）》规定，是指"在特许经营期限内独家在特许经营区域范围内运营、维护市政管道燃气实施、以管道输送形式向用户供应燃气，提供相关管道燃气设施的抢修抢险业务等并收取费用的权利"。具体来讲，工业供气、汽车加气、分布式能源等燃气项目不管是否具有完全市场化的特征，只要以城镇管道形式输送燃气，就需要获得相关行政机关的许可，受特许经营权制约。并且，该特许经营权在规定的经营区域内具有唯一性和排他性。

2. 管道燃气特许经营的性质

管道燃气特许经营在性质上是一种行政许可。按照《行政许可法》的第二条规定，"本法所称行政许可，是指行政机关根据公民、法人或者其他组织的申请，经依法审查，准予其从事特定活动的行为。"由此可以看出，其授权主体属于行政机关，即相关的政府部门。虽授权机关都是政府，但是特许经营却有别于一般的行政许可。一般行政许可，申请人主体不需特别的资格要求，具有广泛性，一旦经过行政审批，申请人就取得某种从事具体事业的资格，其结果具有确定性；而对于特许经营，依照《市政公用事业特许经营管理办法》的相关规定，申请人需要具备一定的资格，这是参与特许经营事项的竞标的前提，即对主体的要求上，具有特殊性；并且申请人投标后不一定能中标，这就表明了特许经营的结果具有不确定性。

其次，按照《市政公用事业特许经营管理办法》的规定，对于申请人而言，管道燃气特许经营意味着被授权以管道方式供应燃气并实施相关经营服务的一种权利。在确定中标人之后，中标人权利的获得并非来源于行政审批，而是政府与中标人之间会达成协议，通过签订行政合同，来明确双方的权利义务。在行政合同中，政府除了按照国家相关法律、法规、规章履行管理职责之外，还要承担合同中约定的义务。基于合同的意思自治原则，协议双方都享有一定权利，负担相应的义务，承担各自的责任。若任何一方发生违约，都将致使特许经营不能按约顺利进行。但是，行政合同不同于普通的民事协议，它是一种行政管理手段，其目的是为维护公共利益；并且，特许经营权是政府依其行政权力，通过规定的程序授予中标人的一项权利，该项权利不能买卖、转让、抵押等。

二、管道燃气特许经营的内容

1. 参与特许经营权竞标的申请者应满足相应的条件

根据《市政公用事业特许经营管理办法》参与特许经营权竞标，应当具备以下条件：

（1）依法注册的企业法人；（2）有相应的注册资本和设施、设备；（3）有良好的银行资信、财务状况及相应的偿债能力；（4）有相应的从业经历和良好的业绩；（5）有相应数量的技术、财务、经营等关键岗位人员；（6）有切实可行的经营方案；（7）地方性法规、规章规定的其他条件。

2. 主管部门选择投资者或者经营者应当依照的程序

根据《市政公用事业特许经营管理办法》，主管部门应依照下列程序选择投资者或经营者：

（1）提出市政公用事业特许经营项目，报直辖市、市、县人民政府批准后，向社会公开发布招标文件，受理投标；（2）根据招标条件，对特许经营权的投标人进行资格审查和方案预审，推荐出符合条件的投标候选人；（3）组织评审委员会依法进行评审，并经过质询和公开答辩，择优选择特许经营权授予对象；（4）向社会公示中标结果，公示时间不少于20天；（5）公示期满，对中标者没有异议的，经直辖市、市、县人民政府批准，与获得特许经营权的企业签订特许经营协议。

3. 管道燃气特许经营协议应包含的内容

（1）特许经营内容、区域、范围及有效期限；（2）产品和服务标准；（3）价格和收费的确定方法、标准以及调整程序；（4）设施的权属与处置；（5）设施维护和更新改造；（6）安全管理；（7）履约担保；（8）特许经营权的终止和变更；（9）违约责任；（10）争议解决方式；（11）双方认为应该约定的其他事项。

4. 管道燃气特许经营中的责任

1）燃气主管部门在监管特许经营企业中应承担的责任

（1）协助相关部门核算和监控企业成本，提出价格调整意见；（2）监督获得特许经营权的企业履行法定义务和协议书规定的义务；（3）对获得特许经营权的企业的经营计划实施情况、产品和服务质量以及安全生产情况进行监督；（4）受理公众对获得特许经营权的企业的投诉；（5）向政府提交年度特许经营监督检查报告；（6）在危及或者可能危及公共利益、公共安全等紧急情况下，临时接管特许经营项目；（7）协议约定的其他责任。

2）获得管道燃气特许经营权的企业应承担的责任

（1）科学合理地制定企业年度生产、供应计划；（2）按照国家安全生产法规和行业安全生产标准规范，组织企业安全生产；（3）履行经营协议，为社会提供足量的、符合标准的产品和服务；（4）接受主管部门对产品和服务质量的监督检查；（5）按规定的时间将中长期发展规划、年度经营计划、年度报告、董事会决议等报主管部门备案；（6）加强对生产设施、设备的运行维护和更新改造，确保设施完好；（7）协议约定的其他责任。

5. 管道燃气特许经营的变更与终止

管道燃气的特许经营期限最长不得超过30年，在此有效期限内，若协议的内容确需变更的，协议双方应当在共同协商的基础上签订补充协议。若是企业确需变更名称、地址、法定代表人的，应当提前书面告知主管部门，并经其同意。但若是企业的原因致使合同内容发生重大变更的，政府应根据合同变更的情况，决定是否继续授予其特许经营权；若是政府根据发展规划或公众利益调整合同内容时，则应当充分考虑企业的利益。

获得特许经营权的企业在协议有效期内单方提出解除协议的，应当提前提出申请，主管部门应当自收到获得特许经营权的企业申请的3个月内作出答复。在主管部门同意解除协议前，获得特许经营权的企业必须保证正常的经营与服务。

对于获得特许经营权的企业在特许经营期间有下列行为之一的，主管部门应当依法终止特许经营协议，取消其特许经营权，并可以实施临时接管：

(1) 擅自转让、出租特许经营权的。
(2) 擅自将所经营的财产进行处置或者抵押的。
(3) 因管理不善，发生重大质量、生产安全事故的。
(4) 擅自停业、歇业，严重影响到社会公共利益和安全的。
(5) 法律、法规禁止的其他行为。

但是无论特许经营权发生变更或者终止，主管部门必须采取有效措施保证市政公用产品供应和服务的连续性与稳定性。

三、城镇管道燃气特许经营权的性质辨析

燃气行政合同最重要的内容便是特许经营权的授予。当相关企业拟从事城镇管道燃气业务，就必须拟向行政机关申请获得管道燃气经营许可权。在涉及管道燃气特许经营权的纠纷案件中，对于燃气经营者所享有的特许经营权性质究竟为何，目前在业内存在诸多争议，同时该问题对纠纷案件的审理来说亦无法回避，因为特许经营权的定性将对燃气经营者在特定区域范围内享有排他性权利的基础产生直接影响。然而受制于物权法定原则，法律并没有将其定性为物权。截至目前，最高人民法院尚未就此直接发表指导性意见，在司法实践中案由的确定、法律的适用和最终的裁判都存在着不一致的情形。

1. 城镇管道燃气特许经营权在司法实践中的问题

通过对国内涉及管道燃气特许经营权纠纷案件的调研发现，针对特许经营权区域范围发生争执的情形，不少法院认为在相关行政机关未参与诉讼程序并就相关事实做澄清或者说明的情形下，审判机关应拒绝替行政机关对双方特许经营权区域范围进行确认，并应以此类理由裁定当事人之间的侵权纠纷不属于民事诉讼的受案范围而驳回起诉。

例如：在滦县某燃气有限公司与滦县某清洁能源有限公司之间关于管道燃气特许经营权争议纠纷再审一案中，最高人民法院最终出具了（2013）民申字第314号民事裁定书，认为"即使上述两份协议在经营范围上存有冲突，也是滦县人民政府根据本地区的发展与规划依行政职权作出的决策，法院在本案用益物权纠纷中均无权替滦县人民政府作出解释，并对双方的经营范围进行具体划分"。

对于上述裁判的认定思路和法律适用，笔者虽持保留意见但因不是本文分析重点不再赘述。但是正基于此，在这起被驳回起诉的案件裁定中看到最高法院将关于城镇管道燃气特许经营权的争议纠纷确定为了用益物权纠纷，这是否应当视为该裁定将特许经营权认定为用益物权？继而该认定是否又违反了物权法定的原则以及与"不属于民事诉讼的受案范围而驳回起诉"相矛盾？因此，特许经营权究竟为何种性质的权利，应当如何构筑其排他性的依据，通常是当事人相关诉讼请求能否获致法院支持的关键之一。

2. 城镇管道燃气特许经营权首先是一种民事财产性权益

城镇管道燃气特许经营协议本身具有"行政合同"和"民事合同"的双重性，而对其标的特许经营权而言，虽然政府对管道燃气经营企业进行了不同程度的要求和规制，但应当认为这是基于合同的契约性而非行政权力所为。对于投资方的企业来讲，更多则体现出平等自愿和等价有偿的收益性特点，因而特许经营权本身首先应当具备民事权益的特征，否则也

不符合《基础设施和公用事业特许经营管理办法》的立法本意。此外，城镇管道燃气特许经营权是经营特定区域管道燃气业务的资格，依现行会计准则其属于无形资产的范畴，经营者执此可获取经济利益，因此究其性质亦具有财产性权益的特点。

与传统大陆法系国家侵权法体系对于权力和利益之保护采取不同侵权构成要件的立法惯例不同，我国现行《中华人民共和国民法典》侵权责任编采用概括式的立法方式，亦即对于侵权的对象统称为民事权益。承此，在两方之间无契约关系的情形下，因侵犯城镇管道燃气特许经营权所产生的纠纷，在我国应当属于《中华人民共和国民法典》侵权责任编所调整和规范的对象。

3. 城镇管道燃气特许经营权同时应是一种准物权

如上文所述，城镇管道燃气特许经营权虽来源于特许经营协议，但它的性质却并非合同权利，因为特许经营权的内容、机制和权利客体都非特许经营协议所能覆盖。对合同来讲，债权人享有的是对债务人的请求权，而特许经营权除了可以要求政府在特许的期限内依约提供各种便利（包括提供划拨土地使用权等）以外，还可要求主管部门不得将经营者所享有特许经营权的区域进行重复行政许可而授予其他第三人特许经营权，同时还有权要求任意第三人不得侵犯该权利。经营者受领该等给付之后，即可有权自主开展燃气经营业务以获取收益。这些带有用益性及排他性质的权利已经超出了合同的涵盖范围，从现行立法中找寻依据的话，可以发现其与农村土地承包经营权甚至地役权都具有相似性。因此，可以认为城镇燃气管道特许经营权具有类似于物权的性质又非物权，应是一种准物权因其具有排他性。

在与物权法定原则相矛盾的层面上，最高人民法院发布的第 11 批指导性案例中的第 53 号案例就提供了较好的借鉴意义。该案例旨在明确特许经营权中的运营和维护部分属于经营者的义务，而其收益权部分则属于经营者的权利，由于特许经营权中的运维部分通常不属于可转让的财产权利，故特许经营权的质押实质上也是收益权的质押。虽然当时法律、行政法规及相关司法解释并未规定该等权利可质押，但其与公路收益权性质上相类似，在合理的法律类比下应允许其出质。所以，该指导案例在协调新生物权与物权法定原则方面提供了重要的指引。

而在司法实践中，前述观点已被各地方法院接受并适用于裁判，如百色市中级人民法院在（2012）百中民一终字第 385 号判决书中对城镇管道燃气特许经营权之性质认定为："……其核心权利特许经营权为新型的财产权和准物权，具有独占性和排他性，该权利受法律的保护，侵犯特许经营权，应承担侵权的民事责任。"

城镇管道燃气特许经营权作为一种民事财产性权益，将其定义为债权并不能够囊括其内涵和外延，同时受制于物权法定的原则，其亦非物权。然而，通过合理的类比解释，可以认为其类似于农村土地承包经营权，因属于一种准物权而具排他性。

对于城镇管道燃气特许经营权的保护，建议在《特许经营协议》中明确约定，经营者在特许经营权区域范围内享有独家供气权，且主管机关不得重复许可并授予其他第三方主体在该区域范围内享有特许经营权。如发现在特许经营区域内存有其他第三方主体铺设管道和开展燃气经营的行为，应立即与主管部门沟通竭力主张权益，并视具体情况立即提起行政诉讼主张撤销主管机关重复实施行政许可的违法行为。以此避免发生"鉴于该等第三方主体业已开展管道建设和经营，如撤销该违法行政许可行为，可能对公共利益造成重大损害，而致使法院认为应不予撤销"（司法机关常持此观点）的不利情形，从而导致经营者特许经营权区域范围缩小而影响收益。

四、特许经营合同的法律定性

通过上述对特许经营权性质的辨析，可以看出特许经营权具有民事属性，但是并不意味着燃气特许经营合同就是绝对意义上的民事合同。依据我国现行立法及司法解释，政府特许经营协议的法律性质被明确规定为行政协议，也即行政合同。现行有效为2017年修订版本，其中第十二条第一款第十一项认为行政机关不依法履行、未按照约定履行或者违法变更、解除政府特许经营协议、土地房屋征收补偿协议等协议的；可以向法院提起行政诉讼。此外，2018年最高人民法院出台《关于适用〈中华人民共和国行政诉讼法〉若干问题的解释》，2019年《最高人民法院关于审理行政协议案件若干问题的规定》中的第一条行政机关为了实现行政管理或者公共服务目标，与公民、法人或者其他组织协商订立的具有行政法上权利义务内容的协议，属于行政诉讼法第十二条第一款第十一项规定的行政协议。明确了行政协议的含义，第二条将政府特许经营协议归类为行政协议。

1. 政府特许经营协议

司法实践方面，法院也倾向于将政府特许经营合同认定为行政合同。因特许经营合同履行、特许经营区域确定、侵犯特许经营权利等理由提起民事诉讼的，法院通常以不属于民事案件受案范围为由，驳回当事人起诉，告知其可以依据行政法规定提起行政诉讼，或者请求行政机关处理。

典型案例如2014年A市人民政府与A市天某燃气有限责任公司、兴某建设集团有限公司合同纠纷案。

2. 特许经营合同的学理定性

如果说特许经营合同的法律性质是行政合同，那么其必然具备行政性和契约性的双重属性。行政性是它区别于普通民事合同的关键标志，契约性是它区别于一般行政行为的重要标杆。

1）特许经营合同的行政性

（1）特许经营合同的主体具有特定性，行政机关固定为一方主体。根据2015年《基础设施和公用事业特许经营管理办法》（下称《办法》）的规定，在燃气特许经营合同中，政府恒为一方主体（第三条），县级以上政府应当授权有关部门或单位作为实施机构负责特许经营项目实施工作（第十四条），由该实施机构与选定的特许经营者签订特许经营协议（第十八条）。相比之下，商业特许经营合同在民事主体之间达成，不会由政府担任一方当事人，因此，由商业特许经营合同引发的争议适用民事诉讼程序，在理论和实务中均无争议。

（2）特许经营合同的订立具有特殊性，政府的授权构成必要程序。燃气特许经营的实质是政府将其独占的管道燃气经营权授予企业，并通过特许经营合同确定权利义务的活动。政府授权构成燃气特许经营合同订立的前置程序，成为燃气特许经营权利产生的必要条件。正如《办法》第三条所规定，政府应采用竞争方法授权法人或其他组织建设经营基础设施和公用事业，通过协议明确权利义务和风险分担。相比之下，政府采购合同并不存在政府"授权"过程，双方法律地位平等、权利义务对等，正因如此，尽管政府采购合同由政府担任一方主体，但仍然适用合同法律规范（《政府采购法》第四十二条）。

（3）特许经营合同的目的具有公益性，以公共利益最大化为目标。虽然获得特许经营权的企业也是为了商业利益最大化，但对于政府来说其提出特许经营项目的目的，是吸引资本投资公用事业，变财政约束为产权约束，利用资本的逐利性特征，提高公共服务质量效率，降低公共服务供给成本。政府决策既是为实现行政目标，又是为了满足公共利益。正如

《办法》第一条所规定，政府特许经营的目的就是为了提高公共服务质量和效率，保障社会公共利益和公共安全。相比之下，在普通民事合同情景中，双方都在追逐资本收益最大化，通常均不以实现公共利益为目标。

2）特许经营合同的契约性

特许经营协议的契约性表现在以下几个方面：

（1）协议达成的合意性。合意是达成协议的前提，只有各方当事人达成合意才能订立特许经营协议。当然，在协商过程也体现出了一定的妥协性。双方会为了促进协议的达成做出一定的让步，例如降低价格。

（2）协议对象的互选性。当多个地区出现特许经营项目时，企业可以任选其中一个进行投标；政府也可以在多个竞标企业中选择最为合适的企业授予其特许经营权。协议的各方在协议最终达成之前都具有自己选择的权利。

（3）协议内容的灵活性。这种灵活性尤其体现在双方可以就项目收益和融资方式进行协商。对于协议的内容是当事人的意思自治，当事人可以决定协议的违约责任、合同价款等重要内容。

【案例】

最高人民法院（2014）民二终字第12号民事裁定书

上诉人（原审被告、反诉原告）：A市人民政府

被上诉人（原审原告、反诉被告）：兴某建设集团有限公司（简称兴某公司）、天某燃气有限责任公司（简称天某公司）

案由：合同纠纷

争议焦点：《A市天然气利用项目合同》及《补充合同》是民事合同还是行政合同

2004年4月14日，A市人民政府与兴某公司签订了《A市天然气利用项目合同》，约定项目投产正式经营始由兴某公司自主经营20年后，兴某公司将在A市建造的天然气项目工程所有权全部交与A市人民政府。2005年9月6日，2005年10月27日，A市人民政府与兴某公司签订合同书，分别约定A市人民政府给兴某公司借款600万元、100万元，借款用途为购置敷设高压、城区环形管网所用材料、门站设备等。2006年2月20日兴某公司与A市人民政府签订合同书，就2004年4月14日签订的《A市天然气利用项目合同》达成补充条款，约定：兴某公司必须在2006年3月30日前还清所借A市人民政府的借款700万元，如兴某公司不在规定期限内归还欠款，A市人民政府有权面向社会引进投资商重新敷设天然气管道和建汽车加气站。

由于欠款问题无法解决，2008年9月12日，A市人民政府向兴某公司、天某公司出具合同解除通知函称：根据《市政公用事业特许经营管理办法》第十条、第十八条、第二十五条和《新疆维吾尔自治区市政公用事业特许经营条例》第三十一条、第三十四条以及《城市燃气管理办法》第十八条之规定，A市人民政府决定依法解除与该公司所签订的《A市天然气利用项目合同》。

2008年9月12日，A市人民政府同意A市建设局接管兴某公司及天某公司在A市城市燃气供应运营业。2008年9月23日，A市建设局决定对两公司在A市经营的天然气供用气及运行业务的经营权由该局派人员进驻实行全面强制接管。

2008年12月22日，A市人民政府将兴某公司诉至A市人民法院，要求解除双方签订的《A市天然气利用项目合同》及《补充合同》。后兴某公司与天某公司于2009年1月21日诉至

新疆维吾尔自治区高级人民法院称：本案合同不具备法定解除条件及情形，A市人民政府解除合同的行为无效，其依法应继续履行合同，同时A市人民政府强行接管兴某公司与天某公司价值2.1亿元的供气经营财产及经营权，严重侵害了两公司合法财产及经营权，请求法院依法确认A市人民政府解除合同的行为无效，判令A市人民政府继续履行合同，并判令A市人民政府返还价值2.1亿元的天然气供气经营财产及经营权。经新疆维吾尔自治区高级人民法院立案庭协调，最终由新疆维吾尔自治区高级人民法院将两起案件合并审理。

本案裁判要旨及法院观点新疆维吾尔自治区高级人民法院：双方产生纠纷后，A市人民政府按照法律的规定通知兴某公司解除合同，并不存在撤销其特许经营权的行政决定。双方当事人均就本案提起民事诉讼，本案作为民事案件审理并无不妥。

中华人民共和国最高人民法院：经过审理，中华人民共和国最高人民法院认为，本案所涉《A市天然气利用项目合同》及其《补充合同》系由A市人民政府作为一方当事人根据其行政机关公权力所签，合同以及当事人之间诉争的法律关系虽然存在一定民事因素，但双方并非平等主体之间所形成的民事法律关系，因此本案不属于人民法院民事案件受理范围，当事人可依据相关行政法规定另行提起行政诉讼。

律师观点：在本特许经营案例中，新疆维吾尔自治区高级人民法院法官与中华人民共和国最高人民法院法官的态度截然相反。新疆维吾尔自治区高级人民法院审理法官更多地关注了协议的民事因素，而中华人民共和国最高人民法院审理法官则更看重协议的行政因素。特许经营协议中同时存在民事因素和行政因素，若其性质长期悬而未决，产生纠纷后不仅会造成司法资源的浪费，也会影响社会资本参与基础设施投资的积极性。

基础设施和公用事业特许经营项目属于公共资源配置的范畴，政府授权的依据是行政法规范，政府方与特许经营者之间应为行政法律关系。

特许权经营协议已成为政府履行公共管理职能的重要方式，随着政府职能的转变，要求行政机关应当具有契约精神，尊重与公民、法人或者其他组织签订的相关协议。

一方面，政府方的解除行为是否有相应的法律、法规依据，是否遵循了正当的程序，是否超出了必要的合理的限度等；另一方面，作为行政相对方而言，在签署特许经营权协议时就该类情形作出具体明确的约定至关重要，包括并不限于政府方的解除协议的合理通知，充分的补偿及方式与数额等，确保行政机关单方解除权的规范运行，以保障行政相对方的合法权益。

五、管道燃气特许经营与燃气经营许可的异同

1. 二者的联系

（1）都属于行政许可，燃气经营许可是一般许可，而特许经营是一项特殊的行政许可，根据《市政公用事业特许经营管理办法》中规定的管道燃气，可知燃气管道的经营许可也是一种特殊的行政许可。

（2）一般而言，燃气经营许可是企业进入燃气行业的基本资质许可，通过许可后即可开始进入燃气行业，其并不附加任何额外条件。而参加管道燃气特许经营竞标的候选人需要具有基本的资质条件，即具有燃气经营许可才能参与竞标。如果参加竞标的申请人不具有燃气经营许可所需要的最基本的条件，那么他也不可能入围特许经营的竞标活动。

2. 二者的区别

（1）业务范围不同。管道燃气特许经营权仅适用于管道燃气特许经营，燃气经营许可证涵盖范围广泛，不仅包括管道燃气，还包括瓶装液化石油气，压缩天然气，液化天然气

等。不通过管道输向用户提供燃气的形式也可能包含在燃气业务许可证的范围内，如果开设相关业务，必须取得燃气经营许可证。

（2）审批程序不同。管道燃气特许经营的实施有其自身的特殊性。它不仅需要取得相应的资格，还必须参与政府组织的管道燃气特许经营的竞标活动，中标者需要与政府签订特许经营协议，特许经营才可以实施。而申请人符合国家法律规定要求后，就可获得燃气经营许可。前一种程序比较复杂，对申请人的要求也比较高；后一种程序相对简单，对申请人的要求是一般性的、基本的。

（3）许可证的形式和内容不同。特许经营的许可通常表示为签署的协议或政府文件的形式；燃气经营许可是以证书的形式表示。从内容上看，特许经营将在协议中包括管道燃气特许经营范围，经营业务范围、特许经营期等，更加详细和具体；燃气经营许可证表明证书的有效期和经营业务，但不会限制经营区域范围，内容相对简单。

第三节　燃气企业经营

一、燃气企业经营的概念

燃气企业经营是指燃气企业为了满足人们对燃气的需要而进行的经济活动，对企业生产经营活动进行决策、计划、组织、控制、协调，并对企业成员进行激励，以实现其任务和目标等一系列工作的总称。燃气企业的经营活动包括燃气企业市场开发，燃气工程建设，场站、管道及其附属设施的运营维护，客户服务管理，财务管理，人力资源管理等。

二、燃气企业经营的活动

1. 燃气企业经营的内容

城市燃气属于市政公用事业，城市燃气企业有其固有的特点。城市燃气作为高危行业，国家对燃气经营实行许可证制度。燃气企业经营是系统工程，对外涉及燃气销售、安全供气、用户管理等诸多内容，对内涉及人员的培训、激励、考核等内容，并通过对内对外的管理，实现经营管理的两个目标，一是盈利，二是社会服务。

城镇燃气企业经营的内容包括：合理确定企业的经营形式和管理体制，设置管理机构，配备管理人员；搞好燃气市场，掌握本地产业结构等信息，进行经营预测和经营决策，确定以客为尊、持续安全供气的经营方针，确定安全、市场、财务、培训的四大目标，编制企业发展规划；建立、健全安全责任制和各种管理制度；搞好场站、管网及附属设施的维护维修管理工作；组织天然气的市场开发及销售管理；加强财务管理和成本管理，处理好收益和利润的分配等。

燃气经营管理的分类：

（1）按照管理对象划分为：人力资源、燃气工程项目、资金、燃气安全及技术、燃气市场开发、信息、场站设备与工艺、作业与流程、文化制度与机制等。

（2）按照成长过程和流程划分为：项目调研—项目设计—项目建设—项目投产—项目运营—项目更新，周而复始，多个循环。

（3）按照职能或者业务功能划分为：计划管理、场站管理、燃气管道管理、采购管理、市场管理、工程质量管理、仓库管理、财务管理、人力资源管理、统计管理、信息管理等。

（4）按照层次上下划分为：经营层面、业务层面、决策层面、执行层面、职工层面等。

（5）按照资源要素划分为：人力资源、物料资源、技术资源、资金资源、市场与客户资源、政策与政府资源等。

2. 燃气企业经营的目标确立

根据燃气行业的特点，燃气企业的经营目标首先要以企业的战略发展规划为出发点，结合企业经营范围的市场客观需求，以经营范围内的能源需求为基础，以安全供气为保障，建立一种科学的KPI（企业关键业绩指标）管理体系。根据经营目标的分类，结合企业经营范围内能源需求情况、城市发展规划、企业经营基本信息，确立企业的总体目标，并将目标细化到企业的情况、城市发展规划、企业经营基本信息。

确定企业的总体目标，并将目标细化到企业的每一个部门，在制定目标时要注意以下几点：

（1）合适的目标数量。既要保持一定的目标数，系统、全面地反映企业经营成果，又要把握好少而精，以便于集中精力解决主要问题。在制定总体目标时，必须突出企业管理的全局意识，事关企业发展的关键目标，有意识地引导企业全体员工抓住重点，做好重点目标落实工作。

（2）合适的目标水平。要充分发挥经营目标所应有的鼓舞和动员作用，激发员工的积极性和创造性。防止脱离实际，把目标水平定得过高，不仅起不到激励作用，反而挫伤员工的积极性。防止不思进取，把目标水平定得过低，导致员工奋发精神被压抑。

（3）合适的目标表达形式。要尽量采用数量指标和质量指标，以反映企业的经营成果，反映目标成果可用绝对数和相对数来描述。绝对数描述如：燃气销量、净利润、事故起数。相对数描述如：固定资产回报率、供销差率、第三者破坏指数。

三、燃气企业经营的管理模式

随着市场经济体制的建立和完善，市场化程度的提高，燃气企业为了在竞争越来越激烈的市场经济环境中生存并持续稳定发展，应有先进的管理理念，采用先进管理模式开展经营活动。

1. 创新管理

公司不同层级应逐步植入创新文化、建立创新管理机制、协同创新的同时又能发挥各层级自身作用。即要有独立的组织架构，建立完整创新流程，在流程的各个环节具有驱动力，在流程的各个环节具有管控力。燃气公司的创新包括业务领域的创新，开拓增长点；服务创新，通过增值服务实现为广大客户服务增值；管理创新，降低成本，提高效率甚至推动进入新的业务发展阶段等。

2. 卓越绩效管理

卓越绩效管理模式产生于美国的"国家质量奖（波多里奇国家质量奖）"，是以顾客为导向，追求卓越绩效管理理念，包括领导、战略、顾客和市场、资源、过程管理、测量分析改进、经营结果等七个方面，是当前国际上广泛认同的一种组织综合绩效管理的有效方法和工具。

卓越绩效管理模式有以下特点：四化一满意（目标指标化、指标数字化、管理模式化、模式个性化、相关方满意）；侧重三个评价（自我评价、标杆评价、对手评价）；结果控制变过程控制。因此，燃气经营企业为了加强战略执行力，提高客服服务质量和夯实安全管理基础，帮助企业进行管理改进和创新，持续提高企业的整体绩效和管理能力，推动企业获得长期发展，应有效推行卓越绩效管理模式并开展自我评价工作。

四、燃气企业经营的运营要求

城镇燃气企业利用燃气为载体，为大量不同类型的用户服务，企业的经营活动与大众生活和社会经济息息相关，担负着支持经济发展、维护社会稳定的责任，持续、稳定、安全地供应符合国家质量标准的燃气，是对城镇燃气运行的基本要求，是燃气经营企业的责任。具体而言，燃气企业经营者应具备以下运营要求：

（1）应保持气源充足、持续、稳定。要落实这项基本要求，燃气经营企业必须准确地预测用气需求，根据燃气市场的具体特征、不同需求制定气源采购计划并予以落实，保持供需平衡。

（2）应建设能够持续发展、不断满足需求的输配系统。

（3）应建立健全安全评估和风险管理体系。应用安全系统工程的科学理论和方法，判断燃气运行系统发生故障和职业危害的风险，通过风险识别、风险评估、风险驾驭、风险控制等一系列活动来防范风险，进行科学决策和正确处置、强化管理，使得供气服务系统运行安全、稳定、可靠。

（4）加强安全管理，实现安全运行、安全操作（使用）、安全保护。防止和减少燃气安全事故，保障公民生命、财产安全和公共安全，企业应提高运行管理、维护技术水平和装备能力，重视安全事故的应急管理。

（5）增强责任感、使命感。把国家有关法律法规、标准规范、行业有效成熟的运行管理技术和企业完善的制度有机地体现在燃气安全管理的社会责任中，把先进的理念、方法技术应用到各个环节、所有层面，共同推进、保障城镇燃气事业的发展。

五、燃气企业经营的发展方向

随着环保压力加大和技术进步，全球能源消费的低碳化趋势日益明显。"十四五"期间，国家层面的能源结构优化和环境污染治理将使天然气消费处于快速增长阶段。但随着我国经济体制改革的不断深化，价格在市场中所发挥的杠杆作用越来越明显。由于煤炭、石油、液化石油气等替代能源的价格市场化程度较高，且价格走势取决于供需关系。因此，燃气企业必须改变经营理念，由"粗放经营"进入"精耕细作"时代，面对挑战、抓住机遇。具体而言：

（1）重视城市燃气基础设施的庞大投资压力，合理规划、保持建设与发展平衡。

（2）提高服务水平，提升企业形象，增强用户的满意度和忠诚度。

（3）积极创新，采用先进的生产设备和管理手段，降低企业成本。

（4）挖掘潜能、积极开拓市场发展。细分当地产业结构，以增效双赢为基石，向钢铁、石化、陶瓷、食品等传统工业或交通运输业等其他行业拓展。

（5）改变能源服务模式，认清能源阶梯利用理念，发展分布式能源系统及能源服务业。

（6）推动市场化定价模式。按照国家"监管中间，放开两头"的价格管理思路，包括各省门站价在内的各种气源价格的管制将逐步取消，产业链两端的价格将完全由市场供需决定。在此背景下，政府在天然气价格中的干预力度将越来越弱，供求关系将成为影响天然气价格的决定性因素。

第五编
城市燃气法律纠纷

第一章 工程施工类

第一节 建设工程合同纠纷

一、建设工程合同概述

1. 建设工程合同的含义

燃气工程建设是燃气公司生产经营中必不可缺的一环，一般涉及金额巨大，而且直接影响后期燃气用户的安全使用。为确保燃气设施建设或改造的顺利进行，业主与承包商之间需达成合同协议，其中包含了一些常见的条款和内容如下：

合同背景：合同的开头通常包括合同的标题和背景说明，例如标明参与方的名称、地址以及参与方之间的关系。

合同目的：明确合同的目的，即进行燃气设施建设或改造的具体内容和目标。

工程概况：包括工程名称、地点、审批、核准或备案文号、资金来源、内容规模以及范围。

工期和交付：约定完成工程所需的期限以及工程交付的要求和标准。

价款和支付方式：约定工程价款的金额以及支付方式和进度。可能包括工程款项的分期支付，以及支付的方式（如现金、银行转账等）。

变更和索赔：约定变更工程合同的程序和要求。

质量保证：约定工程质量要求、验收标准和保修期限，以及责任和处理方式。

违约和解除：约定违约行为的定义和后果，包括可能的违约赔偿和解除合同的条件。

保险和责任：约定保险责任和赔偿责任的范围，确保在工程过程中的意外损失得到适当的保护和补偿。

知识产权：涉及专利、商标、著作权等知识产权的问题，约定相关权益和使用权的归属。

争议解决：约定争议解决的方式和程序，可能包括仲裁、调解或诉讼等方式。

需要指出的是，上述只是一个燃气建设工程合同的常见内容，实际的合同内容可能会根据具体项目要求和国家法律规定而有所不同。在签署合同之前，双方应该仔细阅读合同条款，并在需要时寻求法律专业人士的意见。

2. 建设工程合同的特点

燃气建设工程合同具有一些特点，下面是其中一些常见的特点：

技术性强：燃气建设工程合同涉及复杂的技术要求和规范，包括燃气设备的选型、安装、调试等工作。因此，合同中通常会涉及详细的技术规格和标准，确保工程按照要求完成。

法律法规的严格遵守：燃气建设工程涉及公共安全和环境保护等重要因素，因此在合同中会强调对相关法律法规的遵守，包括燃气安全标准、环境保护要求等。

安全风险高：燃气建设工程涉及到燃气的输送、储存和使用，存在一定的安全风险。因此，在合同中通常会规定相关的安全管理要求，确保施工和运营过程中的安全。

工期和进度要求严格：燃气建设工程通常有明确的工期要求，特别是涉及供气设备的安装和运行。合同中会约定具体的工期和进度计划，并规定相应的违约责任和赔偿方式。

资金支付方式灵活：燃气建设工程涉及大量的资金投入，合同中通常会约定付款方式和进度，以确保资金的按时支付和合理使用。

质量保证和保修要求高：燃气建设工程的质量要求较高，合同中会约定相关的质量保证要求和保修期限，确保工程质量符合规定，并在一定期限内提供维修和保养服务。

变更和索赔程序复杂：由于燃气建设工程的复杂性，可能在施工过程中需要进行变更或调整，或者出现索赔的情况。合同中通常会约定相关的变更和索赔程序，明确双方的权利和责任。

燃气建设工程合同在签署和履行过程中需要特别注意确保各方的权益得到充分保护。在签署合同之前，建议双方充分了解合同条款，并在必要时寻求法律专业人士的建议。

二、建设工程合同纠纷概述

1. 建设工程合同纠纷的含义及类别

燃气建设工程合同纠纷指在进行燃气工程建设过程中因合同约定不明确或履行不规范等原因导致承包项目的甲方（俗称发包方）和承包方间发生争议或纠纷，无法达成一致意见或无法按合同约定履行的情况。燃气建设工程合同纠纷常发生在以下方面：

（1）竣工验收：竣工验收是指在燃气建设工程完成后，业主对工程进行验收，确认工程是否符合合同要求。在工程质量、合规性和完工时间等方面常出现纠纷。

（2）违约责任：违约责任是指合同一方未能履行合同约定的责任或义务。在燃气建设工程合同中，违约责任纠纷可能涉及工期延误、工程质量不符合要求等问题。合同通常规定了违约方应承担的责任和赔偿方式。

（3）工程结算：工程结算是指对已完成的燃气建设工程进行结算，确认工程款项的支付和清算。纠纷可能出现在工程价款、支付方式、结算标准等方面，如业主对工程质量有异议时可能拒绝支付全部款项。

（4）变更和索赔：在燃气建设工程过程中，由于需要进行变更或额外工作，或者由于合同履行过程中发生问题，双方可能提出索赔要求。纠纷可能出现在变更费用的确定、索赔金额的合理性以及变更和索赔的程序上。

（5）资金付款：资金付款是指根据燃气建设工程合同的约定，业主向承包商支付相应的款项。付款纠纷可能发生在业主未按时支付工程款项，或承包商要求超出合同约定范围的付款时。纠纷可能涉及付款金额、支付方式、付款期限等方面的争议。

（6）项目工期：项目工期是指燃气建设工程合同中约定的完成工程的时间要求，由于受不可抗力事件、变更工作等因素的影响，往往导致燃气建设工程未能按合同约定的工期完成，造成合同纠纷。纠纷可能涉及对工期延误的原因和责任的争议，以及延误所造成的经济损失的赔偿问题。

解决燃气建设工程合同纠纷通常需要双方进行协商和讨论，寻求解决方案。如果无法通过协商解决，双方可能需要寻求法律途径，如仲裁或诉讼来解决争议。具体的解决方式和程序会受到国家和地区的法律制度和合同约定的影响。在面临燃气建设工程合同纠纷时，建议寻求法律专业人士的意见和帮助，以确保维护自身的权益。

2. 建设工程合同纠纷案例分析

本书对南某公司与某某建设公司建设施工合同纠纷进行详细解剖，以深入了解建设工程合同纠纷。

1）案情概要

2013年2月6日，南某公司与某某建设公司签订综合利用工程施工合同。合同约定工程范围为新建输气管道、城区次高压管道、城区中压管道、新建门站1座、调压站2座等；合同开工日期暂定2013年2月6日，正式开工日期以开工报告为准；2013年4月20日前具备通气条件，2013年6月30日具备竣工验收条件；合同固定总价为44132023元。

2013年5月10日，南某公司、某某建设公司又签订了盈德气体工程、根源光大工程、卫星能源工程施工合同各一份，作为综合利用工程合同的增补合同。盈德气体工程合同约定，工程范围为次高压A管线、调压计量柜的施工；合同开工日期暂定2013年5月26日，正式开工日期以开工报告为准；2013年8月20日前具备通气条件，2013年9月30日具备竣工验收条件；合同固定总价为458952元。根源光大工程合同约定工程范围为次高压A线管、调压计量柜的施工；合同开工日期暂定2013年5月26日，正式开工日期以开工报告为准；2013年8月20日前具备通气条件，2013年9月30日具备竣工验收条件；合同固定总价为1498074元。卫星能源工程合同约定，工程范围为次高压A管线、调压计量柜的施工；合同开工日期暂定2013年5月26日，正式开工日期以开工报告为准；2013年9月20日前具备通气条件，2013年10月30日具备竣工验收条件；合同固定总价为2011328元。

综合利用工程于2012年10月8日开工，于2013年7月30日交工；盈德气体工程于2013年3月22日开工，于2013年8月31日交工；根源光大工程于2013年3月28日开工，于2013年11月21日交工；卫星能源工程于2013年8月18日开工，于2013年11月23日交工。

2013年12月27日至2015年7月，某某建设公司对争议工程进行了运行生产。

2014年1月4日，南某公司向某某建设公司提交了上述工程的结算文件、已完工程量确认单及竣工图等资料。

2014年9月9日，平湖市发展和改革委员会同国土资源局、规划建设局、环保局等单位对涉案工程进行了工程环保、安全、质监、消防、职业卫生等验收，出具了平湖市独山港区天然气综合利用工程竣工验收鉴定书，意见为：工程已按批准的建设规模、标准和要求建成，工程总投资基本控制在批准的概算内，工程质量合格，试运行情况良好，竣工验收手续基本完备，归档资料基本齐全，具备竣工验收条件，同意工程通过竣工验收。

2015年4月17日，南某公司再次向某某建设公司移交了涉案工程的竣工资料。

2012年至2015年期间，某某建设公司共向南某公司支付工程款3795万元。

某某建设公司委托北京中燕通华工程造价咨询有限公司对上述工程进行了工程结算审核，北京中燕通华工程造价咨询有限公司于2014年9月11日出具了审核结果。2014年9月26日，南某公司、某某建设公司对审理结果进行了确认，其中综合利用工程审定金额为49911198.28元，盈德气体工程审定金额为458952元，根源光大工程审定金额为1498074元，卫星能源工程审定金额为2190445.29元，合计54058669.57元。

事后，双方对付款及竣工情况产生异议。南某公司向浙江省平湖市人民法院起诉某某建设公司，诉请某某建设公司支付南某公司工程款16108669.57元，并按中国人民银行同期贷款利率支付逾期利息至判决确定的付款之日止（其中13405736.10元工程款从2014年2月4日起计算逾期付款利息，其中质保金2702933.47元从2015年1月15日起计算逾期付款利息）。某某建设公司随后提起反诉，诉请南某公司向某某建设公司支付逾期竣工的违约损失423万元，包括逾期竣工及逾期交付竣工资料的利息损失、延期竣工造成的生产营业利润损失、延期竣工造成的公司管理、工资支出损失以及增加的监理费用损失。

(1) 关于工程竣工验收的时间。某某建设公司主张应以平湖市发展和改革委员会主持进行的竣工验收所确定的日期2014年9月9日为竣工验收日期。南某公司主张应以某某建设公司进行生产运行的日期2013年12月27日为竣工验收日期。

一审法院认为，平湖市发展和改革局所主持的竣工验收并非对施工工程的竣工验收，而是对某某建设公司该投资项目是否符合各项标准、要求等而进行的验收，不能确定为竣工验收日期；而在2013年12月27日，某某建设公司就启用了这项受争议的工程，尽管他们称之为试生产，但实际上这个工程已经运行了一年多，而且在建设工程施工合同中，并没有规定需要进行试生产，故某某建设公司系擅自使用建设工程，某某建设公司的行为可视为对涉案工程竣工验收合格的确认，故认定2013年12月27日为工程竣工验收合格日。

(2) 关于工程款结算。一审法院认为，根据双方合同的约定，某某建设公司向南某公司支付工程款至工程结算价款的95%，必须同时具备工程竣工验收合格及南某公司向某某建设公司提交结算书之后的30日内，而南某公司向某某建设公司提交结算书的日期为2014年1月4日，故根据合同约定，某某建设公司向南某公司支付至工程结算价款的95%的日期为2014年2月3日前，这个工程的总价款为54058669.57元，支付95%的费用则为51355736.10元，但是某某建设公司仅仅支付了3795万元，尚余13405736.10元，对于该款某某建设公司应及时向南某公司支付，但某某建设公司逾期未支付，明显属违约，故对于南某公司要求某某建设公司支付以13405736.10元为基数，按中国人民银行同期贷款利率，从2014年2月4日计算至判决确定的履行之日止的利息的请求，法院予以支持。对于剩余5%的工程款即2702933.47元，双方约定为质保金，于工程保修期满后十四个工作日内支付给南某公司。双方在建设工程施工合同中约定，"保修期自竣工验收之日起一年，且满足法律法规规定最低保修年限"，但该约定出现在支付保修金的条款中，而双方对工程的保修期另行签订了工程质量保修书进行详细约定，故上述条款并非对工程保修期的约定，而是对工程保修金支付时间的约定，本案工程于2013年12月27日竣工验收合格，故法院认定某某建设公司应返还质保金的时间为一年后14个工作日内，即2015年1月16日前支付。该质保金到期后，某某建设公司应按照合同规定及时向南某公司支付，但是某某建设公司逾期仍未支付，明显属于违约行为，因此对于南某公司要求某某建设公司支付质保金2702933.47元，并支付以该金额为基数，按中国人民银行同期贷款利率计算至本判决确定的履行之日止的利息的请求予以支持，但利息应从 2015 年 1 月 17 日起算。

(3) 关于逾期竣工。一审法院认为，南某公司虽分别于 2013 年 7 月 30 日（综合利用工程）、2013 年 8 月 31 日（盈德气体工程）、2013 年 11 月 21 日（根源光大工程）、2013 年 11 月 23 日（卫星能源工程），与某某建设公司办理了交工手续，但南某公司直至 2014 年 1 月 4 日才向某某建设公司交接了竣工资料，故上述交工时间均不是具备竣工验收条件的时间；但由于某某建设公司已于 2013 年 12 月 27 日开始使用争议工程，法院认定某某建设公司为擅自使用争议工程，故法院认定某某建设公司的行为视为确认工程竣工验收合格，但在该日之前南某公司并无证据证实工程已具备了竣工验收的条件，故法院认定 2013 年 12 月 27 日系工程具备竣工验收条件的日期。虽然南某公司提供的设计变更通知单、施工变更联络单及工程量签证单能够证明在施工过程中存在设计、施工及工程变更的变化，但根据双方合同的约定，工期顺延需经某某建设公司的同意及南某公司的书面申请，但上述证据内容均无工期顺延的要求，且工程设计及施工发生变化，也不必然导致工期延长，故不涉及工期顺延。因此，综合利用工程应于 2013 年 6 月 30 日竣工验收，但实际于 2013 年 12 月 27 日具备竣工验收条件，延误了工期；盈德气体工程和根源光大工程均应于 2013 年 9 月 30 日竣工验收。但实际于 2013 年 12 月 27 日具备竣工验收条件，延误了工期。

一审法院判决：

某某建设公司支付南某公司工程款 13405736.10 元及质保金 2702933.47 元，合计 16108669.57 元；并支付上述款项逾期支付的利息（其中 13405736.10 元以 2014 年 2 月 4 日起计算，2702933.49 元以 2015 年 1 月 17 日起计算，都按照中国人民银行同期同类贷款基准利率；算至该判决确定的履行之日）。

南某公司赔偿某某建设公司工期延误的损失（其中综合利用工程以 12100 万元为基数，从 2018 年 7 月 1 日起算；根源光大工程、盈得气体工程合计以 120 万元为基数，从 2013 年 10 月 1 日起算；上述损失均按中国人民银行同期同类贷款基准利率计算至 2013 年 12 月 27 日止）；上述 (1)、(2) 项折抵后，某某建设公司应于该判决生效后十日内将应付的款项支付给南某公司。

驳回南某公司的其他本诉请求。

驳回某某建设公司的其他反诉请求。

某某建设公司对浙江省平湖市人民法院作出的 (2015) 嘉平民初字第 2083 号民事判决不服，向浙江省嘉兴市中级人民法院提起上诉，要求撤销原判中要求某某建设公司承担的 1079789.94 元（按照中国人民银行同期同类贷款基准利率计算，至 2015 年 5 月 16 日）。

某某建设公司认为，双方签订的《建设工程施工合同》明确约定了工程款的支付方式，其中"工程竣工验收合格且向某某建设公司提交结算书后 30 日内支付工程结算价款到 95% 并结清履约保证金"。提交完整的竣工资料既是工程所需要件，也是南某公司应尽的合同义务。涉案工程于 2014 年 9 月 9 日验收，南某公司移交完整竣工资料日期为 2015 年 4 月 17 日（建设工程竣工资料需要到平湖市城建档案部门完成备案手续且验收合格），而某某建设公司在提交竣工资料后 30 日内（即 2015 年 5 月 16 日前）已支付工程款 3795 万元，款项给付符合合同约定，不构成违约。

二审查明事实与一审认定的事实一致。

2) 裁判要旨

二审法院认为，根据双方合同约定，工程竣工验收合格且南某公司向某某建设公司提交结算书后 30 日内，某某建设公司应支付至工程结算款的 95%。二审争议焦点即上述付款时间节点如何认定，某某建设公司是否逾期付款。

关于付款节点中"工程竣工验收合格"的时间，某某建设公司在工程尚未竣工验收的情况下，擅自使用涉案工程进行生产运行，时间长达一年多，该行为表明其对合同标的物的认可，视为对涉案工程竣工验收合格的确认；此外，从实际操作的角度来看，一旦发包方开始使用工程，标的物的占有权就从承包方转移到了发包方手中。若以之后的验收来确定竣工日期，难以区分质量责任。一审法院据此以某某建设公司生产运行的日期 2013 年 12 月 27 日作为竣工验收日期，符合司法解释的相关规定，并无不当。某某建设公司认为应以平湖市发展和改革委员会主持进行的竣工验收日期来确定，但该竣工验收并非对施工工程的竣工验收，而是对投资项目的验收，故对某某建设公司的该抗辩意见，二审不予采信。

根据查明的事实，2014 年 1 月 4 日南某公司向某某建设公司提交了涉案全部工程的结算文件、已完工程量确认单及竣工图等资料。至此，"工程竣工验收合格且南某公司向某某建设公司提交结算书"的条件已经达成，某某建设公司应按约在该日起 30 日内支付相应工程款。某某建设公司认为应以 2015 年 4 月 17 日南某公司第二次移交竣工资料作为提交结算书的日期，缺乏依据。一审法院据此认定某某建设公司逾期支付工程款并按上述时间节点计算利息，并无不当。

3）裁判结果

二审法院判决驳回某某建设公司上诉，维持一审判决结果。

4）律师解析

本案中，南某公司与某某建设公司办理交工手续后迟迟未向某某建设公司提交竣工资料，实则违约在先，但某某建设公司在未经竣工验收的情况下即进行生产运行构成擅自使用，是某某建设公司在本案中最致命的漏洞。

实践中，燃气公司经常会在面对来自用户端或相关部门要求尽快通气的压力下，忽视竣工验收程序的重要性，擅自使用未经竣工验收的燃气工程，事后再倒签补齐竣工验收手续。燃气公司这种未经竣工验收即擅自使用的行为，已经违反了《中华人民共和国民法典》《建设工程质量管理条例》《中华人民共和国消防法》以及《城镇燃气管理条例》等相关法律法规，不但将导致理应可以主张的民事权利不能再得到保护，而且将承担行政方面的不利法律后果。

燃气建设工程擅自使用的法律后果：

（1）因违反相关法律规定，发包方将受到行政处罚。

（2）一旦发包方未经承包方同意擅自使用建设工程，该日将被视为竣工日期。同时，若合同双方就工程款支付的时间节点约定不明，将导致发包方擅自使用之日被视为工程款应支付之日，逾期支付还将承担违约责任。

（3）擅自使用后工程的占有发生转移，若发包方再以已使用部分（除地基基础工程和主体结构外）质量不符合约定为由主张民事权利，将难以得到法律支持，同样，如果发包方再次以工程存在质量问题为理由拒绝支付工程款，也将难以得到法律支持。

5）实务启示

（1）如果出现施工方逾期竣工验收燃气工程的情况，燃气公司应及时以合法有效的途径给施工方施加压力促使其配合竣工验收，而不应未经竣工验收即擅自使用燃气工程。

（2）燃气公司在签订燃气工程合同时，应明确约定工程进度的时间节点及逾期违约责任。设定违约责任时应充分考虑，如果工程逾期竣工，燃气公司需要向用户端承担的违约责任，以及如果燃气工程迟迟不竣工交付，燃气公司通过法律途径维权的成本等。

（3）一旦出现工程逾期的情况，燃气公司应及时固定往来函件等相关证据，并通过发送商务函、律师函等方式敦促施工方配合竣工验收，如果施工方依旧不作为，燃气公司应尽快启动法律途径维权。

三、相关法规内容

1. 《中华人民共和国民法典》

第七百八十八条　建设工程合同是承包人进行工程建设，发包人支付价款的合同。

建设工程合同包括工程勘察、设计、施工合同。

第七百九十五条　施工合同的内容一般包括工程范围、建设工期、中间交工工程的开工和竣工时间、工程质量、工程造价、技术资料交付时间、材料和设备供应责任、拨款和结算、竣工验收、质量保修范围和质量保证期、相互协作等条款。

第八百零七条　发包人未按照约定支付价款的，承包人可以催告发包人在合理期限内支付价款。发包人逾期不支付的，除根据建设工程的性质不宜折价、拍卖外，承包人可以与发包人协议将该工程折价，也可以请求人民法院将该工程依法拍卖。建设工程的价款就该工程折价或者拍卖的价款优先受偿。

2. 《城镇燃气管理条例》

第十一条　进行新区建设、旧区改造，应当按照城乡规划和燃气发展规划配套建设燃气设施或者预留燃气设施建设用地。

对燃气发展规划范围内的燃气设施建设工程，城乡规划主管部门在依法核发选址意见书时，应当就燃气设施建设是否符合燃气发展规划征求燃气管理部门的意见；不需要核发选址意见书的，城乡规划主管部门在依法核发建设用地规划许可证或者乡村建设规划许可证时，应当就燃气设施建设是否符合燃气发展规划征求燃气管理部门的意见。

燃气设施建设工程竣工后，建设单位应当依法组织竣工验收，并自竣工验收合格之日起15日内，将竣工验收情况报燃气管理部门备案。

第二节　第三方施工损害赔偿纠纷

一、第三方施工损害概述

1. 第三方施工损害的含义

城市燃气中的第三方施工损害指的是在城市燃气管道或设施的建设、维修、改造等工作中，由于第三方（即与燃气公司或承包商无直接合同关系的其他单位或个人）的施工行为而导致的损害或损失。本书中的第三方施工损害指燃气管道的损坏，即第三方在进行施工作业时，可能会因过失破坏、破裂或损坏燃气管道，导致燃气泄漏、管道破裂或设施无法正常运行。

2. 第三方施工损害的原因

城市燃气中造成第三方破坏燃气管道的原因是多种多样的，以下是一些常见的原因：

（1）施工操作失误：第三方在进行其他工程施工时，因为缺乏对燃气管道位置的准确了解或施工操作不慎而导致破坏。例如，使用施工机械或工具时意外碰撞燃气管道，或者在挖掘土地时无意中损坏了埋在地下的管道。

（2）资料不准确或不完整：由于第三方未能获得最新的燃气管道图纸、没有进行足够的调研，或者没有咨询燃气公司或相关专业人士等原因，导致在施工过程中误伤了燃气管道。

（3）未经授权的施工行为：第三方在未经燃气公司或承包商授权的情况下进行施工，没有遵守相关规定和程序，导致对燃气管道造成破坏。

（4）无视安全要求：第三方在施工过程中忽视了燃气管道的安全要求，如未采取必要的保护措施、忽略周围环境的敏感性，或者不遵循燃气安全规定和操作程序。

（5）不当的地下设施施工管理：城市地下存在众多的地下设施，如电力、通信、自来水等，第三方在进行地下施工时，没有充分了解并遵守地下设施施工管理规定，导致对燃气管道的损害。

这些原因都可能导致第三方对燃气管道造成破坏，引发燃气泄漏、供气中断、安全事故等问题。为了预防和减少此类事件的发生，燃气公司、承包商和第三方施工单位应加强沟通与协调，确保第三方充分了解燃气管道的位置和相关规定，并严格遵守安全操作要求。同时，加强监督和检查工作，确保施工过程中的安全性和合规性。

二、第三方施工损害赔偿纠纷概述

1. 第三方施工损害赔偿的含义

当第三方的施工行为导致燃气管道或设施受损时，燃气公司或承包商可能会向其提出赔偿要求，在进行第三方施工损害赔偿中可能涉及以下关键要素：

（1）损害确认：进行现场勘查、技术评估和证据收集，确认由第三方施工行为引起的具体损害。

（2）赔偿责任：评估第三方施工行为是否符合相关的法律、规定和合同要求，确认第三方的施工行为对损害的直接或间接原因，并确定其是否存在违约或过失。

（3）赔偿范围：通过进行损失评估和成本计算，确定赔偿范围，包括修复受损的燃气管道的费用、停工期间的损失、供气中断引发的经济损失等。

（4）赔偿金额和方式：根据实际损失、合同约定和法律规定来确定赔偿金额，并约定赔偿方式和支付方式，可以是一次性支付或分期支付，具体根据协议或法律程序确定。

2. 第三方施工损害赔偿纠纷的含义

城市燃气中的第三方施工损害赔偿纠纷是指在城市燃气管道的建设、维修、改造等工作中，由于第三方施工行为而引发的损害或损失，导致燃气公司或承包商与第三方之间发生赔偿纠纷。这种纠纷涉及受损方要求第三方赔偿损失的责任和金额问题，需要根据合同约定、法律规定和事实证据来评估第三方的违约行为或过失情节，并确定相应的赔偿方式和支付方式。解决此类纠纷通常需要双方进行协商、调解，双方未达成一致的，可以运用法律手段，寻求公正和合理的解决方案，以保护各方的权益和维护燃气设施的安全和正常运行。

3. 第三方施工损害赔偿纠纷案例分析

本书选取了某燃气有限公司与某浴池间的财产损害赔偿事件来进行第三方施工损害赔偿

纠纷案例分析。

1) 案情概要

2016年12月8日上午8时，一家位于大街上的室内燃气管线在某浴池装修工程中被破坏，导致燃气大量泄漏并引发火灾。这一事件严重损坏了室内和室外燃气设施，使它们无法继续使用。经某燃气有限公司紧急抢修，控制了燃气泄漏，某燃气有限公司实施抢修支付了有关费用，双方对赔偿事宜未达成一致。某浴池对某燃气有限公司抢修支出费用不予认可，经某燃气有限公司申请，审理中法院委托对该抢修工程造价进行鉴定，经鉴定造价总额：63655.35元，某燃气有限公司垫付鉴定费5000元。某燃气有限公司要求某浴池赔偿紧急抢修的费用，并承担相关的诉讼费用。

一审法院裁定，根据相关法律规定，公民的合法财产受到法律的保护，任何单位和个人都不得侵犯。某浴池在施工过程中对燃气管线造成了破坏，导致燃气泄漏和火灾，可能危及公众安全。某燃气有限公司作为燃气维护企业，要求某浴池赔偿由于紧急修复此事故所产生的合理费用符合相关规定。某浴池在鉴定中提出的有争议项目，未提供证据证明是在该次燃气抢修过程中不必要之需，故该笔费用亦为工程造价合理部分，一审法院对某浴池主张不予支持。

一审法院判决如下：

（1）某浴池于本判决生效后5日内赔偿某燃气有限公司因抢修燃气事故所产生费用63655.35元；

（2）某浴池于本判决生效后5日内赔偿某燃气有限公司鉴定费用5000元；

（3）驳回某燃气有限公司、某浴池其他诉讼请求。

某浴池对一审民事判决不服，向中级人民法院提起上诉。某浴池上诉请求：撤销一审判决主文第一、二项，并予以改判，同时驳回某燃气有限公司对某浴池的诉讼主张；某燃气有限公司承担本案诉讼费。事实和理由：①一审判决中判定的工程造价缺乏合理性。作为一审判决依据的鉴定报告中明确提出抢修费中包括无争议部分和有争议部分，而法院在一审判决时并未予以考虑，将全部费用判予某浴池承担。某浴池不同意支付有争议部分的抢修费用。②一审举证过程中某燃气有限公司未能提供全部费用依据。在一审举证过程中，某燃气有限公司并未能够提供全部费用的票据及证明。一审法院在没有完全核实费用依据的前提下，对某燃气有限公司主张予以支持，是不合理且不合法的。③某燃气有限公司提出的抢修费用条目与事实不符。某燃气有限公司在抢修费用中提出的路面修复，抢修车辆的数量以及管线长度等与实际情况不相符。抢修的地面工作实际上是由某浴池在抢修工程完成后自行修复，燃气公司没有进行处理。

二审查明事实与一审认定的事实一致。

2) 裁判要旨

法院认为，法律保护公民和企业的合法财产。侵害他人民事权益的过失行为应承担侵权责任。提起诉讼请求的当事人有责任提供证据来支持其依据的事实，如果没有足够证据或证据不足以证明其主张，那么负有举证责任的当事人将需要承担不利后果。本案中，某燃气有限公司为证明其损失提交了相应的证据，其损失情况有《工程造价司法鉴定报告》等证据予以佐证，一审法院根据证据情况，对合理的损失予以支持，并无不当。上诉人在上诉状中提出的异议的路面恢复费用、抢修车辆台班数及管线长度等项目并未包含在鉴定结论最后确定的费用中。对其他项目，上诉人未提出相应的依据和证据予以推翻。故法院对上诉人的该项主张不予支持。

3）裁判结果

（1）某浴池于本判决生效后5日内赔偿某燃气有限公司因抢修燃气事故所产生费用63655.35元；

（2）某浴池于本判决生效后5日内赔偿某燃气有限公司鉴定费用5000元。

4）律师解析

燃气公司在实施应急抢险救灾时应加强证据意识，有意留存并妥善保管好实施紧急抢修过程中相应花费的票据，现场相关当事人员事后以书面情况说明的方式记录当时的处理经过，以便日后向有关责任方追偿。不然时间一长，经常会出现当事人回忆不清、材料遗失等情况，为日后维权造成极大障碍。

5）实务启示

燃气公司对于应急抢险救灾的工作，制作工作流程和相应的清单，并对员工加以培训，同时应做到日常定期演练，事发时留痕管理。这样面对突发事件时，不至于手忙脚乱、忙中出错。

三、相关法规内容

《城镇燃气管理条例》相关规定如下：

第三十四条　在燃气设施保护范围内，有关单位从事敷设管道、打桩、顶进、挖掘、钻探等可能影响燃气设施安全活动的，应当与燃气经营者共同制定燃气设施保护方案，并采取相应的安全保护措施。

第三十六条　任何单位和个人不得侵占、毁损、擅自拆除或者移动燃气设施，不得毁损、覆盖、涂改、擅自拆除或者移动燃气设施安全警示标志。

任何单位和个人发现有可能危及燃气设施和安全警示标志的行为，有权予以劝阻、制止；经劝阻、制止无效的，应当立即告知燃气经营者或者向燃气管理部门、安全生产监督管理部门和公安机关报告。

第三节　提供劳务者受害责任纠纷

一、提供劳务者受害责任概述

1. 提供劳务者受害责任的含义

提供劳务者受害责任是指在存在个人之间的劳务关系的情况下，提供劳务的一方因其自身的劳务活动而受到伤害。当提供劳务的一方要求接受劳务的一方承担损害赔偿责任时，双方应根据各自的过错程度承担相应的民事责任。燃气公司通常将燃气工程的施工建设项目进行发包，在此过程中，存在建设单位拿到项目后违法分包或者个人挂靠建设单位拿项目等情况。在这种情况下，如果燃气公司没有充分履行监督义务，一旦施工中的工人发生意外受伤，燃气公司有可能因疏忽而需要为涉及违法的第三方承担责任。

2. 提供劳务者受害责任的避免

燃气公司在发包燃气工程项目时，需要注意以下几个方面，以避免在提供劳务者受害责任纠纷中承担责任：

（1）选择合格的承包商：在选择承包商时，燃气公司应仔细评估其资质、经验和信誉，确保其具备承担相应责任的能力和素质，选择具备良好声誉和良好记录的承包商可以降低潜在的风险。

（2）明确合同条款：与承包商签订合同时，燃气公司应明确规定劳务者受害责任的相关条款，包括劳务者的责任范围、违约责任、赔偿责任等，并且合同中应明确规定劳务者在工作中应遵守的安全规范、职业道德要求和工作纪律。

（3）提供充分培训和指导：燃气公司应为劳务者提供必要的培训和指导，确保他们了解并遵守相关的安全规定和操作规程，全面增强劳务者工作技能和安全意识，减少潜在的工作风险。

（4）安全监督与检查：燃气公司应加强对工程项目的监督和检查，如定期检查工作现场、记录安全问题，并及时采取措施纠正和改进，确保劳务者在工作中遵守安全规定和操作程序。

（5）保险和担保：燃气公司可以通过购买保险来防范潜在的劳务者受害责任纠纷风险。此外，燃气公司还可以要求承包商提供担保或保证金，以确保在发生纠纷时能够得到合理的赔偿。

二、提供劳务者受害责任纠纷概述

1. 提供劳务者受害责任纠纷的定义

提供劳务者受害责任纠纷是指在城市燃气行业中，从事提供劳务工作的个人或公司与其他相关方之间发生的纠纷。在这种纠纷中，提供劳务者主张自己受到损害或伤害，并寻求法律救济或补偿。

2. 提供劳务者受害责任纠纷的类型

城市燃气行业提供劳务者受害责任纠纷可以涉及多种类型，以下是其中一些常见的情况：

工作安全事故：这是最常见的责任纠纷类型之一。提供劳务者在安装、维修、检查或操作燃气设备和管道时可能发生事故，导致受伤或死亡。安全事故包括爆炸、火灾、中毒、燃气泄漏等。

职业疾病：在城市燃气行业工作可能暴露于有害物质、化学品或其他危险环境中，这可能导致提供劳务者患上职业病，如呼吸系统疾病、皮肤病、中毒等。如果这些疾病可以追溯到工作环境，提供劳务者可能会提出责任纠纷要求获得补偿。

薪酬和劳动权益：提供劳务者可能会与雇主或城市燃气供应公司产生纠纷，涉及工资支付问题、工时违规、劳动合同违约等。这些纠纷可能包括拖欠工资、非法解雇、劳动条件不合理等问题。

不当管理和培训：如果提供劳务者在工作中缺乏管理和培训，则会导致工作环境不安全或无法正确执行任务，从而引发责任纠纷。这可能涉及雇主或城市燃气供应公司未履行安全责任、未提供必要的培训或未提供适当的工作装备。

以上是部分可能出现的责任纠纷类型，具体情况因个案而异。在纠纷发生时，相关法律和法规将指导如何处理纠纷，确定责任并提供适当的赔偿或救济。

3. 提供劳务者受害责任纠纷案例分析
1) 案情概要

2007年12月28日，被告许某与被告某燃气有限公司签订协议书，协议书的编号为JXCJ-BY-GC-2007-03，规定了被告许某要承建城市管道天然气项目等四个工程。在协议的"承包人"一栏，被告许某用了其公司的专用章，"某工程安装有限公司"。

2008年3月，原告张某经人介绍到被告许某处上班，月工资3000元。

2008年8月27日上午10时许，原告张某在被告许某的承建工程现场工作时，右手不慎受伤，随后被送往医院接受治疗，经医生诊断确认为右桡骨骨折。

2009年4月7日，原告张某经司法医学鉴定中心鉴定为五级伤残。

2010年，原告张某向劳动争议仲裁委员会申请劳动争议仲裁，要求确认原告张某与被告某工程安装有限公司存在劳动关系，劳动争议仲裁委员会因证据不足驳回了原告的仲裁申请。

2011年，原告张某向法院起诉某工程安装有限公司，原告于2011年9月28日撤诉。

2013年5月29日，原告张某将被告许某诉至法院，一审判决后，原告张某上诉至中级人民法院，中级人民法院发还原审法院重新审理。

被告某工程安装有限公司委托公安局对编号为JXCJ-BY-GC-2007-03的协议书上加盖的印文"某工程安装有限公司合同专用章"进行鉴定，经公安局进行鉴定，鉴定结论表明，该印文与被告某工程安装有限公司所使用的合同专用章不同。原告张某是一位农村居民，其2014年的年均纯收入为9102元。

一审法院认为：公安局的鉴定结论具有真实性、合法性，予以确认，故承包被告某燃气有限公司工程的合同相对方并非被告某工程安装有限公司，而是被告许某个人。根据适用的法律规定，如果雇员在从事雇佣活动时遭受人身伤害，雇主应负有赔偿责任。在本案中，雇员张某受被告许某的雇佣，在许某承包的工程工作过程中受伤，被告许某应当对原告的损害承担赔偿责任。被告某燃气有限公司将工程发包给没有资质的个人许某，对于原告张某的损失，被告某燃气有限公司应与雇主许某承担连带责任。原告提出精神抚慰金要求，其主张有事实和法律依据支持，应予以赔付。原告张某的误工费应计算至残疾评定前一天，共计223天，误工费金额为22300元（3000元/30天×223天）；残疾赔偿金按照2014年度农村居民人均纯收入计算，总额为109224元（9102元×20年×60%）。原告张某提出鉴定费600元的要求，但因未提供相关证据，不予支持。被告许某辩称原告的起诉已超过诉讼时效期限，因原告受伤后多次向相关机构和被告主张权利，因此诉讼时效在原告主张权利时中断，并且重新计算，因此原告起诉并未超过诉讼时效。

一审法院判决：（1）被告许某应在判决生效后的30日内支付给原告张某误工费22300元、残疾赔偿金109224元以及精神损害抚慰金18000元，总计149524元。（2）被告某燃气有限公司对第一项判决承担连带赔偿责任。（3）原告张某的其他诉讼请求被驳回。

原告张某和被告许某对一审民事判决提出上诉，请求河北省廊坊市中级人民法院撤销原判。原告张某的上诉理由包括：（1）某工程安装有限公司应与许某和某燃气有限公司一同承担连带赔偿责任。（2）残疾赔偿金计算存在错误。（3）鉴定费实际发生应当获得赔偿。

被告许某的上诉理由是：（1）一审法院认定事实错误，被上诉人张某的伤残等级过高。（2）原审法院认定上诉人许某承包被上诉人张某所在的工地工程证据不足。上诉人许某不具备雇佣被上诉人张某的主体资格。（3）被上诉人张某的起诉已经超过诉讼时效。

二审查明事实与一审认定的事实一致。

2）裁判要旨

法院认为，关于被上诉人某工程安装有限公司应否在本案中承担赔偿责任，许某与某燃气有限公司签署了一份协议书，许某在协议的"承包人"一栏盖了印章，上面标明为"某工程安装有限公司合同专用章"。然而，经过公安局的鉴定，认为该印章与被告某工程安装有限公司所使用的合同专用章并不相同。因此，被上诉人某工程安装有限公司不应成为本案的赔偿主体。上诉人张某主张应由某工程安装有限公司承担连带赔偿责任，但未提供相关证据来证实这一主张，法院因此不予支持该上诉请求。至于残疾赔偿金的数额，一审法院计算正确，法院予以确认。关于上诉人张某主张的鉴定费，因其未提供鉴定费票据，一审法院的认定并无不妥。上诉人许某要求对被上诉人张某的伤残进行重新鉴定，然而，上诉人许某在一审过程中并未提出重新鉴定的请求。此外，鉴定部门具备合法的鉴定资质，鉴定程序也是合法的。因此，法院没有准许上诉人许某的重新鉴定申请。经审查，上诉人张某在受伤后曾多次向相关部门主张某权利，没有超过诉讼时效期限。关于上诉人许某与上诉人张某之间的法律关系，经过庭审已确认，上诉人许某与某燃气有限公司签署了一份协议书，与被上诉人某工程安装有限公司无关，上诉人张某是在上诉人许某所承包工程的工地上受到伤害，一审法院认定两者之间为雇佣关系符合客观实际，上诉人许某作为上诉人张某的雇主，应依法承担赔偿责任。综上，上诉人许某、张某的上诉理由均不能成立，一审法院认定事实清楚，适用法律正确。

3）裁判结果

（1）被告许某应在判决生效之日起的30日内支付给原告张某误工费22300元、残疾赔偿金109224元以及精神损害抚慰金18000元，总计149524元。

（2）被告某燃气有限公司应对第一项判决承担连带赔偿责任。

4）律师解析

如果某燃气有限公司在将燃气工程的施工建设项目进行发包时，能够通过正规途径选择与较大规模的建设单位进行合作，签订合同时留存建设单位的资质、证件等材料的复印件，那么完全可以在此次事件中全身而退不用承担连带赔偿责任。

5）实务启示

燃气公司在发包燃气工程项目时，应当根据《建设工程质量管理条例》《建设工程勘察设计管理条例》《建设工程安全生产管理条例》等法规，检查设计、监理、施工单位是否具有与燃气工程规模相应的资质和安全生产条件，并留存相关证照的复印件作为合同签订附件。律师建议燃气公司在与设计、监理、施工单位签订合同时，应明确约定承包单位的项目负责人，并要求对方提供项目负责人的社保缴费记录，以避免出现挂靠。

三、相关法规内容

1.《中华人民共和国劳动法》

第七十七条 用人单位与劳动者发生劳动争议，当事人可以依法申请调解、仲裁、提起诉讼，也可以协商解决。调解原则适用于仲裁和诉讼程序。

第七十八条 解决劳动争议，应当根据合法、公正、及时处理的原则，依法维护劳动争议当事人的合法权益。

第七十九条 劳动争议发生后，当事人可以向本单位劳动争议调解委员会申请调解；调解不成，当事人一方要求仲裁的，可以向劳动争议仲裁委员会申请仲裁。当事人一方也可以直接向劳动争议仲裁委员会申请仲裁。对仲裁裁决不服的，可以向人民法院提起诉讼。

2.《中华人民共和国劳动合同法》

第八条 用人单位招用劳动者时，应当如实告知劳动者工作内容、工作条件、工作地点、职业危害、安全生产状况、劳动报酬，以及劳动者要求了解的其他情况；用人单位有权了解劳动者与劳动合同直接相关的基本情况，劳动者应当如实说明。

第八十八条 用人单位有下列情形之一的，依法给予行政处罚；构成犯罪的，依法追究刑事责任；给劳动者造成损害的，应当承担赔偿责任：

（一）以暴力、威胁或者非法限制人身自由的手段强迫劳动的；

（二）违章指挥或者强令冒险作业危及劳动者人身安全的；

（三）侮辱、体罚、殴打、非法搜查或者拘禁劳动者的；

（四）劳动条件恶劣、环境污染严重，给劳动者身心健康造成严重损害的。

3.《中华人民共和国劳动争议调解仲裁法》

第二条 中华人民共和国境内的用人单位与劳动者发生的下列劳动争议，适用本法：

（一）因确认劳动关系发生的争议；

（二）因订立、履行、变更、解除和终止劳动合同发生的争议；

（三）因除名、辞退和辞职、离职发生的争议；

（四）因工作时间、休息休假、社会保险、福利、培训以及劳动保护发生的争议；

（五）因劳动报酬、工伤医疗费、经济补偿或者赔偿金等发生的争议；

（六）法律、法规规定的其他劳动争议。

第九条 用人单位违反国家规定，拖欠或者未足额支付劳动报酬，或者拖欠工伤医疗费、经济补偿或者赔偿金的，劳动者可以向劳动行政部门投诉，劳动行政部门应当依法处理。

第十六条 因支付拖欠劳动报酬、工伤医疗费、经济补偿或者赔偿金事项达成调解协议，用人单位在协议约定期限内不履行的，劳动者可以持调解协议书依法向人民法院申请支付令。人民法院应当依法发出支付令。

第四节 相邻权纠纷

一、相邻权概述

1. 相邻权的定义

相邻权是指邻近土地或地区之间的权益关系，主要涉及土地使用、利益保护和相互关系等方面。它旨在确保邻近地区的权益得到平衡和保护，同时为各方提供合理的权利和责任。

相邻权通常适用于不同土地之间的关系，例如城市燃气行业中的管道铺设、建筑物间的间隔、土地利用规划等。涉及以下几个方面内容：

（1）特定使用权：对相邻不动产为特定使用的权利。即为自己不动产的使用便宜有必需或必要时，在相邻不动产上所为的特定使用，如邻地通行、铺设管道等。例如，在建设项目中，相邻权确保了土地所有者或使用权持有者能够合法地使用自己的土地，并防止邻近土地的侵占或不当利用。

（2）不干扰权：相邻权保障了土地所有者或使用权持有者的不受干扰权利。这意味着邻近土地的活动不应对其正常使用和享有权益造成无合理理由的干扰。

（3）环境保护：相邻权通常也涉及对环境的保护。它确保邻近土地或地区的环境不受污染、噪声、震动、恶气、异味等不利因素的影响，并确保其居住或工作环境的质量。

（4）侵权赔偿：侵犯相邻权，给相邻方造成损失的，应当停止侵害，排除妨碍，赔偿损失，以恢复相邻土地的权益。

2. 相邻权的类别

《中华人民共和国民法典》中提出了以下 10 个类型的相邻权：

1）用水相邻权

用水相邻权是指土地所有人或占有人在自己的土地范围内，享有合理使用附近水源的权利。这包括从附近的水源（例如河流、湖泊、井等）取水供用于生活、农业、工业或其他合法用途的权利。用水相邻权的行使通常受到法律和法规的限制，以确保水资源的公平合理分配和保护环境。

2）排水相邻权

排水相邻权是指在土地所有权或占有权范围内，拥有排水系统或排水渠的土地所有人或占有人，有权将排水从自己的土地引入他人的土地，前提是不得违反相关法律法规，不得超出合理需要，不得对他人的土地造成不必要的侵害，并且需要确保排水不会引发洪水或其他环境问题。排水相邻权的行使通常受到法律规定和当地法规的约束，旨在平衡土地所有人之间的利益以维护环境和公共利益。

3）相邻通行权

相邻通行权是指土地所有人或占有人对其土地的合理利用需要，以通行、过境或进出他人土地的权利。这种权利通常涉及没有其他可行路径或出入口的情况，或者在不影响相邻土地所有人的正常权益的前提下，需要通过相邻土地进行通行。

4）相邻施工权

相邻施工权是指在修建、装修房屋的时候，可以临时占用邻居的地方，在使用完毕后，应立即清理现场、恢复原状，确保不会对邻居的生产和生活造成不便。如果临时占用土地导致土地权利人遭受损失，占用方应给予一定赔偿。

5）管线相邻权

管线相邻权是指在敷设电缆、管道、架设电线和其他空中线路时，如果必须经过相邻他方的地下或地上，相邻他方不得拒绝或阻碍，但如果确实对邻居造成一定的不便，双方可以协商确定给予相应的赔偿金额。

6）防险相邻权

防险相邻权是指在使用房屋时，相邻的一方不得在自己的房地产范围内放置或使用易燃、易爆、剧毒、放射性、腐蚀性等危险物品。此外，如果相邻一方的房屋或其他设施存在倒塌、脱落、坠落等危险情况，可能会危及相邻他方的人身和财产安全，那么相邻一方有权提出异议。

7）通风采光相邻权

通风采光相邻权是指建设和使用房屋时，不得影响相邻一方通风和采光。

8) 环保相邻权

环保相邻权包括以下三个方面：(1) 相邻人在排污和排废时，不得超过规定的排放标准，也不得对相邻方的生产和生活造成不便。(2) 相邻人不得制造噪声、喧闹、振动、异味等，以防影响相邻他方的正常生产和生活，或对他人身心健康造成伤害。(3) 烧烤产生的那种气体。

9) 地界相邻权

地界相邻权是指相邻两方的土地互相接壤，其中一方不得干扰或妨碍另一方的正常使用。例如，树木遮阴，影响邻居种植作物的生长。

10) 共墙相邻权

共墙相邻权是指同一堵墙被两个相邻方共同拥有或使用。其中一方的使用不应该影响到另一方，也不得擅自拆除墙体。如果需要对共墙进行维修或重新建造，双方需要共同协商并分担费用。

二、管道敷设相邻权纠纷

1. 管道敷设相邻权纠纷概述

管道敷设相邻权纠纷是指在燃气管道敷设过程中，涉及邻近土地或地区的相关权益和利益保护问题引发的纠纷。管道敷设相邻权纠纷可能包括以下方面：

1) 土地使用权

管道敷设需要在土地上进行，因此涉及与土地所有者或土地使用权持有者的关系。纠纷可能涉及土地使用权的争议，包括土地占用、租赁、赔偿等问题。

2) 管道位置和通道

管道敷设可能需要通过邻近土地或地区，因此涉及管道的位置和通道的选择。纠纷可能涉及管道的路径选择、对邻近土地使用的干扰以及通行权等问题。

3) 环境影响和损害

管道敷设可能对邻近土地和环境产生影响，例如地表破坏、土地沉降、噪声和震动等，故纠纷可能涉及环境损害的评估、修复和赔偿问题。

4) 安全和风险管理

管道敷设涉及安全和风险管理问题，特别是在与邻近土地和建筑物的关系中。因此，管道敷设相邻权纠纷可能涉及安全措施的落实、风险评估和应急响应等问题。

2. 管道敷设相邻权纠纷防控措施

燃气公司可以采取一系列措施来有效避免管道敷设相邻权纠纷，以确保与邻近土地和地区的和谐关系。

1) 事前沟通和协商

在进行管道敷设之前，燃气公司应与邻近土地所有者或使用权持有者进行充分的沟通和协商，明确管道路径、施工时间和方式，并提前告知施工可能产生的影响和风险。

2) 尊重和遵守法律法规

燃气公司应遵守相关的法律法规、环境保护要求和土地使用规定，确保管道敷设符合合法性和规范性的要求。

3) 进行必要的环境评估

在管道敷设之前，进行必要的环境评估，评估施工对周边土地和环境的潜在影响，并根据评估结果制定相应的环境管理和保护措施。

4) 安全管理和风险控制

燃气公司应确保施工过程中的安全管理和风险控制,这包括合理的施工计划、安全培训、设备维护和应急响应机制的建立。

5) 提供合理的补偿和赔偿

如果管道敷设对邻近土地或地区产生了不可避免的影响或损害,燃气公司应提供合理的补偿和赔偿,以弥补受损方的合理权益。

6) 建立合作关系

与邻近土地所有者、当地政府和社区建立良好的合作关系,通过开展社区参与和沟通,建立互信和合作关系,促进共同理解和解决潜在问题。

7) 建立有效的投诉处理机制

燃气公司应建立有效的投诉处理机制,及时处理和解决邻近土地所有者或使用权持有者的投诉和纠纷,确保问题得到妥善解决。

通过采取上述防控措施,可以使燃气公司更好地管理和处理与管道敷设相邻权相关的问题,减少纠纷的发生,保持与邻近土地和地区的和谐关系。

3. 管道敷设相邻权纠纷案例分析

1) 案情概要

李某的房屋用于经商,开办某服务中心。2017年,某燃气有限公司将燃气管道安装在3号楼的外墙上。李某家所在的3号楼上没有任何业主申请安装天然气,某燃气有限公司在3号楼上安装燃气管道为小区1号楼业主提供燃气。

李某认为某燃气有限公司在没有经过其允许下,就私自将燃气管道安装在李某家所居住的3号楼外墙上,某燃气有限公司的行为已经构成侵权,也影响了3号楼某服务中心的业务经营,为此李某多次就此找相关部门请求解决,但都协商未果,无奈诉至法院。

庭审中,李某申请小区物业公司经理谭某作为证人出庭作证,证明某燃气有限公司在小区安装天然气未经物业公司允许。但一审法院认为该证人证言与本案无关联性,故对谭某证言不予采信。

一审法院认为:(1)某燃气有限公司认为李某的房屋现在商用,开办服务中心,服务中心为受害主体,原告主体不适格。因该房屋登记在李某名下,李某是3号楼业主,是真正的物权人,故李某系适格原告。(2)某燃气有限公司在李某房屋外墙上安装燃气管线,应当经过李某允许。(3)某燃气有限公司认为应允许相邻不动产权利人敷设管线。首先某燃气有限公司并不是李某的相邻不动产权利人;其次3号楼全体业主无任何一户申请安装天然气;再次某燃气有限公司是为小区其他楼房的业主安装天然气,某燃气有限公司没有证据证明必须安装在李某所在的3号楼外墙上才能达到为其他楼房业主安装天然气的目的。(4)为了让某燃气有限公司充分说明在3号楼外墙安装天然气的安全性,安排了第二次庭审。庭审中,某燃气有限公司的说明并不具体,只是强调管道安装符合规范、施工程序合法,当问及管道与房间门、窗洞口的净距离多远时,某燃气有限公司表示此净距离不应小于0.3m,而在庭审前某燃气有限公司代理人去现场进行了测量,表示由于高度原因测量不是很准确、差不多0.4m。从某燃气有限公司的表述来看,某燃气有限公司在实际施工中对窗洞口与管线的距离等安全性因素并没有做到心中有数。某燃气有限公司的说明,没有让法院对如此安装的安全性产生绝对的信心。(5)某燃气有限公司主张外墙系业主的共有部分。即使是共有,3号楼没有其他业主安装天然气，李某作为共有人之一也有权提起诉讼。综上所述，某燃气有限公司的行为构成对李某的侵权，李某的诉讼请求，应予支持。

一审法院判决：某燃气有限公司于本判决生效后立即停止侵权和排除妨害，即对安装在李某家外墙上的燃气管道进行拆除并恢复原状。

某燃气有限公司不认可一审民事判决，因此向中级人民法院提起上诉。某燃气有限公司上诉要求撤销原判，发回重审或依法改判。

某燃气有限公司上诉称，2017年5月经小区业户申请，某燃气有限公司进入该小区安装燃气。该工程系经专业机构依据《城镇燃气设计规范（2020版）》（GB 50028—2006）设计，某燃气有限公司严格按照设计图纸施工，同时，某燃气有限公司持有县城市环境综合执法局颁发的《燃气经营许可证》，这证明了他们是一家合法经营的专业公司，在行业中享有良好的声誉。根据上述小区住宅楼的布局，其中一条燃气管线必须通过李某所在住宅楼的后墙体，李某提出异议。根据《中华人民共和国侵权责任法》，排除妨害的前提应该是造成现实的损害或存在潜在的危险，但是在原审的两次庭审过程中，李某没有提交证据证明其遭受到损害以及其经营的某服务中心（无经营资质）所受到的影响。根据《中华人民共和国物权法》，建筑物的外墙是业主的共有部分，并不属于某一业主专有，利用业主的共有部分为全体业主谋福利、做贡献、发挥物的效用，完全符合物权法的基本原则。一审法院完全忽视某燃气有限公司依规设计、合法施工的事实，导致一审判决认定事实不清、适用法律错误。

2）裁判要旨

法院认为，判断一项行为是否构成一般侵权，需要考虑该行为是否符合以下四个要素：行为的违法性、损害事实的存在、因果关系以及行为人主观上的过失。本案中，李某主张某燃气有限公司在其所有的房屋外墙上安装燃气管道的行为侵权。根据国家《城镇燃气设计规范（2020版）》（GB 50028—2006）第6.3.16规定，室外架空的燃气管道，可沿建筑物外墙或支柱敷设，李某所居住的小区原来没有安装燃气管道，故某燃气有限公司在该栋楼沿建筑物外墙及支柱敷设天然气管道符合相关规定。原审中某燃气有限公司提供了竣工验收报告，由施工单位、监理单位、建设单位加盖公章，用以证实该工程是合格工程。故某燃气有限公司在李某所有的房屋后墙体安装天然气管道，未违反国家标准及规定，未造成损害后果，李某主张某燃气有限公司的行为构成侵权并无证据支持。另外，随着社会的发展和人们生活水平的提高，小区业主普遍有了安装天然气的共同需求，这符合小区业主的共同利益。尽管目前3号楼的业户没有申请安装天然气，但未来的安装需求也不排除可能性。在该楼上安装天然气管道也是为相邻1号楼业主提供燃气供应的需要，李某对楼房共有部分，享有权利，承担义务，不能以其自己放弃安装燃气而不履行对相邻业主安装燃气提供便利的义务。某燃气有限公司的上诉请求成立。

3）裁判结果

驳回李某的诉讼请求。

4）律师解析

燃气公司作为专业机构应该具备利用普通人能理解的方式表达专业问题的能力，不然就会引起不必要的误解。某燃气有限公司将燃气管道安装在李某家所居住的3号楼外墙上之前没有尽到足够的解释说明义务，提前消除李某的顾虑，是引起这起纠纷的根本原因。本案进入诉讼后在一审中，某燃气有限公司依然没有向法院和李某解释清楚室外架管的合法性与合理性，最终导致其在一审中败诉。

5）实务启示

燃气公司在为老旧小区进行配套改造时，需要注意以下几点：

（1）根据《城镇燃气管理条例》规定，燃气工程的规划设计、施工、竣工验收、备案一系列程序务必合法、完整。实践中，燃气公司经常由于种种原因在燃气工程施工过程中缺少上述二个或几个步骤，导致程序瑕疵或燃气工程不符合设计施工规范。一旦因用户投诉引起政府问责或诉讼，将使燃气公司处在极其被动的地位。

（2）燃气公司在施工前务必公开、透明地做好工程宣传及安全宣传工作，例如将管道敷设、费用收取的相关文件及依据进行公示，向小区居民说明燃气工程的合法性和合理性。老旧小区进行燃气配套改造是为用户提供生活便利，燃气公司按照设计规范在建筑物外墙架设天然气管道的行为并不会对房屋的所有权人造成侵害，或导致其财产遭受损失或贬损，亦非侵犯了大多数业主的公共利益。

三、相关法规内容

1. 《中华人民共和国民法典》

第二百八十八条　不动产的相邻权利人应当按照有利生产、方便生活、团结互助、公平合理的原则，正确处理相邻关系。

第二百八十九条　法律、法规对处理相邻关系有规定的，依照其规定；法律、法规没有规定的，可以按照当地习惯。

第二百九十二条　不动产权利人因建造、修缮建筑物以及铺设电线、电缆、水管、暖气和燃气管线等必须利用相邻土地、建筑物的，该土地、建筑物的权利人应当提供必要的便利。

第二百九十六条　不动产权利人因用水、排水、通行、铺设管线等利用相邻不动产的，应当尽量避免对相邻的不动产权利人造成损害。

2. 《城镇燃气设计规范（2020版）》（GB 50028—2006）

6.3.15　室外架空的燃气管道，可沿建筑物外墙或支柱敷设。并符合下列要求：

1　中压和低压燃气管道，可沿建筑耐火等级不低于二级的住宅或公共建筑的外墙敷设；

次高压B、中压和低压燃气管道，可沿建筑耐火等级不低于二级的丁、戊类生产厂房的外墙敷设。

2　沿建筑物外墙的燃气管道距住宅或公共建筑物中不应敷设燃气管道的房间门、窗洞口的净距：中压管道不应小于0.5m，低压管道不应小于0.3m。燃气管道距生产厂房建筑物门、窗洞口的净距不限。

3　《城镇燃气管理条例》

第十一条　进行新区建设、旧区改造，应当按照城乡规划和燃气发展规划配套建设燃气设施或者预留燃气设施建设用地。

对燃气发展规划范围内的燃气设施建设工程，城乡规划主管部门在依法核发选址意见书时，应当就燃气设施建设是否符合燃气发展规划征求燃气管理部门的意见；不需要核发选址意见书的，城乡规划主管部门在依法核发建设用地规划许可证或者乡村建设规划许可证时，应当就燃气设施建设是否符合燃气发展规划征求燃气管理部门的意见。

燃气设施建设工程竣工后，建设单位应当依法组织竣工验收，并自竣工验收合格之日起15日内，将竣工验收情况报燃气管理部门备案。

第二章 运营管理类

第一节 燃气开通纠纷

一、燃气开通概述

1. 燃气开通的定义

燃气开通是指将燃气供应引入特定区域或建筑物，使其能够使用燃气作为能源进行烹饪、供暖、热水等方面的用途。燃气开通的过程通常涉及以下步骤：

1）申请与协商

用户需要向当地的燃气公司或供应单位提交燃气开通申请，并进行必要的协商，申请过程可能需要提供相关的身份证明、房产证明、使用用途等信息。

2）现场勘察和设计

燃气公司或供应单位会派遣工作人员进行现场勘查，评估和设计燃气管道的布局和连接方式。他们会考虑到建筑物的结构、用途以及用户的需求。

3）安装燃气管道

在勘察和设计完成后，燃气公司或供应单位会进行燃气管道的安装工作。这包括敷设管道、连接主干管道和用户的房屋或建筑物，以及安装必要的管道配件和接头。

4）安装用气计量设备

燃气开通过程还包括安装用气计量设备，如燃气表或计量仪表。这些设备用于测量用户的燃气消耗量，以便进行计费和管理。

5）联通和调试

安装完成后，燃气公司或供应单位会进行管道的联通和调试工作，以确保燃气能够安全、稳定地供应到用户的房屋或建筑物。这包括检查管道连接、泄漏测试以及调整燃气供应压力等。

6）完成验收和开通

在管道安装和调试完成后，燃气公司或供应单位会进行最终的验收和开通工作。他们会确认管道和计量设备的正常运行，并向用户提供燃气使用的相关信息和注意事项。

2. 燃气开通的用户

燃气开通的用户可以根据不同的分类标准进行分类，根据用户类型可将开通用户划分为以下几类：

1）居民用户

居民用户是指使用燃气作为家庭生活的能源供应的个人或家庭，他们的燃气需求主要包括烹饪、供暖、热水等方面。

2）商业用户

商业用户是指使用燃气作为商业用途的能源供应的企业或机构，包括餐饮店、商店、办公楼、酒店、医院等商业和服务行业。

3）工业用户

工业用户是指使用燃气作为工业生产过程中的能源供应的企业或工厂，包括钢铁厂、化工厂、制造厂、加工厂等工业领域。

4）公共设施用户

公共设施用户是指使用燃气供应公共设施的机构或场所。这包括学校、图书馆、体育馆、公共交通站点等公共场所。

5）特殊行业用户

特殊行业用户是指一些特定行业或领域中使用燃气的用户。例如，温室、温泉、养殖业、农业等领域使用燃气作为能源的用户。

这是一种常见的划分方式，实际上还可以根据燃气使用量、用途等不同因素进行更详细的分类。不同类型的用户在燃气开通的申请流程、费率、使用规定和安全要求等方面可能存在一些差异。用户在进行燃气开通时，应根据自身的情况和需求，按照相关规定进行申请和操作。

二、燃气开通纠纷概述

1. 燃气开通纠纷的内涵

燃气开通纠纷是指在燃气供应过程中，用户和燃气公司之间涉及权益关系而引发的争议或纠纷。这些纠纷可能涉及燃气开通的各个方面，包括申请和手续、服务质量、计费问题等。

1）开通申请和手续

燃气开通纠纷可能涉及用户对燃气开通申请被拒绝或滞后的不满，或者燃气公司对开通申请的不合理要求。这可能导致用户无法及时享受燃气供应或增加了办理手续的复杂性。

2）燃气供应质量

燃气开通纠纷可能涉及燃气供应的质量问题。例如，燃气质量不符合标准、供气压力不稳定、燃气泄漏等。这可能导致用户无法正常使用燃气设备或产生安全隐患。

3）计费问题

燃气开通纠纷可能涉及计费方面的争议，可能包括计费不准确、计费标准不明确、计量设备故障等。用户可能对计费方式和金额产生怀疑，并要求燃气公司进行调查和解决。

4）断供和停供问题

燃气开通纠纷可能涉及燃气供应的中断或停止，这可能是由于用户未按时缴纳费用、违反燃气使用规定或其他违约行为所致。纠纷可能围绕着中断或停止供应的合理性和程序的合法性展开。

5）客户服务问题

燃气开通纠纷可能涉及燃气公司的客户服务问题。例如，用户可能对燃气公司的服务态度、响应速度、问题处理能力等提出不满或投诉。

这些燃气开通纠纷的具体情况和解决方式因地区的不同和案件的特殊性而有所不同。相关的法律法规和合同条款将指导双方解决纠纷、确定责任和寻求合理的解决方案，燃气企业和用户在面临燃气开通纠纷时，可以寻求法律和相关机构的协助，或通过协商、调解等途径解决纠纷。

2. 燃气开通纠纷案例分析

1）案情概要

2015年3月2日，冯某与案外人某地产公司签订了《商品房买卖合同》。

2015年4月9日，某地产公司与某燃气公司签订《仁怀市居民用户管道燃气设施安装服务协议书》，约定由某燃气公司负责涉案小区庭院及户内燃气安装。

合同签订后，某燃气公司按约定将燃气设施工程安装完毕并验收合格。

冯某将所购房屋装修完毕入住后，某燃气公司以某地产公司欠付燃气建设尾款且开通燃气需经某地产公司通知为由，拒绝为冯某开通燃气。

冯某认为某燃气公司侵害了自己权益，因此，起诉某燃气公司，要求开通燃气并供气。

关于某燃气公司是否有义务为冯某开通燃气。某燃气公司认为，根据与某地产公司协议约定，尾款未付清，某燃气公司有权不予通气。在某地产公司欠付尾数的情况下对部分居民没有开通燃气是正常的。此外，某燃气公司与冯某间没有任何合同关系，只与某地产公司有合同关系，未经某地产公司通知，无义务为冯某开通燃气。

冯某认为，根据自己与某地产公司签订的《商品房买卖合同》，购房款已经包含了燃气设施配套建设费用，因此他应该享受燃气供应服务。

2）裁判要旨

法院认为，冯某房屋已经满足燃气开通条件，某燃气公司有义务为其开通燃气。

首先，某地产公司已按当地政府要求将燃气设施建设同步纳入整体规划设计中。

其次，根据《贵州省城镇房地产开发经营管理条例》的规定以及冯某与某地产公司签订的《商品房买卖合同》，商品房的价格已经包括了燃气设施的建设费用。冯某已经支付了房款和燃气设施的建设费用。

最后，燃气经营者有责任向市政燃气管网覆盖范围内符合用气条件的用户提供燃气供应服务。虽然安装服务协议是由某燃气公司与某地产公司约定的，但该小区建设完成后，已购房屋的业主对该小区内的基础设施享有使用、管理、维护等权利。某燃气公司作为特许经营者，其为用户通气是法定义务，某地产公司没有向其支付工程尾款，可以另行主张权利，并不能因此拒绝为冯某开户通气。

3）裁判结果

法院判决，限某燃气公司在判决生效后5个工作日内为冯某房屋办理燃气使用开户手续并供气。

4）律师解析

本案是某燃气公司在案涉小区近百个同类型案件中的一个。案情虽然简单，却是一场规模庞大的诉讼，前后历时3年，给某燃气公司增加了极大诉累。

根据《中华人民共和国行政许可法》第六十七条、《城镇燃气管理条例》第十七条规定，燃气公司应按照国家规定的标准和当地燃气主管部门规定的条件，向用户履行普遍供气义务，不得拒绝向市政燃气管网覆盖范围内符合用气条件的单位或个人供气。本案中，燃气配套建设工程已竣工验收合格，符合用气条件，某燃气公司应根据该规定及时为用户通气。

可见，燃气公司与开发商之间存在燃气配套建设款争议是不可以作为拒绝为用户开通燃气的理由的。

5) 实务启示

（1）燃气公司与开发商间的纠纷，应通过协商或诉讼等途径解决，不应突破合同相对性，以与开发商的纠纷为由拒绝为居民用户提供正常服务。在居民利益受损的同时，如此类现象过多，会影响燃气公司社会信誉。燃气公司拒绝给居民开通燃气的初衷，也许是为了通过居民向开发商施压，解决开发商欠款问题。但是这种方式很容易给燃气公司带来负面影响，并不可取。

（2）建议燃气公司梳理居民用户配套建设合同中类似"不付清配套建设款项不予通气"的条款，规避合同内容因损害公共利益而无效的风险，更换为"合同费用支付完毕后开工建设"等与建设阶段有关的可合法约束开发商的内容。

三、相关法规内容

1.《城镇燃气管理条例》

第十七条 燃气经营者应当向燃气用户持续、稳定、安全供应符合国家质量标准的燃气，指导燃气用户安全用气、节约用气，并对燃气设施定期进行安全检查。

燃气经营者应当公示业务流程、服务承诺、收费标准和服务热线等信息，并按照国家燃气服务标准提供服务。

第十八条 燃气经营者不得有下列行为：（一）拒绝向市政燃气管网覆盖范围内符合用气条件的单位或个人供气。

第四十六条 违反本条例规定，燃气经营者有下列行为之一的，由燃气管理部门责令限期改正，处1万元以上10万元以下罚款；有违法所得的，没收违法所得；情节严重的，吊销燃气经营许可证；造成损失的，依法承担赔偿责任；构成犯罪的，依法追究刑事责任：

（一）拒绝向市政燃气管网覆盖范围内符合用气条件的单位或者个人供气的。

2.《城镇燃气设计规范（2020版）》（GB 50028—2006）

10.4.4 家用燃气灶的设置应符合下列要求：

1 燃气灶应安装在由自然通风和自然采光的厨房内，利用卧室的套间（厅）或利用与卧室连接的走廊作厨房时，厨房应设门并与卧室隔开。

3.《家用燃气燃烧器具安装及验收规程》（CJJ 12—2013）

4.2.1 设置灶具的房间除应符合本规程第4.1.1条的规定外尚应符合下列要求：

1 设置灶具的厨房应设门并与卧室、起居室等隔开。

2 设置灶具的房间净高不应低于2.2m。

第二节 施工破坏纠纷

一、施工破坏概述

1. 施工破坏的内涵

燃气行业中的施工破坏是指在进行燃气管道敷设、设备安装或其他相关施工过程中，因施工操作不当、违规行为或其他因素而导致燃气管道、设施或周边环境受到损坏或破坏的情况。施工破坏的内涵可以包括以下方面：

1) 管道损坏

施工过程中导致燃气管道的损坏，例如管道破裂、连接件松动、焊接问题等，这可能导致燃气泄漏、供气中断或安全隐患。

2) 设备损坏

施工过程中可能涉及安装和调试各种燃气设备，例如阀门、计量仪表、压力调节器等，不正确的安装或操作可能导致设备损坏或故障，影响燃气供应和使用。

3) 土壤和地面破坏

施工过程中可能对土壤和地面造成破坏，例如挖掘导致地表沉降、地基松动、土壤侵蚀等，这可能影响到建筑物的稳定性和周边环境的正常功能。

4) 环境污染

施工过程中可能导致燃气泄漏、液体泄漏或其他污染物的释放，导致土壤、水源或大气环境的污染。这可能对生态系统、自然资源和人类健康产生负面影响。

5) 其他设施损坏

施工过程中可能影响到邻近的其他设施，例如水、电、通信等公共设施。这可能导致供水中断、电力故障或通信中断等问题。

施工破坏可能给燃气公司、施工方和受影响的相关方带来损失和风险。

2. 施工破坏的后果

第三方施工破坏导致的事故时有发生，在燃气行业中具有严重的后果和影响，轻则导致燃气公司管线损失，短暂影响用户用气，重则发生爆炸导致群死群伤。总体来说，施工破坏可能导致以下事故：

1) 燃气泄漏和爆炸事故

施工破坏导致燃气管道破裂或连接失效，引发燃气泄漏。燃气泄漏如果遇到点火源，有可能引发爆炸事故，造成严重的人员伤亡和财产损失。2017年吉林松原"7·4"管道燃气爆炸事故发生后，根据事故调查报告披露，这起事故共导致了7人死亡，85人受伤，并且直接经济损失达到了4419万元。事后，燃气公司抢修主管、巡线主管、当事巡线员、生产运营部经理、工程技术总监、总经理6人及第三方施工单位、监理单位主管人员及直接责任人员16人涉嫌重大责任事故罪被采取刑事强制措施；市政府及相关主管部门19人被处以警告到开除不等的处分。

2) 火灾事故

施工破坏可能导致燃气泄漏并与易燃物质接触，引发火灾。这可能对建筑物、设备和周边环境造成严重损害，并威胁人员的生命安全。

3) 窒息和中毒事故

施工破坏导致的燃气泄漏可能产生有毒气体，如一氧化碳。当人员在泄漏区域内暴露于高浓度的有毒气体中时，可能导致窒息和中毒，造成严重的健康风险甚至死亡。

4) 建筑物结构损坏事故

施工破坏可能导致土地、地基或建筑物结构的损坏。这可能使建筑物变得不稳定，增加倒塌和坍塌的风险，威胁到人员的安全。

5) 污染和环境事故

施工破坏可能导致燃气、化学物质或其他污染物的泄漏和释放，污染土壤、水源和空气。这有可能严重破坏生态系统和环境,对生物多样性和人类健康产生不利影响。

6) 供气中断和服务中断

施工破坏可能导致燃气供应中断,使用户无法正常使用燃气,这有可能给居民、商业用户和工业用户带来严重不便和经济损失。

施工破坏可能对人员、财产和环境产生严重的风险和后果。为了预防事故的发生,燃气行业在施工过程中需要严格遵守安全操作规程和标准,进行风险评估和控制,应采取必要的安全措施和防护措施,以确保施工的安全性和环境保护。本节从燃气公司角度出发,聊一聊施工损害的责任划分和预防问题。

二、施工破坏纠纷概述

1. 施工破坏纠纷的内涵

城市燃气行业施工破坏纠纷是指在进行燃气管道敷设、设备安装或其他相关施工过程中,由于施工行为或施工方的失误、疏忽或违规行为,导致燃气管道、设施、设备或周边环境受到损坏或破坏,从而引发的争议或纠纷。这些纠纷可能涉及受损方与施工方、燃气公司或相关方之间的权益关系和赔偿问题。

2. 施工破坏纠纷的关键要素

施工破坏纠纷通常涉及责任的界定、损失的赔偿、修复的要求、证据的调查等关键要素。

1) 责任的界定

一方面,确定施工方主观上是否存在故意或过失,客观上是否有违规行为,导致破坏发生;另一方面,考虑施工方的责任范围,如总承包商、施工队、工程师或其他相关方的责任。

2) 损失的赔偿

首先要评估受损方所遭受的实际损失,包括物质损失、经济损失、停工损失、维修费用等,并计算损失的具体金额,可能需要考虑修复费用、市场价值、业务中断损失、法律利益损失等因素。

3) 修复的要求

确定破坏部分的修复需求,包括管道、设备、建筑物或其他相关设施的修复、替换或重建,并要求施工方或相关责任方采取必要的措施,以确保修复工作符合规范和标准,并恢复原有的功能和质量。

4) 证据的调查

收集相关证据,如施工记录、照片、视频、证人证言等,以支持责任界定、损失评估和修复要求,并进行事故调查和技术评估,确定破坏的原因、范围和影响,辅助责任判断和赔偿决策。

解决城市燃气行业施工破坏纠纷时,以上内容将成为相关方进行协商、调解、仲裁或诉讼的重要依据。法律法规、合同条款和相关规定也会对责任的界定、损失的赔偿和修复的要求提供指导和约束。

3. 施工破坏纠纷案例分析

1) 案情概要

2018年5月2日下午3时左右,韩某的施工队在某村进行施工作业。在挖电线杆坑过程中，将某燃气公司地下天然气管道挖坏。某燃气公司在当天晚上7点左右维修完毕。事故发生后，双方就赔偿问题达不成一致意见。因此，某燃气公司向法院起诉，要求韩某赔偿各项损失60212.67元，后依据山东华信价格评估有限公司价格评估结论书，将赔偿数额变更为56927元。

案件审理过程中，双方围绕本案损失数额是否应重新进行评估和某燃气公司对损失产生有无过错展开辩论。

韩某不认可评估结论书内容，但没有在规定期限内申请重新鉴定。韩某认为，某燃气公司的管道建设没有履行审批程序，没有通过政府划定保护范围并向社会公布，属于违规建设，不应受法律保护。同时，某燃气公司没有按规定设置警示标志，抢修中及结束后才补充设置了黄色警示带和警示柱。某燃气公司的违规行为是本次损失产生的唯一原因。

某燃气公司认为，本案所涉燃气管道的建设是为了贯彻落实"村村通"工程，是按照当地政策实施的，是事实上经许可的公益工程，并非违章建筑。韩某施工前某燃气公司就已经按规定设置了警示柱。

一审法院判决韩某承担80%赔偿责任，支付某燃气公司经济损失44541.6元。韩某上诉要求改判自己不承担责任。

2）裁判要旨

法院认为，对于损失数额的确定，韩某虽然对鉴定提出异议，但没有提供相反证据且在法院指定的期限内未提出重新鉴定申请，所以损失数额以鉴定结果为依据。

韩某在施工过程中应当知道其施工点附近没有燃气管道，既没有向有关部门提出挖掘作业申请，也没有采取确保安全的施工方案，冒险使用机械进行施工，导致事故发生，有较大过错。某燃气公司对其管道日常巡护不到位导致韩某将管道挖坏，对事故的发生有一定过错，且未能举证证明警示桩在韩某施工前已经存在，可以酌减韩某20%赔偿责任。一审法院判决并无不当。

3）裁判结果

二审法院维持了一审原判，即韩某承担80%赔偿责任，某燃气公司自行承担20%责任。

4）律师解析

本案反映了第三方施工导致燃气管道损失的常见发生模式。第三方施工单位不按规定办理施工申请和制定燃气设施保护方案，结果导致燃气公司管道损坏。而燃气公司，也未按规定进行巡视导致不能及时发现第三方违规施工行为。

本案发生在燃气"村村通"工期紧、任务重、范围广的大背景下。为赶工期，燃气公司难以保证所有工程均具备施工图纸、路由审批等合法手续导致第三方施工单位没有足够的参照资料。在运营阶段中，也因人员不足等原因难以做到高频率的巡视。这种特殊背景大大提高了第三方施工导致燃气管道损害的概率。

为改善这种状况，燃气公司应从改善自身工作入手，降低第三方施工导致的燃气管道损害发生的概率。

5）实务启示

（1）建议燃气公司按规定设置警示标志，并在警示标志上简要载明《城镇燃气管理条例》第三十四条 关于第三方施工应遵守的规定及燃气公司的联系方式，增强第三方的规则意识、方便其办理相关手续。

（2）在"村村通"等不方便巡视的项目中，通过劳务派遣或者兼职招聘在项目所在地招募日常巡视与维护人员，提高主动发现第三方违规施工的概率，保证管道安全。

三、相关法规内容

1. 《中华人民共和国石油天然气管道保护法》

第二十二条　管道企业应当建立、健全管道巡护制度，配备专门人员对管道线路进行日常巡护。管道巡护人员发现危害管道安全的情形或者隐患，应当按照规定及时处理和报告。

第三十条　在管道线路中心线两侧各5m地域范围内，禁止下列危害管道安全的行为：

（一）种植乔木、灌木、藤类、芦苇、竹子或者其他根系深达管道埋设部位可能损坏管道防腐层的深根植物；

（二）取土、采石、用火、堆放重物、排放腐蚀性物质、使用机械工具进行挖掘施工；

（三）挖塘、修渠、修晒场、修建水产养殖场、建温室、建家畜棚圈、建房以及修建其他建筑物、构筑物。

第三十五条　进行下列施工作业，施工单位应当向管道所在地县级人民政府主管管道保护工作的部门提出申请：

（一）穿跨越管道的施工作业；

（二）在管道线路中心线两侧各五米至五十米和本法第五十八条第一项所列管道附属设施周边一百米地域范围内，新建、改建、扩建铁路、公路河渠、架设电力线路、埋设地下电缆、光缆，设置安全接地体、避雷接地体；

（三）在管道线路中心线两侧各二百米和本法第五十八条第一项所列管道附属设施周边五百米地域范围内，进行爆破、地震法勘探或者工程挖掘、工程钻探、采矿。

第三十七条　进行本法第三十三条第二款、第三十五条规定的施工作业，应当在开工七日前书面通知管道企业。管道企业应当指派专门人员到现场进行管道保护安全指导。

2. 《城镇燃气管理条例》

第三十四条　在燃气设施保护范围内，有关单位从事敷设管道、打桩、顶进、挖掘、钻探等可能影响燃气设施安全活动的，应当与燃气经营者共同制定燃气设施保护方案，并采取相应的安全保护措施。

第三十五条　燃气经营者应当按照国家有关工程建设标准和安全生产管理的规定，设置燃气设施防腐、绝缘、防雷、降压、隔离等保护装置和安全警示标志，定期进行巡查、检测、维修和维护，确保燃气设施的安全运行。

第三节　排除妨害纠纷

一、第三方阻碍概述

要保证燃气设施的正常运行，巡线、检修只是基础工作。除此之外，还会随时面临来自第三方的挑战。在燃气设施运行过程中，主要可能会遇到以下类型的第三方阻碍：

1. 土地使用权问题

燃气设施需要占用土地进行建设和运行，但可能面临土地使用权的争议或限制。例如，土地所有权归属不清、用地合规性不符合规定、土地被他人占用等情况可能阻碍燃气设施的正常运行。

2. 业主或邻居纠纷

业主或邻居可能对燃气设施所在的建筑物产生纠纷。例如，邻居可能对设施的位置、外观或噪声等方面提出异议，或对设施可能带来的安全风险表达担忧，从而阻碍燃气设施的建设和运行。

3. 施工许可和监管问题

燃气设施的建设和运行需要符合相关法律法规和规范，并获得相应的施工许可和监管批准。但可能会面临施工许可的审批、监管机构的限制或监管要求的变更等问题，导致燃气设施运行受到阻碍。

4. 环境保护和社会影响问题

燃气设施的运行可能引发环境保护和社会影响的关切。例如，可能涉及大气排放、废水处理、噪声控制等环境因素，或涉及设施对当地居民、社区或文化遗产的影响。相关方对这些问题提出质疑或抗议，可能对燃气设施的正常运行构成阻碍。

二、排除妨害纠纷概述

1. 排除妨害纠纷的处理

城市燃气行业中的排除妨害纠纷可以采取以下主要手段进行处理：

1）协商

双方可以通过协商的方式解决纠纷。在沟通过程中，双方可以表达各自的观点、关切和诉求，并努力寻求妥协和解决方案。协商可以通过面对面会议、电话、书面函件等形式进行。

2）调解和仲裁

如果协商无法达成一致，可以寻求第三方的调解或仲裁机构介入。调解员或仲裁员将协助双方达成公正和中立的解决方案，以促成妥协和达成协议。调解和仲裁通常是根据相关法律法规和合同约定进行的。

3）法律诉讼

如果协商、调解或仲裁无法解决纠纷，当事方可以通过诉讼解决争议。其中一方可以向人民法院提起诉讼，人民法院按照法律程序解决纠纷。法院将依据相关的法律和事实来判断纠纷的责任承担和赔偿问题。

4）监管机构

涉及燃气行业的妨害纠纷，当事方可以向相关监管机构报告和投诉，监管机构会根据法律法规对涉事方进行调查和处理，确保行业运营符合规范和要求。

5）公众参与和舆情管理

对于涉及公众关切和舆论影响较大的纠纷，燃气公司需积极回应公众进行舆情管理，与公众进行沟通和交流，解释相关信息和政策，提高透明度和公正性，寻求公众的理解和支持。

以上手段的选择取决于具体情况和纠纷的性质，双方应该积极寻求解决方案，并遵循法律法规和合同约定的程序。重要的是坚持公正、合法和可持续的原则，寻求双方共赢的解决方案。

2. 排除妨害纠纷案例分析

1) 案情概要

2006年6月8日，某燃气集团租赁某军区物资采购站重庆分站土地用于建设配气站。租期3年，自2006年7月1日起至2009年6月30日止。

2009年1月19日，某置业公司通过转让方式依法取得该地块土地使用权。某置业公司取得使用权后，将该地块用于商品房的规划建设。为保证土地正常开发，某置业公司多次发函或派员前往某燃气集团要求某燃气集团及时搬迁配气站。但配气站迁建工作进展缓慢，某燃气集团一直未开展搬迁具体工作。某置业公司认为此举侵害了其土地使用权，遂起诉至法院要求判令某燃气集团立即拆除配气站并向某置业公司交付所占用的土地。

某置业公司认为某燃气集团租赁合同期限早在2009年6月30日届满。其继续占用的行为侵害了某置业公司的土地使用权，应当拆除配气站向某置业公司交还土地。

某燃气集团认为配气站服务民生、关系公共利益，为维护公共利益，在没有完成迁建前不可随意拆除。

一审法院认为，租赁合同到期后燃气集团应向土地使用权人某置业公司返还占用的土地。但配气站属于社会公共利益设施，涉及众多单位和居民用户的生产和生活用气。在替代气站未修建完成、没有其他燃气设施替代的情况下，如立即拆除配气站，会导致众多用户燃气供应中断，严重损害社会公共利益，因此对某置业公司请求不予支持。

某置业公司不服一审判决上诉。

2) 裁判要旨

二审法院与一审法院观点基本一致，且认为某置业公司在二审期间并没有举出相关证据证明损害公共利益的情形已经消失，因此对其上诉请求不予支持。

3) 裁判结果

二审判决结果：驳回某置业公司上诉，维持原判。某置业公司没有实现收回土地的诉讼目的。

4) 律师解析

本案涉及三个问题：

（1）某置业公司受让土地后，是否应继续履行某燃气集团未到期的租赁合同。某置业公司在2009年1月取得土地使用权，某燃气集团租赁合同2009年6月30日到期。根据买卖不破租赁的规则，租赁期限届满之前，某置业公司需代替原出租方，履行该合同。

（2）某燃气集团是否有义务向某置业公司交回土地。租赁合同到期后，如某置业公司不同意继续出租土地给某燃气集团，某燃气集团应当及时将土地交还。

（3）如何处理土地交还与某置业公司土地使用权益冲突的情况。本案中，根据法院观点，涉案配气站属于社会公益项目，在替代气站建好前，贸然要求搬迁会影响用户用气和社会利益且不具备可执行性。这一观点的依据是《中华人民共和国民法通则》第七条和《中华人民共和国物权法》第七条中关于权利的行使不应损害社会公共利益的规定。

据此，燃气公司承租的土地使用权变更后，未履行完毕的租赁合同应当继续履行，租赁合同到期后，新使用权人有权要求燃气公司搬迁，但应以不损害公共利益为前提。

5) 实务启示

（1）建议在租赁土地进行燃气经营前对周边土地建设规划及其他可能影响用地的因素进行调查落实，谨慎租赁有使用权变更、征迁、司法查封等可能性的土地，确保土地使用的合法性、稳定性。

（2）建议在土地租赁合同中设置前述情况发生时的租赁方利益保护条款。比如出租方应提前六个月书面通知承租方，给予承租方充分的搬迁准备时间。

三、相关法规内容

《城镇燃气管理条例》相关规定如下：

第三十四条　在燃气设施保护范围内，有关单位从事敷设管道、打桩、挖掘、钻探等可能影响燃气设施安全活动的，应当与燃气经营者共同制定燃气设施保护方案，并采取相应的安全保护措施。

第三十七条　新建、扩建、改建建设工程，不得影响燃气设施安全。

建设单位在开工前，应当查明建设工程施工范围内地下燃气管线的相关情况；燃气管理部门以及其他有关部门和单位应当及时提供相关资料。

建设工程施工范围内有地下燃气管线等重要燃气设施的，建设单位应当会同施工单位与管道燃气经营者共同制定燃气设施保护方案。建设单位、施工单位应当采取相应的安全保护措施，确保燃气设施运行安全；管道燃气经营者应当派专业人员进行现场指导。法律、法规另有规定的，依照有关法律、法规的规定执行。

第四节　计量表更换纠纷

一、计量表概述

1. 计量表的概念及其构成

用气计量表是用于测量和记录燃气消费量的设备。它通常安装在燃气管道系统中的用户终端，用于准确测量通过管道流过的燃气数量。用气计量表的主要功能是将燃气的使用量转换为可读取的数字或机械指针，以便用户或燃气公司进行计费、用量管理和监测。

用气计量表通常由以下组成部分构成：

（1）流量测量装置：用气计量表通过流量测量装置来测量燃气的流量。流量测量装置可以是螺旋桨、涡轮、超声波或其他类型的测量装置，根据燃气的流动通过感应器或传感器来记录燃气流量。

（2）计量机构：计量机构将测量的燃气流量转换为可读取的单位，通常是立方米或标准体积单位。计量机构可以使用齿轮、膜片、机械指针或电子传感器等来记录和显示燃气使用量。

（3）记录和显示装置：用气计量表通常配备有记录和显示装置，用于记录和显示燃气的使用量。这可以是机械指针、数字显示屏或电子读数设备，使用户和燃气公司能够方便地读取和记录燃气消费量。

用气计量表的准确性和可靠性对于计费和用量管理至关重要。燃气公司需要根据计量表的读数来确定用户的燃气消费量，并根据此进行计费和结算。因此，用气计量表的安装、维护和检测需要符合相关的法律法规和计量标准，确保计量的准确性和公正性。

2. 计量表的类型

用气计量表有多种类型，常见的用气计量表包括以下几种：

1) 机械式用气计量表

机械式用气计量表采用机械结构和指针显示方式，通过齿轮、膜片或涡轮等装置测量燃气流量，并将其转化为机械指针的运动来显示燃气使用量。机械式计量表具有简单可靠的特点，适用于普通用户。

2) 超声波用气计量表

超声波用气计量表利用超声波传感器测量燃气流动的速度和方向，根据流速和时间计算出燃气的使用量。超声波计量表具有非接触式测量、高精度和可编程的优势，广泛用于商业和工业用户。

3) 智能用气计量表

智能用气计量表集成了数字技术和通信功能，能够实时监测和记录燃气使用量，并将数据传输到远程系统进行远程抄表和管理。智能用气计量表具有自动化、远程管理和数据分析的特点，有助于提高计费效率和用量管理。

4) 预付费用气计量表

预付费用气计量表采用预付费模式，用户需要在使用前提前购买燃气使用量，并将购买的额度存储在计量表中。当用户使用燃气时，计量表会根据实际消耗扣除相应的额度。预付费用气计量表可以帮助用户更好地控制燃气费用，防止欠费和非法使用。

除了以上常见的用气计量表类型，还有其他特殊用途的计量表，如大流量计量表用于工业应用、液化石油气计量表用于液化气体计量等。根据具体的应用需求和技术要求，可以选择适合的用气计量表类型。

二、计量表更换纠纷概述

1. 计量表更换的原因

用气计量表更换的原因包括以下几点：

1) 设备老化或损坏

用气计量表作为一种机械或电子设备，随着使用时间的增长或外部因素的影响，可能出现损坏、精度下降或功能故障等问题。在这种情况下，需要更换计量表以确保准确测量和记录燃气使用量。

2) 过期或失效

用气计量表通常有使用寿命和检定周期的要求。一旦计量表达到了其设计寿命或检定期限，就可能无法保证其准确性和可靠性。在这种情况下，需要更换计量表以满足法律法规和计量准确性的要求。

3) 容量变化

用户的燃气使用量可能发生变化，例如，增加了燃气设备、改造了房屋结构或改变了使用用途等。如果原有的计量表容量无法满足新的需求，就需要更换为容量更大的计量表来适应新的燃气使用量。

4) 技术更新

随着科技的不断进步，新型的用气计量表可能具有更高的准确性、更好的功能和更先进的通信能力。如果旧的计量表无法满足现代化的要求，就需要考虑更换为更新的技术型号。

5) 法律法规要求

根据不同地区的法律法规，可能对用气计量表的性能、标准和使用要求进行了更新和调整。如果旧的计量表不符合最新的要求，就需要更换为符合标准的计量表以符合法规要求。

需要明白的是，具体的用气计量表更换原因可能因地区和相关规定的不同而有所差异。燃气公司和相关监管机构会根据实际情况和要求，制定适用的规定和程序来指导用气计量表的更换工作。

2. 计量表更换纠纷的内涵

用气计量表更换纠纷是指在用气计量表更换过程中产生的争议和纠纷。用气计量表更换纠纷可能涉及以下几个方面：

1）责任界定

在用气计量表更换过程中，燃气公司和用户双方在责任界定时可能发生纠纷。例如，用户可能主张计量表故障是由燃气公司的不当维护或安装引起的，而燃气公司可能辩称故障是由用户的错误使用或外部因素引起的。双方可能需要就责任问题展开争议和论证。

2）准确度争议

在计量表更换时，用户可能对旧计量表的准确度提出质疑，认为其已经失去了准确测量燃气使用量的能力。这可能导致用户要求对计量表进行检测或重新校准，并要求相应的赔偿或修正。

3）更换程序争议

燃气公司和用户可能在计量表更换的程序上存在分歧。例如，用户可能认为燃气公司未按照约定的时间或程序进行更换，或未进行合理的通知和解释。双方可能就程序问题产生争议。

4）费用分担

用气计量表的更换通常涉及一定的费用，包括计量表本身的费用以及安装、维护等相关费用。双方可能在费用的分担上存在分歧，例如，用户可能认为某些费用应由燃气公司承担，而燃气公司可能认为用户应承担全部或部分费用。

解决用气计量表更换纠纷通常需要双方进行沟通和协商，尽可能达成妥协和解决方案。如果无法通过协商解决，双方可以寻求第三方的调解、仲裁或通过诉讼途径来解决争议。重要的是遵守相关法律法规规定和合同约定，保持公开性和公正性，并尊重各方的权益和合法诉求。

3. 计量表更换纠纷案例分析

1）案情概要

2006年6月16日，夏某从湛某处取得某房屋所有权并办理了产权登记手续。

在此之前，2003年9月7日，某燃气公司因湛某欠缴燃气费用而将该房屋的燃气表撤掉并收回，欠费金额为315.4元。

2017年4月20日，夏某向某燃气公司申请重新开通燃气。

2017年4月21日，某燃气公司派专人上门安装燃气表等相关设备，分别向夏某收取了燃气表费420元、与新表不匹配的管道的改装服务费和相关配件费474元。同时，收取燃气费516元（含预收燃气费200.6元），并向夏某出具了燃气费收费票据一张，该票据上所载用户名称为"湛某"。

后夏某起诉某燃气公司，要求返还燃气表费420元、改装服务费和相关配件费474元、补交的燃气费516元。

就某燃气公司是否应收取夏某燃气表费420元、改装服务费和相关配件费474元一事，某燃气公司认为，燃气表属于用户专有部分，更新改造成本应由用户承担。退一步说，夏某燃气表安装前房屋内已无燃气表，夏某燃气表属于新设，可以收费。改装服务费和相关配件费是根据沈阳市政府文件收取的，有合法依据，不应退还。

夏某认为，燃气表是某燃气公司的生产经营工具，与夏某无关，不应由夏某承担燃气表费。燃气管道改造是某燃气公司履行供气合同的附随义务，建设、改造应由其负责，夏某无须承担这部分费用。

就夏某对湛某拖欠的燃气费 315.4 元是否有义务代为给付、某燃气公司应否返还一事，某燃气公司认为夏某支付燃气费属于代为履行，是合法的，不应返还。夏某认为基于合同相对性，自己无义务支付湛某欠付的气费，之前被迫交费，不是自愿代为偿还，应返还。

一审法院认为，燃气表及相关配件均属"业主专有部分以外的燃气设施"，应由燃气经营者承担运行、维护、抢修和更新改造的责任。涉案房屋原燃气表自拆除之日至夏某申请安装之日已经接近 14 年。根据《膜式燃气表》（JJG 577—2012）7.5.1 中燃气表使用期限最长不超过 10 年的规定，夏某申请安装燃气表的行为与某燃气公司更换超过规定使用年限燃气表的行为，实质上并无差别，与燃气表改造更新性质无异。所以，某燃气公司不应收取燃气表费、改装服务费和相关配件费用。另外，法院认为燃气公司有义务配装合格燃气表开展经营活动，用户仅负责缴费购气和安全用气，所以夏某无义务承担燃气表费、改装服务费和相关配件费。

对于收取的 516 元燃气费，200.6 元的预收燃气费属于合理收取，但 315.4 元是湛某所欠，根据合同相对性原则，夏某无义务支付。

一审法院判决某燃气公司需向夏某返还燃气表费 420 元、改装服务费和相关配件费 474 元、多收燃气费 315.4 元。

某燃气公司不服判决上诉，向法院提交三份沈阳市物价局收费文件沈价发 19 号、沈价审批 37 号、沈价审批 33 号，证明收费的合理性。

2）裁判要旨

二审法院认为，涉案用户燃气表因湛某欠费被摘除，故某燃气公司在与夏某重新建立供用气合同关系时，负有免费为其提供燃气表的义务。

某燃气公司收取的改装服务费用有市物价局文件支持，一审法院判决返还，属于认定事实不当，应纠正。

关于燃气费返还问题，法院认为一审法院根据合同相对性原则判决夏某无承担义务认定正确予以维持。

3）裁判结果

二审法院判决某燃气公司返还燃气表费和湛某拖欠的燃气费，改装服务费和相关配件费无须返还。

4）律师解析

针对本案判决结果，重点讨论一下重新安装燃气表时需免费与到期免费更换燃气表的关系的问题。首先看某燃气公司坚持收费安装的理由是否成立，然后分析法院观点的逻辑。

某燃气公司坚持收费安装燃气表的理由有两个。一是燃气表属于业主专有部分，所以更换燃气表的费用应由夏某承担。二是即使燃气表不属于业主专有部分，夏某申请安装时已无燃气表，不存在更新问题，而是属于新设燃气表，不适用燃气表更新的规定。这两个理由都是不成立的。

第一，某燃气公司在第一个理由中认可夏某申请安装的性质是"更换"，在第二个理由中又主张不存在更新问题，属于"新设"。自身观点前后矛盾。

第二，根据《城镇燃气管理条例释义》的解释，建筑区划内业主专有部分以外的燃气设施包含用气计量器具。所以，第一个理由是不成立的。

第三，2017年夏某向某燃气公司交费时，收费票据上的户名仍是湛某。这表明2003年时的拆表属于停气而非销户。对于一个一直存续无实际使用无增装的用户，只存在更新问题，不存在新设问题。某燃气公司的第二个理由也不成立。

既然收费安装不成立，那么是不是意味着可以按燃气表更新处理、免费安装呢？

法院要求退还燃气表费的结论是正确的，但是没有详细论述燃气表费应由燃气公司承担的理由。

燃气表费应由哪一方承担的根源是，欠费摘表后重新申请挂表通气时，燃气公司是否有权就复通燃气收取包含燃气表在内的材料费。

如果用户一直正常付费，燃气公司无须摘表停气和重新挂表。因用户欠费导致燃气公司为追缴气费付出的必然产生的额外工作费用应由用户承担。若在原燃气表使用期限内申请复通，使用原表即可，不必然发生新表费用。但超期后申请复通，则需安装新表。表面上，新表费用是额外产生的，需要用户来承担。但是燃气公司原本就有为民用户更新到期燃气表的义务。所以，此案中新表费用并非额外产生，而是本来就应该由燃气公司承担，不应额外向用户收取表费。

5）实务启示

（1）建议有用户发生长期停用燃气的情况时要定期联系回访，征求用户意见做销户处理。如用户同意清账销户，可一定程度上减轻燃气公司安检等工作的负担，同时节省类似本案情况下需免费为用户换表的成本。如用户不同意销户又不及时清账，建议通过诉讼途径解除合同或者督促用户清账后正常供气。

（2）对房屋转让后发现前房主有欠费行为的，如新房主自愿代原房主清偿气费，建议要求新房主出具自愿代偿的承诺书，防止新房主事后反悔。

三、相关法规内容

1. 《城镇燃气管理条例》

第十九条　管道燃气经营者对其供气范围内的市政燃气设施、建筑区划内业主专有部分以外的燃气设施，承担运行、维护、抢修和更新改造的责任。管道燃气经营者应当按照供气、用气合同的约定，对单位燃气用户的燃气设施承担相应的管理责任。

2. 《城镇燃气管理条例释义》

第十九条释义：……建筑区划内业主专有部分以外的燃气设施是指敷设、安装自建筑物与市政道路红线之间和建筑区划内业主共有的燃气设施，以及燃气引入管、立管、阀门（含公用阀门）、水平管、计量器具前支管、用气计量器具等。

3. 《膜式燃气表》（JJG 577—2012）

7.5.1　对于最大流量 $q_{max} \leq 10m^3/h$ 且用于贸易结算的燃气表只作首次强制检定，限期使用，到期更换。以天然气为介质的燃气表使用期限一般不超过10年。以人工煤气、液化石油气等为介质的燃气表使用期限一般不超过6年。

第三章 用户服务类

第一节 人身伤害纠纷

一、人身伤害概述

1. 人身伤害的内涵

我国城镇燃气行业和发达国家相比起步较晚，但得益于我国经济的高速发展、城镇化推进以及"气化中国"的环保助力等因素的影响，天然气已经逐渐走进了千家万户。但人们在享受天然气带来的便捷时，往往没有注意用气安全，忽视了天然气的危险性，殊不知等量天然气爆炸时的威力要远远大于TNT。常言道水火无情，伴随着城镇燃气的普及，居民燃气事故的发生也呈逐年上升趋势，发生事故都造成极为严重的人身伤亡和财产损失。

2. 人身伤害的原因

燃气行业造成人身伤害的原因有多种，以下是一些常见的原因：

1) 设备故障或缺陷

燃气设备可能存在制造缺陷、设计缺陷或在使用过程中出现故障。例如，燃气管道、燃气热水器、燃气灶具等设备可能由于材料质量问题、制造不当或老化等原因发生泄漏、爆炸、漏电等故障，导致用户人身伤害。

2) 不当使用或操作

用户在燃气使用过程中的不当使用、操作不当或违规行为可能导致人身伤害。例如，不正确连接燃气管道、擅自改装燃气设备、操作燃气设备不慎、不遵守安全操作规程等都可能引发意外事故。

3) 燃气泄漏

燃气管道或燃气设备的泄漏可能导致燃气在室内聚集，形成爆炸、火灾或中毒的危险。泄漏可能由管道老化、破裂、连接松动、设备损坏等因素引起。

4) 燃气中毒

燃气中的一氧化碳是一种无色、无味且有毒的气体。燃气设备不正常燃烧、通风不良或燃气泄漏可能导致一氧化碳中毒，对人体健康造成损害，甚至危及生命。

5) 不当维护和管理

燃气设备的不定期维护、缺乏定期检查或管理不善可能导致安全隐患。例如，管道系统的老化、设备未经常性检修和清洁、阀门或安全装置的故障等问题都可能增加意外发生的风险。

6) 外部因素影响

燃气设施可能受到外部因素的影响，例如自然灾害（地震、洪水）、人为破坏、施工破坏等，导致燃气设施的破损、泄漏或故障，从而对用户造成人身伤害的风险。

在燃气行业中，燃气公司有责任采取措施来预防和减少这些风险，包括设备维护、定期检查、用户教育和安全宣传等。用户也应遵守燃气使用的规范和安全操作指南，如正确使用燃气设备、及时报修异常情况等，以保障自身安全。

3. 人身伤害的防控措施

燃气企业可以采取以下措施来对人身伤害进行防控：

1）安全培训和教育

燃气企业可以向用户提供燃气安全使用的培训和教育，包括正确操作燃气设备、注意燃气泄漏的迹象、应急措施培训等。增强用户的安全意识和安全操作技能，减少人为操作失误导致的伤害。

2）定期检查和维护

燃气企业应定期对燃气设备和管道进行检查、维护和保养。通过定期检查可以发现设备的故障、老化和安全隐患，并及时采取修复措施，以确保设备的正常运行和用户的安全。

3）管道安全管理

燃气企业应加强对管道系统的安全管理，包括管道的定期检测、维修和保护。通过采取防腐蚀措施、管道周围环境监测、设立报警系统等手段，预防管道泄漏和爆炸事故的发生。

4）安全设备和装置

燃气企业应安装和维护相应的安全设备和装置，如防爆阀、燃气泄漏报警器、自动断气装置等。这些设备和装置能够及时检测异常情况并采取措施，减少事故发生的可能性。

5）应急预案和演练

燃气企业应制定健全的应急预案，并定期组织演练。预案应包括事故应急处理流程、人员疏散和救援措施等，以应对燃气事故和减少人身伤害。

6）安全监测和记录

燃气企业可以通过安全监测系统和记录手段，对燃气设备运行状态和使用情况进行监测和记录。及时发现问题并进行分析，以改进安全管理和预防措施。

7）合规和标准遵循

燃气企业应遵守相关法律法规和行业标准，确保设备和操作符合安全要求。对燃气设备和管道的设计、安装、维护和操作过程要严格按照标准进行。

这些措施可以帮助燃气企业预防和减少人身伤害的发生，并提高燃气行业的安全性和可靠性。同时，用户也应积极配合燃气企业的安全管理措施，遵守相关的安全操作规程，共同维护燃气使用的安全。

二、人身伤害纠纷概述

1. 人身伤害纠纷的内涵

城市燃气中人身伤害纠纷是指用户在使用燃气设施或与燃气相关的活动中遭受人身伤害，并由此产生的争议和纠纷。这种纠纷可能涉及以下几个方面：

1）责任界定

在发生人身伤害后，争议的焦点之一是责任的界定。用户可能主张燃气公司或其他相关方对事故负有责任，而燃气公司可能辩称事故是由用户自身的过错或其他外部因素导致的。责任的界定将涉及事故原因的调查和证据的评估。

2）损失的赔偿

受伤用户可能要求燃气公司提供赔偿，以弥补因人身伤害而产生的经济损失和精神痛苦。这可能包括医疗费用、康复费用、工资损失、残疾补偿、精神抚慰金等。争议可能围绕赔偿金额和赔偿责任的范围展开。

3）事故调查和证据收集

在人身伤害纠纷中，事故调查和证据收集非常重要。相关方可能会进行调查以确定事故原因、责任和损失范围。这可能涉及现场勘查、证人证言、医疗记录、专家鉴定等，以确保争议的事实基础。

4）医疗和康复问题

受伤用户可能需要进行医疗治疗和康复过程。在纠纷中，争议可能涉及医疗方案的选择、医疗费用的支付、康复进展的评估等问题。

2. 人身伤害纠纷案例分析

1）案情概要

2012年7月7日凌晨5点许，在某住房内，江某起床上卫生间时闻到有燃气味道，于是到厨房查看，随后便发生了爆炸导致江某被严重烧伤。听到爆炸声后，江某家属即到厨房救助伤者、使用灭火器将厨房内的残留小火扑灭并同时报警。江某随即被送往医院住院治疗。2012年7月24日晚，江某因医治无效去世。段某达是江某的丈夫，而段某芳和段某春是江某的女儿，段某勇是江某的儿子。燃气供应企业是某燃气有限责任公司，而燃气灶具的生产商是某股份有限公司。

事发后，区安监局组织专家组对事故原因展开调查，专家组对事故现场进行了勘查，并与相关方了解了事故经过，随后发布了《天然气燃爆事故原因分析》。该分析得出结论，本次事故是由于民用天然气泄漏引发的天然气燃爆事故。具体原因是吊顶内部形成了天然气与空气的爆炸性混合气，在灯座电线黑胶布连接处的局部高温引发了爆炸。结合江某是闻到有燃气味道到厨房查看的情况，可以确定天然气爆炸是由于江某查看燃气泄漏时开灯引发了灯座电线黑胶布连接处的局部高温造成。厨房内可能的天然气泄漏点有：从天然气计量表至软管段之间的室内钢管及阀门部分、软管与室内钢管接口部位、连接室内钢管与灶具的软管、软管与灶具的接口部位，以及灶具出现泄漏或灶具燃气开关未关严，现场目测无法确定具体泄漏点的位置。

2012年7月25日，街道办事处委托中国测试技术研究院对发生爆炸事故的厨房内疑似泄漏点进行了检测，结果显示所有疑似泄漏点均未发现气体泄漏。段某达、段某勇、段某芳、段某春就燃气事故造成的损失诉至法院，要求某燃气有限责任公司和某股份有限公司进行赔偿。

法院委托四川省产品质量监督检测院对爆炸事故所涉的某牌灶具进行质量鉴定。鉴定意见为：灶具内部未发现维修痕迹，送检的灶具在气密性项目和熄火保护装置项目方面均符合相应的标准要求。

某燃气有限责任公司为证明其履行了检查、维护义务，提供了三份涉案民用客户燃气设施及设备的安全巡检单。其中，第0044234号安全巡检单的检查日期是2010年2月2日，安全宣传内容包括口头宣传和发放《安全用气指南》，客户签名为"李某红"；第3783453号安全巡检单的检查日期是2012年2月26日，客户签名为"无人在家"；第3010603号安全巡检单的检查日期是2012年6月2日，未采用测漏仪检测、软管老化、烟道安装不规范、隐患级别为一般，客户签名为"李某红"。某燃气有限责任公司的《安全用气指南》详细介绍了安全使用天然气的常识，包括正确处理燃气泄漏、处理燃气泄漏时的注意事项，以及如何自行检查泄漏等安全用气内容。在处理燃气泄漏的注意事项中，明确指出了应立即截断气源，关闭燃气管道和燃具的阀门，打开门窗，将泄漏的气体排出室外，随后到室外拨打电话报修，并提醒注意疏散人员。此外，强调了在燃气泄漏时绝不应该开启电源开关或使用明火，特别强调了禁止使用排气扇和电风扇排废气。

2）裁判要旨

本案争议焦点为此次事故中某燃气有限责任公司和某股份有限公司是否应该承担赔偿责任的问题。

法院认为，第一，江某未按照安全用气要求正确处理燃气泄漏是发生天然气爆炸的直接原因。第二，某燃气有限责任公司尽到了合理的宣传、警示义务。2010年2月2日，某燃气有限责任公司对事故发生的房屋进行了燃气设施及设备的安全巡检。在巡检中，他们提供了安全用气指南的宣传资料，该资料详细介绍了安全使用天然气的常识，如正确处理燃气泄漏、处理燃气泄漏时的注意事项，以及如何自行检查泄漏等安全用气内容。在宣传资料中明确告知，处理燃气泄漏的正确方法包括立即截断气源，关闭燃气管道和燃具的阀门，打开门窗，将泄漏的气体排出室外，随后拨打电话报修，注意疏散人员。强调绝不应该开启电源开关或使用明火，并特别警示禁止使用排气扇和电风扇排废气。某燃气有限责任公司还通过安全用气电视公益广告、发放安全须知、小区宣传等多种方式对公众进行安全用气宣传，尽到了合理的宣传、警示义务。第三，燃气用户对户内的燃气设施、设备有一定的维护义务。第四，某股份有限公司生产的灶具气密性项目及熄火保护装置项目符合相关要求，对爆炸事故的发生没有因果关系。第五，在本案中，原告提交的证据未能明确证明某燃气有限责任公司的行为与天然气泄漏、爆炸事件以及造成的损害结果之间存在直接的因果关系。由于天然气泄漏的原因尚不明确，因此段某达、段某芳、段某勇、段某春需承担未能提供充分证据的不利后果。

3）裁判结果

驳回段某达、段某芳、段某勇、段某春要求某燃气有限责任公司承担赔偿责任的诉讼请求。

4）律师解析

居民燃气事故中燃气公司能否对其已经履行入户安检和安全宣传的法定义务进行有效举证，是燃气公司在事故中是否需要承担责任或减轻责任承担的关键。

现实生活中燃气公司在入户安全检查时，经常会碰见入户不遇或用户拒绝安检的情况，这时尤其需要工作人员做好相关记录，向用户发送入户不遇的安检通知，并安排时间复检。如果多次入户不遇，建议燃气公司将统计结果向燃气主管部门备案。

5）实务启示

为了将居民燃气事故发生后的损害结果降至最低，建议燃气公司投保公众责任险，并引导燃气用户投保燃气意外险，通过责任转嫁的方式降低自身的责任承担比例。入户安检不能流于形式，重点需要注意的有以下几点：

（1）用仪器或肥皂液等方式检测燃气设施有无泄漏现象；

（2）各连接部位是否牢固、胶管两端是否有管卡紧固；

（3）管道是否被擅自改动或作为其他电气设备的接地线使用，以及是否存在锈蚀或有重物悬挂在管道上等情况；

（4）阀门开关是否灵活、关闭时是否严密；

(5) 燃气表是否完好；
(6) 软管是否超长、老化、有接头、穿墙（门、窗、地面等）；
(7) 燃气燃烧器具是否属于国家规定淘汰的产品、有无熄火保护装置、是否超过判废年限（查看购买发票或收据，无法提供的询问用户）。检查瓶装液化石油气调压器是否为家用瓶装液化石油气调压器，是否超过正常使用期限（查看购买发票或收据，无法提供的询问用户）；
(8) 燃气燃烧器具安装位置是否符合规定，燃气热水器、燃气供暖炉是否安装排烟管道并通到室外；
(9) 燃气灶燃烧是否正常；
(10) 测试燃气泄漏报警器、紧急切断阀工作是否正常，燃气泄漏报警器、紧急切断阀是否超过使用年限，燃气泄漏报警器是否定期检验；
(11) 是否存在未接燃气燃烧器具的开放式接口；
(12) 使用燃气的房间是否住人；
(13) 相关法律、法规、标准规定的其他检查内容。

居民燃气事故发生的总体数量虽呈逐年上升趋势，但仍属偶发性事故。即便如此，燃气公司仍应未雨绸缪，提早制定居民燃气事故应急预案，并定期进行演练，确保每一名一线工作人员在事故发生后都能从容应对。

燃气公司在处理燃气事故时除第一时间切断气源外，应重点记录第一现场的情况，并对现场进行保护。燃气公司工作人员进入用户家中时应有第三方陪同，从进入用户家时便开启录像记录，重点记录用户室内阀门的开关情况、户内燃气设施情况（包括外观及铭牌）、常见的泄漏点以及户内整体环境等。

三、相关法规内容

1. 《中华人民共和国民法典》

第一千一百七十九条　侵害他人造成人身损害的，应当赔偿医疗费、护理费、交通费、营养费、住院伙食补助费等为治疗和康复支出的合理费用，以及因误工减少的收入。

造成残疾的，还应当赔偿辅助器具费和残疾赔偿金；造成死亡的，还应当赔偿丧葬费和死亡赔偿金。

2. 《城镇燃气管理条例》

第十七条　燃气经营者应当向燃气用户持续、稳定、安全供应符合国家质量标准的燃气，指导燃气用户安全用气、节约用气，并对燃气设施定期进行安全检查。

燃气经营者应当公示业务流程、服务承诺、收费标准和服务热线等信息，并按照国家燃气服务标准提供服务。

第二节　燃气过户纠纷

一、燃气过户概述

1. 燃气过户的含义

燃气账户过户指的是将一个燃气供应账户的所有权从一个主体转移给另一个主体的过

程。在燃气账户过户中，原账户持有人将账户的所有权转交给新账户持有人，后者将成为该燃气账户的新的合法持有人。

燃气账户过户涉及所有权和责任的转移，以及使用权的变更。

（1）所有权转移：燃气账户过户意味着原账户持有人将其在该账户上的所有权转移到新账户持有人名下。这包括账户的管理权、账户中的余额、燃气使用的权益等。

（2）责任转移：燃气账户过户也意味着原账户持有人将与该账户相关的责任和义务转移给新账户持有人。这包括支付燃气费用、遵守燃气使用规定、维护燃气设备的安全等。

（3）使用权变更：通过燃气账户过户，新账户持有人获得了对该账户的使用权，可以在该账户上进行燃气的使用和消费，享受燃气供应的服务。

总之，燃气账户过户是一种将燃气供应账户的权益和责任转移给新的账户持有人的行为，确保燃气供应的连续性和合法性。

2. 燃气过户的原则

我国燃气账户过户要坚持以下原则：

1）合法授权

燃气账户过户必须经过原账户持有人的合法授权或同意。原账户持有人应明确同意将账户过户给新的持有人，可以通过书面协议或签署过户文件来确认。

2）资格审核

新账户持有人需要满足燃气公司的资格要求，这可能包括提供身份证明、住址证明、联系方式等信息，并可能需要进行信用评估或支付一定的押金。

3）满足燃气公司的要求

中国各地的燃气公司通常都有自己的过户要求和程序。原账户持有人和新账户持有人需要按照燃气公司的规定，填写相关申请表格，提供必要的身份证明、住址证明和其他要求的文件。

4）合理费用分摊

燃气过户可能涉及一些费用，如过户费、押金等，费用的支付责任应在双方协商一致的基础上进行分摊。

5）欠费结清

在进行燃气过户前，原账户持有人需要确保所有的欠费已经结清。燃气公司通常要求原账户持有人支付所有未支付的燃气费用，以确保账户过户时没有未清的负债。

需要注意的是，具体的燃气过户规则可能因地区和燃气公司而略有不同。建议在进行燃气过户之前，与当地的燃气公司联系，了解过户的具体要求和程序。

3. 燃气过户的法律风险

燃气公司在办理过户的过程中，存在着一些法律风险，有的甚至会被诉诸法院。对于燃气公司来说，应当检视燃气过户办理流程及业务资料，规范过户办理，控制风险。

1）燃气过户的本质是重新签订供用气合同

在燃气过户中，包括老供用气合同的解除和新供用气合同的签订两个部分。所以，燃气公司应当同时针对这两个部分进行规范。

在老供用气合同解除过程中，燃气公司应当履行向老用户通知解除的义务。虽然在供用气合同中，常会约定房屋产权变更会引发老供用气合同的"自动解除"，但根据《中华人民共和国民法典》合同编的规定，当前并不存在"自动解除"之说，而是规定了"解除条件成就+通知送达"的合同解除程序。

在新供用气合同签订过程中，燃气公司可以要求用户提供能够证明其享有房屋产权的证明材料或征得房主同意开户的证明材料及用户的身份证复印件。

就燃气过户来说，因伴随着老用户及新用户的权益，建议由新老用户一同到燃气公司办理过户。如老用户无法到场，应当出具同意过户的情况说明、授权委托书、承诺书等材料。如老用户不愿意出具此类材料，燃气公司应当履行更多的谨慎义务，对新用户加强材料审查。

2）燃气公司承担的只是形式审查义务

在燃气过户的过程中，燃气公司需要对用户提交的房产证、授权委托书、身份证等书面材料进行审查。那么对于燃气公司来说，其承担的只能是形式审查义务，而不应当是实质审查义务，主要理由在于：一是法律上没有规定燃气公司负有实质审查义务。二是实质审查义务将会增加审查难度，这与燃气过户所要求的便利原则相违背。例如，重庆市第五中级人民法院在（2020）渝05民终824号《民事判决书》中认为："燃气公司在变更天然气过户时，对申请人提交的授权委托书、承诺书以及燃气使用证原件采取了必要的形式审查，不存在过错。"

3）户内燃气设施应坚持物随房走原则

户内燃气设施一旦安装到位，应当视为房屋的不可拆除添附物，除非供用气合同有特别约定。之所以如此，主要是因为，户内燃气设施的拆除或迁移不是社会经济效益最大化的最优选择，具体来说：一是燃气设施只有依附于房屋之上，才能发挥出供应天然气的作用。二是拆除下来的燃气设施未必完全符合新的房屋。三是新安装户内燃气设施的费用一般不高。例如，徐州市泉山区人民法院在（2017）苏0311民初7148号《民事判决书》中认为："现本案燃气设施已经投入使用两年，按照合同约定已成为其所在房屋的添附物，成为房屋配套设施的一部分，被告无权通过迁移将燃气设施与其所在房屋所有权分离，亦无合同义务将燃气设施迁移。"

4）老用户不得拒绝协助过户

在商业活动中，商户经常通过租赁房屋的方式来从事经营活动，而商户也会因此而发生变更。故而，会产生老商户与新商户的问题。在实务之中，老商户可能基于安装费分摊等问题而拒绝协助办理过户，导致新商户无法正常使用燃气。通过司法判例来看，人民法院多从便于燃气使用的角度出发，认定老商户负有协助过户的义务。老商户诸如安装费等问题应另行协商或诉讼处理。例如，郑州市中原区人民法院在（2020）豫0102民初2732号《民事判决书》中认为："第三人彩某间公司之所以成为天然气用户，系因其租赁涉案房屋用于经营所需。现原告与第三人的租赁合同已经解除，彩某间公司不再经营，其已非普惠路78号1号楼1-2层附3号房屋的实际用气人。而原告黄某区公司作为上述房屋的所有权人，有权要求被告变更涉案房屋的用气人名称至其本人名下，第三人彩某间公司有义务予以必要的协助和配合。"

5）夫妻一方应有权单独办理过户

燃气过户是日常生活中的小事情，夫妻一方均应当有权单独办理过户，而不需征得另一方的同意，这是家事代理权的基本要求。即便夫妻双方就燃气过户此等之事达成约定，也不得对抗善意第三人，包括燃气公司。在实务之中，可能发生的问题是，夫妻双方感情破裂正在闹离婚，夫妻一方可能会单独办理过户。燃气公司不应当因办理过户而承担任何法律责任。《中华人民共和国民法典》一千零六十条规定："夫妻一方因家庭日常生活需要而实施的民事法律行为，对夫妻双方发生效力，但是夫妻一方与相对人另有约定的除外。夫妻之间对一方可以实施的民事法律行为范围的限制，不得对抗善意相对人。"

6）继承一方应取得其他继承人同意

在发生继承的情况下，继承人可能有多位，则各继承人对房产均享有继承权。故而，在各继承人未就燃气过户达成一致之前，燃气公司不宜办理燃气过户。

从便民原则的角度出发，在单独继承人持有单独署名的房产证、房产单独所有的公证书、承诺书等书面材料的情况下，燃气公司可以办理燃气过户。承诺书应当明确继承人有权单独办理过户，如因其他继承人提出异议，燃气公司同时可以将已过户的再变更回去。例如，在上海市虹口区人民法院作出的（2013）虹民一（民）初字第2394号《民事判决书》中，法院查明：依据上海燃气集团规范化服务标准第四节《居民用户过户（变更燃气户名）相关规定》，"……3、遗产现用户持身份证，与被继承人的关系证明单方申请，必须有承诺书……"。附件二《燃气用户变更户名承诺书》规定"……为此本人特此承诺……2、若燃气原用户或法定继承人无论何时来燃气公司提出疑义，并有确实证据的，燃气公司可无条件恢复原燃气户名……"。法院认定："在煤气使用存在争议的情况下，被告将系争煤气的户名恢复为贝某章，符合相关规定。"

7）小产权房主过户应有证据证实享有产权

在小产权房用户办理过户之时，应当能够提供房屋买卖合同、村委会（居委会）及承诺书等书面材料。房屋买卖合同用以证明用户享有产权。因涉及小产权房，房屋买卖合同可能为无效合同。对于此，燃气公司不需考虑房屋买卖合同的效力问题。燃气公司不是司法机关，没有权力，也没有能力来加以认定。村委会（居委会）应当出具用户享有产权的证明材料。

8）新用户不应对老用户的欠费承担责任

在办理燃气过户中，燃气公司可能要求新用户签订有关对老用户欠费承担责任的承诺书。对此，一般认为，燃气公司无权要求新用户签订此类承诺书，因为根据合同相对性的原则，新老用户应当对各自使用期间的燃气费承担责任。如燃气公司要求新用户必须签订此类承诺后方才可以办理过户，则涉嫌存在滥用市场支配地位，设立不合理的交易条件。在实务之中，人民法院也可能以新用户未签字确认为由不支持承诺书的效力。

例如，张家界市永定区人民法院在（2019）湘0802民初4399号《民事判决书》中认为：原告诉称"如因管道燃气产权和剩余费用等有纠纷问题，由本人负责，直至全款赔偿。"系李某声在办理过户手续时的承诺，证据显示，《张家界中燃气客户更名、过户受理表》是格式化表格，且"如因管道燃气产权和剩余费用等有纠纷问题，由本人负责，直至全款赔偿。现户签名"是备注栏中的第三条，没有原用户和新用户的签名确认，不能视为李某声的承诺，对李某声没有约束力。

二、燃气过户纠纷概述

1. 燃气过户纠纷的内涵

燃气账户过户纠纷是指在燃气账户过户过程中产生的争议或纠纷。这种纠纷可能涉及多方之间的权益、责任、费用、信息准确性、服务质量等方面的问题。以下是一些常见的燃气账户过户纠纷情况：

（1）费用纠纷：涉及过户费用、欠费清算、押金退还等问题。例如，原账户持有人要求新账户持有人承担过多的费用，或拒绝退还押金，引发纠纷。

（2）资料准备和真实性：涉及过户资料的准备和真实性问题。例如，原账户持有人提供的身份证明、住址证明等资料存在问题，如准确性、真实性或合法性，导致争议。

（3）信息传递和记录转移：在账户过户过程中，燃气使用记录和信息需要从原账户持有人传递给新账户持有人。如果记录不完整或存在争议，可能导致纠纷，涉及计量、结算等问题。

（4）服务质量问题：涉及过户后新账户持有人对燃气供应和服务质量的不满意。例如，供气不稳定、计量设备故障等问题引发纠纷。

（5）责任划分和追究：涉及原账户持有人未清偿欠费或未履行过户协议义务等问题，导致责任划分和追究责任的纠纷。

（6）信息沟通和程序问题：涉及燃气公司在过户过程中的信息沟通不畅或程序执行不当。例如，燃气公司延迟办理过户手续或未及时通知双方相关事项，引发纠纷。

2. 燃气过户纠纷案例分析

1）案例名称

袁某与李某一、某燃气公司供用气合同纠纷案。

2）案情概要

袁某是涉案房屋的所有权人，而袁某与刘某构成夫妻关系，李某一与李某二则是兄妹关系。

2014年12月18日，刘某与李某二签订了一份《房屋租赁合同》，合同规定刘某将涉案房屋出租给李某二，租期为5年，经出租人同意后可以转租。

2015年7月30日，袁某与李某一签订了一份涉案房屋的《房屋租赁合同》，约定袁某将涉案房屋出租给李某一使用。同时，袁某出具委托书，以袁某的名义委托李某一办理了房屋天然气开户的相关事宜，并与某燃气公司签订了《燃气工程合同》，支付了工程费用31045元。随后，于2015年9月，李某一以自己的名义与某燃气公司签订了《天然气供用气合同》。

2016年初，袁某与李某一、李某二协商后解除了《房屋租赁合同》。2016年3月7日，李某二向袁某出具《收据》，确认双方已经解除了租赁合同。

2016年3月29日，袁某前往某燃气公司，填写了《更名业务受理申请登记表》，以请求将涉案房屋的天然气用户名从李某一更改为袁某。某燃气公司接受了袁某的申请并进行了相应的登记，计划办理过户手续。然而，随后在燃气开设费用以及燃气设备处理方面，袁某与李某一产生了分歧。

2016年4月6日，某燃气公司在李某一的申请下，采取了暂停供应涉案房屋天然气的措施，并对燃气设备进行了拆除。这也导致了某燃气公司中止了对袁某更改天然气用户名的申请的处理。

袁某随后将此事提交法院，并请求法院判决某燃气公司将涉案房屋的天然气用户名称更改为袁某，并继续供气。

李某一声称他没有义务协助办理更名手续。

某燃气公司则指出，根据《天然气供用气合同》的第十一条约定，李某一如需变更账户名称，必须提交书面报告并经公司核准、同意并办理相关手续。这一规定不仅约束了李某一，也对燃气公司产生了相应的约束。如果没有李某一的协助，燃气公司无法更改用气人的名称。

在一审诉讼中，法院裁定认为，李某一已经不再经营并且与袁某解除了租赁合同，因此他实际上不再使用燃气。在这种情况下，袁某为了经营需要向某燃气公司申请将燃气用户名变更为自己的名下，某燃气公司接受这一申请是合理的举措。如果成功更名，将有助于保持供用气关系的稳定，使涉案房屋继续可用，并确保物业价值得以充分发挥。

鉴于李某一已经不再属于实际用气人的情况，尽管他与袁某存在矛盾，但以燃气用户名义阻止袁某与某燃气公司建立供用气关系，这导致涉案房屋无法使用燃气并影响了经营，显然是不合理的。因此，袁某要求某燃气公司将燃气用户名称更改为自己名下并提供燃气的请求是合理和正当的，法院应该支持。在处理相关手续时，李某一也应积极提供必要的协助。而李某一与袁某之间关于燃气开设费用和燃气设备处理引发的纠纷属于房屋租赁合同范畴，双方可以另行解决此类争端。

一审法院的判决如下：判决自生效之日起的 10 日内，某燃气公司应将涉案房屋的用气人名称从李某一更改为袁某，并继续向涉案房屋供气。同时，李某一有责任配合完成用户名称的变更手续。

在一审法院判决后，李某一不满意判决结果，提起上诉，要求撤销一审判决。李某一主张自己没有协助袁某进行用气人名称变更的义务。

3）裁判要旨

二审法院认为，李某一与某燃气公司签署《天然气供用气合同》并支付相关工程费用，是因他租用了涉案房屋以满足经营需求。然而，随着与袁某解除《房屋租赁合同》，李某一不再是涉案房屋的实际用气人。因此，袁某作为房屋的所有权人，有权要求某燃气公司将涉案房屋的用气人名称更改为他自己的名字，或者是指定的其他人名下。在这个过程中，李某一有责任提供必要的协助和配合。

李某一与袁某之间的争议，包括与燃气开设费用、燃气用具以及用气费用有关，起因于双方之间的房屋租赁合同。这类纠纷可以另行解决。李某一以此为由拒绝或阻碍袁某与燃气公司建立供用气关系，并没有明确的事实或法律依据。由于某燃气公司明确表示，更改用气人名称需要原用气人的协助，并且这一主张也符合《天然气供用气合同》的相关规定，因此一审法院要求李某一协助袁某完成用气人名称更改的决定并没有问题，应当予以维持。

4）裁判结果

二审法院判决：驳回李某一上诉，维持原判。即，李某一需配合燃气公司办理用气人名称变更。

5）律师解析

本案是一起典型的小工商户供用气合同纠纷。

虽然实务中燃气公司一般要求以房屋所有权人名义开立燃气账户，但实际上我国燃气管理法规中并未规定燃气户名必须与房屋所有权人一致。在小工商用户中，多数房屋为租赁关系，非工商户自有。在房东不同意以自己名义开立燃气账户或者联系房东不方便的情况下，只能选择由小工商户以自己名义开户，否则将极大影响小工商户的正常用气和燃气公司在此类业务中的市场开发业绩。但是，燃气设施安装使用离不开对房东房屋的利用，安装燃气时仍需取得房东认可。

当小工商户不再经营时，如何处置燃气账户及归属用户方的燃气设施是小工商户和燃气公司都必须考虑的问题。用户希望自己尚有折旧价值的燃气设施能迁至新的用气点或者折价变现。燃气公司则通常希望小工商户能够及时向燃气公司申报相关情况并处理好与房东及下一承租人的所有权与使用权关系，顺利完成交接。

在本案中，根据法院观点，当李某一不再是涉案燃气账户的使用人时，为保证供用气关系持续稳定，确保燃气设施价值得到充分利用，房东有权要求将账户过户到自己名下。

在小工商用户的开发和经营过程中，燃气公司必须将市场开发到用气关系终止后续问题处理的全过程提前考虑清楚，将相关内容在合同中进行明确的约定。

本案中，某燃气公司在合同中已约定了停用燃气、变更户名等情况的处置方式，且在庭审中坚持在李某一的配合下才办理更名，对自身的保护措施做得比较到位。规避了未经李某一同意过户李某一追究某燃气公司责任的潜在问题。

6）实务启示

（1）建议在小工商户市场开发过程中，尽量要求以房东名义缴费开户。

（2）由承租人以自身名义开立燃气账户时，建议要求承租人提供房东同意安装燃气的书面说明。同时，将合同终止后的设施处置、户名变更等问题提前约定清楚。

（3）如果遇到房东与承租人产生纠纷，涉及燃气停供、复通申请等业务的办理，建议执行以尊重燃气户名所有人意见为原则、综合考虑各方利益保护的处理方案。

第三节　用气计量纠纷

一、用气计量概述

1. 用气计量的定义

用气计量是指对燃气的消耗量进行准确测量和计量的过程。它涉及使用计量设备来记录和监测燃气的流量、体积或质量，以便计算实际使用的燃气量，并作为计费、统计和管理的依据。

用气计量的主要目的是确保对燃气的准确计量和公平计费。通过使用计量设备（如计量表、电子计量仪、超声波计量仪等），可以实时或定期测量燃气通过管道的流量，然后根据测量结果计算出实际的燃气消耗量。

用气计量对于燃气供应企业、用户和相关监管部门都具有重要意义。它可以确保准确计量燃气的使用量，公平计费，并提供数据支持用于监测、管理和优化燃气供应。

2. 用气计量的方式及存在的问题

目前，除了个别天然气贸易，如进口 LNG 和供应香港的中华电力公司以及广东大鹏液化天然气公司外销的燃气，采用能量计量方式外，我国仍主要采用体积计量方式。一些单位，如中国石油西南油气田公司天然气研究院和中国计量科学研究院，已在天然气能量计量标准制定、量值溯源和实验研究等方面进行了大量技术工作。国内已经建立了包括《天然气能量的测定》（GB/T 22723—2008）、《天然气计量系统技术要求》（GB/T 18603—2023）、《天然气　分析系统性能评价》（GB/T 28766—2018）、《天然气的组成分析　气相色谱法》（GB/T 13610—2020）和《天然气计量系统性能评价》（GB/T 35186—2017）等标准在内的天然气能量计量标准体系。

目前中国天然气计量方式主要存在以下几个问题：

（1）不利于项目投资回报和价值体现。对于上游的生产单位而言，由于气源地域、生产方式、气质差异，导致交付的天然气热值各不相同，但在交付给下游客户时均采用体积计量进行计价结算，对于优质气源，特别是热值高的气源，不利于其项目投资的回报和天然气价值的体现。

（2）不能满足下游客户的差异化需求。终端消费用户对于天然气气质的需求多种多样。城市燃气用户的热值要求范围较广，因此一些城市燃气公司可能购买低热值或含 CO_2 较高的低价气源，甚至在天然气中掺混空气、氮气等无热或低热气体，这可能隐性提高销售价格。而对气质和热值要求较高的工业和电厂用户，可能需要支付更高的成本来满足其需求。然而，由于采用体积计量的方式，高品质的天然气难以获得较高的销售价格。这可能降低生产企业生产高品质天然气的积极性，因为他们只按照国家标准或合同规定的气质要求进行交付。

（3）加剧上游企业持续亏损。进口 LNG 和管道进口天然气的采购价格与油价挂钩，同时采用热值计价。因此，在一定时期内，上游天然气进口企业需要承担油价和汇率波动等风险，导致持续亏损。

（4）在贸易结算中，常常会发生计量争议。目前，上游与下游用户进行天然气贸易结算时，广泛采用超声波流量计进行测量。在测定体积流量时，一个重要的参数是流量计压缩因子的设置，其主要受温度、压力和气质组分等因素的影响。

3. 用气计量误差的原因

城市燃气用户不仅数量众多、用气量差异较大，而且计量精度不够高，这就加大了计量难度，容易导致计量的误差，具体原因包括以下几点：

1）宽量程计量误差

城市燃气用户主要在早、中、晚这几个主要时段使用天然气。宽量程计量方式通过自动转换设计的流量点来扩大了流量计的量程。要使得单位时间最小的燃气流量计量更加精确，罗茨流量计是一种常见的选择，因为它具有较低的始动流量和较宽的流量范围。然而，在天然气流量不断在小流量和大流量之间切换的情况下，量计的启动次数显著增加，这会导致转子和齿轮的磨损，从而降低了在小流量上的计量精度，进而导致用气计量误差。

2）气压力和气流波动的影响

城市燃气管网需要设置调压器，这些调压器通常位于液化天然气气化站点或压缩天然气供应站点，这些调压器的任务是确保天然气以安全和正常的压力进行输送，通常需要将气压降至 0.4MPa。然而，气压并不是恒定不变的，当气体通过调压器的门阀时，它会被降压，导致天然气的流速显著增加。这使得调压后的气体可能在气流方向上产生高速流动，引发震动、噪声、脉动流等现象。因此，如果在调压器之后放置计量设备，这些现象可能导致计量误差。

3）供气条件差异的影响

对于城市燃气管网来说，用气计量在供气压力和温度的变化下会得难以把控。因此，需要严格控制供气压力和供气温度的范围。如果在供气过程中未对压力和温度的波动进行适当控制，将降低用气计量的准确性。举例来说，科学测量表明，控制其他参数保持不变，仅仅将管道压力从 20kPa 增加到 25kPa，仅仅增加 5kPa，就可能导致 4% 的计量误差。同样地，将供气温度从 20℃ 升高到 30℃，仅仅提高 10℃，可能导致 -3% 的计量误差。

4）燃气自身的质量与性质

在城市燃气的计量方面，误差主要来源于燃气的自身质量与性质，具体体现在以下三个方面：

（1）燃气组分差异：如果忽略了燃气组分的差异，仅依据既定参数进行用气计量，将会因相对密度的不同而产生计量误差。

（2）燃气含有液体：当燃气中掺杂少量液体时，流量计量的准确度也会受到影响。此时，如果继续使用传统的孔板流量计进行计量，可能导致较大的误差。

（3）燃气含有固体杂质：在经过一系列的开采和处理操作后，天然气可能会含有少量固体杂质。如果这些杂质在计量设备处不断积累，将会降低仪器设备的计量精度，从而影响计量结果的准确性。

4. 用气计量误差的防范措施

可从以下几个方面采取措施对城市用气计量进行改进，全面提高用气计量的精确度。

1）改进调压方式和计量工艺

由于燃气流速和压力等因素会降低用气计量的精确性，故燃气企业需要改进天然气的调压方式和计量工艺。其中的具体改进方法包括采用主备两套计量系统。这种系统在调压器的上游安装流量计，只有当天然气或液化气体完全进入计量单元后才开始计量，并随后调整气体至合适的压力值。由于调压器与计量装置相对位置的存在，可以有效规避天然气经过调压后产生的脉动流对计量精度的影响。

2）提升计量仪器精度

（1）合理选择计量仪器。为了确保用气计量的高效准确性，选择计量仪器时应考虑其是否具备压力和温度调控功能，这样可以及时调整计量误差，以适应供气条件的变化。此外，还需在计量仪器的选择上权衡计量成本和准确性，以选择更符合实际情况的仪器。

（2）严格控制计量仪器质量。在安装用气计量仪器前，应首先使用与仪器接口相同的管道代替，直到管道的焊接等工作完成后再进行仪器的安装。此外，在安装计量仪器时，工作人员应严格遵循规则，不断检查施工环境，以减少外界环境对计量仪器精度的影响。还应确保仪器的安装便于后续维护工作，包括保证仪表的抗压能力和抵抗外部干扰的能力，并设置相应的保护设施。最后，在安装完成后，必须检查仪表的通气是否正常。

（3）做好后期工作。后期工作包括检定、校准和维护，旨在排除仪表故障，确保通气工作正常并保持计量的准确性。如果使用智能计量仪器，可以采用在线检查的方式进行校准，以实时监测仪表数值的变化。在监测过程中，需要持续监控仪表的压力、温度、瞬时流量和保护装置等参数，以及采取必要的补救措施以应对运行异常情况。

3）实时监测燃气组分

燃气的组成成分的改变会引发燃气的相对密度变化，导致用气计量误差，因此，实时监测燃气组分的改变至关重要。通常，燃气企业不会对上游供气的组分进行分析，而是直接采用供气来源提供的参数，这样很难提高计量的准确性。因此，燃气企业应在检测站点安装在线气相色谱仪，以实时监测燃气组分的变化，随时调整计量参数以减小误差。

4）燃气质量管理

燃气的质量是计量工作的关键，只有确保燃气质量合格，计量误差才能有效减小。生产过程中，燃气需要经过洗苯、脱硫等工艺，以满足国家的相关标准，从而净化天然气并确保其质量。企业也必须进行供气质量管理，以防止质量不合格的天然气进入城市燃气管网，保持燃气性质的稳定性，确保燃气质量不会影响计量仪器的精度。

5) 将能量流量作为主要计量对象

在我国，通常采用的计量方式是体积流量计量。然而，这种方式容易受到温度、组分和压力等因素的影响，从而引发较大的计量误差。相比之下，使用能量流量作为主要计量对象可以更大程度地减少这些因素对计量准确性的影响。因此，燃气企业应该考虑采用这种计量方式，以进一步提高计量的准确性，并减少上述因素的不良影响。

用气计量在燃气运行管理中扮演着关键的角色。为了提高计量准确性，燃气企业需要从燃气质量出发，不断改进计量方式、工艺流程，提高用气计量仪器仪表的精度，并加强燃气质量监控的管理。此外，需要尽可能减小环境和人为因素对用气计量准确性的影响，以减少计量误差。这些举措将有助于提高燃气管网的运行安全性和合理性，促进燃气工程企业的蓬勃发展。

二、用气计量纠纷概述

1. 用气计量纠纷的含义

民用燃气是一种气态的商品，管道燃气用户是燃气商品的消费者，供气企业是燃气商品的经营者。用气计量纠纷是指根据《中华人民共和国计量法条文解释》第四章第二十一条中的规定，因计量器具准确度所引起的纠纷，为计量纠纷。根据这一定义，计量器具准确度是引起计量纠纷的唯一原因。如此可知，城市用气计量纠纷，是指因用气计量器具准确度所引起的纠纷。但是这种定义过于狭隘，不能够涵盖用气计量纠纷的各种类型，因为在实际工作中，引起用气计量纠纷的原因有很多种。笔者认为城市用气计量纠纷是指城市燃气用于贸易结算的计量中所产生的争议和矛盾的总和。存在于商业活动中的纠纷，即民事纠纷才是我们真正需要解决的问题。

2. 用气计量纠纷的类型

燃气作为一种商品，在供气方和用气方之间的交易中需要通过计量装置进行精确地测量。然而，由于各种原因，测量结果可能会受到干扰，导致测量值与真实值之间存在差异。根据不同的划分方法，用气计量纠纷可以分为不同的类型。

1) 根据用户的不同进行的划分

（1）工业用户计量纠纷。

用于工业生产的各种用户，如玻璃厂、化工厂、轧钢厂、家具厂等因为用气计量引起的纠纷。这类纠纷标的数额往往比较大，若不能妥善解决，可能会对双方的利益和合作关系产生不利影响。

（2）公用和商业用户计量纠纷。

公用和商业用户主要包括政府、学校、餐厅、酒店、娱乐场所。这类用户与工业用户相比，用气量较少，但是用户数量较多，涉及社会管理的方方面面。

（3）居民用户计量纠纷。

《中华人民共和国城市燃气管理办法》第十四条规定：“城市新区建设和旧区改造时，应当依照城市燃气发展规划，配套建设燃气设施。高层住宅应当安装燃气管道配套设施。"随着我国城市化进程的加快，居民用户增长迅速，公民法律意识逐步提高，居民用户计量纠纷呈现不断上涨的趋势。

2）根据计量纠纷产生的原因进行划分

（1）由于技术性原因引起的计量纠纷。

首先计量器具本身就存在一定的误差，而这种误差在现有技术条件下是无法消除的，计量器具绝对的精确是不存在的，这种误差会随着使用年限的增加而增加。其次计量器具选型不同、型号不同、测量原理不同，都会对测量结果产生影响。最后由于施工安装条件不同，不符合安装规范和要求，计量器具处在强振动、强磁场、强噪声环境中也会对计量结果产生一定的影响。

（2）由于气质原因引起的计量纠纷。

我国燃气行业采取的是体积计量的方式，由于不同地区产出的天然气热值是不一样的，而同一家燃气经营企业会使用不同的气源，这就会产生前后两种气源的计量差别。例如，生产单位使用热值高的天然气进行生产一段时间后，供气单位改供热值低的天然气，生产单位会明显地感觉到产量不变，但是用气量增加，特别是用气量较大的企业最为明显。由于采用体积计量，成本支出增加，供用气双方会因为气质的改变而产生纠纷。

（3）违法使用计量器具引起的计量纠纷。

使用者自行改装计量器具，修改计量器具运行参数，故意毁坏计量器具都会引起计量纠纷。《中华人民共和国计量法》已明确规定了违法使用计量器具的法律责任。计量法第二十六条、第二十七条、第二十八条分别规定了违反强制检定的、使用不合格的计量器具或者破坏计量器具准确度；制造、销售、使用以欺骗消费者为目的的计量器具的法律责任，可以责令赔偿损失，没收计量器具和违法所得，罚款，构成犯罪的适用刑法中的规定。

上述纠纷都可适用《消费者权益保护法》的规定："消费者在购买、使用商品或接受服务时，享有人身、财产安全不受损害的权益。受到损害的，享有依法获得赔偿的权利"。因此，管道燃气用户室内发生漏气导致火灾、爆炸或中毒事故，致使用户人身或财产权益受到损害，用户认为上述结果与供气企业有关，双方对此发生争议时，用户可以按国家《消费者权益保护法》通过相应途径解决。

3. 用气计量纠纷案例分析

1）案例名称

某燃气公司与王某供气合同纠纷案

2）案情概要

2013年1月10日，某燃气公司工作人员至王某家中进行正常检修维护过程中，发现王某家中私接供暖炉，同时燃气表存在故障导致液晶显示部分与机械部分读数不一致，相差9846m³。某燃气公司当日进行了换表操作。《维修工单》上有维修员及王某签字，维修内容一项填有"大厅核气换卡，表不关阀换表，私接供暖炉"的内容。后某燃气公司要求王某按照机械读数补交气费差额，王某拒不支付。某燃气公司遂起诉到法院，要求王某补交燃气费26970元。

王某认为自己所用燃气均是在燃气公司购得，燃气表的损坏与表多走字与其无任何关系。自己确实私自安装了供暖炉，但供暖炉只是用于正常的生活用水，并未用于供暖。如果旧表有问题，显示的数额有可能是任意数字，并不是自己实际使用的数额。

某燃气公司认为，从王某家拆除的旧表机械部分无故障，电子显示部分有故障，造成该表在取下电池后仍能正常使用，即电子部分不显示，但机械部分正常走。王某应按机械部分读数补交气费。

一审法院认为，本案应从三个方面进行分析。

（1）王某家燃气表为民用IC卡表，该表有购买燃气使用完毕后燃气自动切断不能使用的特点。从2008年至2012年间，王某总购气量为656m³，正常情况下燃气使用量上限为656m³。

（2）某燃气公司作为表具提供单位，应负责燃气表的日常维护管理，应定期检查，发现问题及时维修，如果没有及时维修出现问题，产生的损失应由燃气公司承担，而不能转嫁给用户。

（3）在涉及燃气表计数的问题上，某燃气公司主张应按照机械部分的读数来收取燃气费，并因此承担相应的举证责任。某燃气公司称所涉燃气表存在故障，那么在存在故障的情况下，电子计数和机械计数哪一个更准确尚不明确。值得注意的是，该燃气表在被更换后并未得到有效封存，直至庭审时才提交给法院。因此，某燃气公司的主张缺乏足够的事实依据和法律依据，因此不应该被采纳。

一审判决结果：驳回某燃气公司起诉。

某燃气公司不服判决上诉。

3）裁判要旨

二审法院观点与一审法院基本一致，认为某燃气公司没有充分证据证明机械计量是绝对准确的用气量，所以无法支持某燃气公司上诉请求。

4）裁判结果

二审判决结果：驳回上诉，维持原判。即，王某无须补交气费。

5）律师解析

本案是居民用户用气计量差额补交争议的经典案例，充分说明了发现用气计量表故障后及时收集有效证据的重要性。某燃气公司的失误主要有三点。

第一，发现表具出现故障后未取得《维修工单》中王某对当时表具状态记录的有效认可签字。

第二，某燃气公司发现燃气表故障后没有做好故障表封存及检定工作。燃气表没有进行有效封存且在从拆下到开庭期间没有进行检定，导致法院无法确认2013年1月10日入户检查时燃气表的原始状态及其故障的真实性。这样，即使在案件审理过程中申请检定，检定结论也不能作为证明王某用气期间计量表状态的依据。机械读数要想作为确认用气量的最终依据，必须确认其自身功能是正常的。如无证据表明机械部分功能正常，机械读数是不能作为计量依据的。

第三，某燃气公司未能证明王某供暖炉用气的实际情况。如果在检修当时连同供暖设备的规格型号、小时用量、安装购买日期等基本信息进行记录，后期再通过申请法院调取或其他合法方式排除王某家使用了其他供暖方式，结合已购买气量等证据，争取认定其存在供暖用气的事实，为追偿气费创造有力证据。

法院观点中，一审法院主张"如果没有及时维修出现问题，产生的损失应由燃气公司承担，而不能转嫁给用户"的合法性有待商榷。某燃气公司未及时发现问题确有工作失误，但最终如能证明因某燃气公司的工作失误导致王某家在对计量故障不知情的情况下多用了燃气，属于不当得利，应补交多用部分的气费。

虽然某燃气公司在民事诉讼中最终败诉，但对王某并非没有任何责任追究途径。王某在庭审中自认了私装燃气供暖炉这一基本事实，可向燃气管理部门举报。根据《城镇燃气管理条例》第二十八条、第四十九条的规定，居民用户擅自安装户内燃气设施是可以处以责令限期改正、1000元以下罚款、赔偿损失等行政处罚的，构成犯罪的还可追究刑事责任。

6）实务启示

（1）安检时将燃气表计量准确性作为重点检查项目，发现问题后第一时间进行记录，要求用户进行签收。

（2）出现计量问题需要换表或确有必要时，及时对问题表进行有效封存并由用户签字，事后双方共同选定检定机构对燃气表功能进行检定。

（3）收集用户购气记录、用气设备等数据作为证明计量异常的辅助证据。

三、相关法规内容

《城镇燃气管理条例》相关规定如下：

1）关于燃气公司维护责任

第十九条　管道燃气经营者对其供气范围内的市政燃气设施、建筑区划内业主专有部分以外的燃气设施，承担运行、维护、抢修和更新改造的责任。

管道燃气经营者应当按照供气、用气合同的约定，对单位燃气用户的燃气设施承担相应的管理责任。

第三十五条　燃气经营者应当按照国家有关工程建设标准和安全生产管理的规定，设置燃气设施防腐、绝缘、防雷、降压、隔离等保护装置和安全警示标志，定期进行巡查、检测、维修和维护，确保燃气设施的安全运行。

2）关于用户擅自安装室内燃气设施

第二十八条　燃气用户及相关单位和个人不得有下列行为：

（四）擅自安装、改装、拆除户内燃气设施和用气计量装置。

第四十九条　违反本条例规定，燃气用户及相关单位和个人有下列行为之一的，由燃气管理部门责令限期改正；逾期不改正的，对单位可以处10万元以下罚款，对个人可以处1000元以下罚款；造成损失的，依法承担赔偿责任；构成犯罪的，依法追究刑事责任：

（四）擅自安装、改装、拆除户内燃气设施和用气计量装置的。

第四节　停气损失赔偿纠纷

一、停气损失概述

停气损失是指燃气供应中断时，给相关用户、企业或社会带来的损失，其中对燃气稳定供应有严格要求和生产、停工所需周期较长的行业损失明显。总体来说，停气会造成多方面的影响，主要包括以下几个方面：

（1）生产中断：停气将导致燃气依赖的企业无法正常进行生产活动，特别是那些需要燃气作为能源或原料的行业，如燃气发电厂、燃气加工厂、燃气供暖设备制造商等。这将导致生产线停工，订单无法按时完成，进而延误交货时间，影响企业的声誉和客户关系。此外，生产中断还将导致企业无法实现预期的产量和销售收入。

（2）能源成本增加：停气期间，一些企业可能需要通过其他能源形式来替代燃气，如柴油发电、液化石油气等，这将增加能源成本，而且替代能源的供应不稳定性也可能导致能源价格上涨，进一步增加企业的运营成本。

（3）商业损失：停气将导致商业企业，如餐馆、酒店、咖啡店等无法正常运营，导致销售额下降，顾客流失，甚至可能导致商家无法承担租金和员工工资等固定支出。停气期间，商业企业可能还需要采取其他措施来保持业务，如采购替代能源设备或关闭一部分经营区域，这进一步增加了成本，造成损失。

二、停气损失赔偿纠纷概述

1. 停气损失赔偿的内涵

停气损失赔偿是指燃气供应中断时，燃气公司或相关方对受影响的用户、企业或机构进行经济补偿的行为，其目的是弥补因停气而造成的经济损失和实际困扰。一般而言，停气损失赔偿可能包括以下方面：

（1）直接经济损失：赔偿受影响用户或企业因停气而直接遭受的经济损失。这包括生产中断导致的销售收入减少、订单取消或延误所引发的损失，以及其他与停气直接相关的财务损失。

（2）预防措施费用：赔偿用户或企业为应对停气所采取的额外预防措施而产生的费用。这可能包括租用备用发电设备、购买替代能源或设备、调整生产线或设施等所需的费用。

（3）商誉和声誉损失：赔偿用户或企业因停气而遭受的声誉和品牌形象损失。这包括无法按时交付产品或服务导致客户投诉、市场声誉下降以及与企业形象和信誉相关的其他损失。

（4）间接经济损失：赔偿用户或企业由于停气而间接遭受的经济损失。这可能包括供应链中断导致的生产或交付延误、设备或库存损坏、合同违约引发的额外成本等。

（5）人身伤害或财产损失：赔偿因停气导致的任何人身伤害或财产损失。如果停气造成人身伤害或财产损失，燃气公司可能需要承担医疗费用、财产修复费用以及与此相关的法律责任。

（6）惩罚性赔偿：在某些情况下，停气是由于燃气公司的故意或重大过失造成的，可能需要对其进行惩罚性赔偿。这旨在惩罚违规行为，并督促燃气公司采取适当的措施来预防未来的停气事件。

需要明白的是，并不是所有的停气损失都需要燃气公司进行赔偿，赔偿责任的确定通常取决于具体的法律规定、合同约定以及事实情况的评估。以下是一些常见情况，燃气公司可能无须进行停气损失赔偿的情形：

（1）预先通知和合理维护：如果燃气公司提前通知用户或企业停气，并且在合理范围内进行维护或计划维修工作，那么停气损失可能不被视为燃气公司的责任。

（2）不可抗力事件：如自然灾害、战争、政府行为等不可抗力事件可能导致停气，这些情况通常超出了燃气公司的合理控制范围，因此燃气公司可能不需要赔偿停气损失。

（3）用户过失或责任：如果停气是由于用户的过失、疏忽或违约行为导致的，例如违反安全规定、非法操作或损坏燃气设备，那么燃气公司可能不承担停气损失的赔偿责任。

（4）合同约定：如果供气合同中明确排除了燃气公司停气损失的赔偿责任，并且该约定符合法律规定，燃气公司可能无须进行赔偿。

2. 停气损失赔偿纠纷的内涵

停气损失赔偿纠纷指的是用户与燃气公司之间因停气损失赔偿事件发生的争议和纠纷。这类纠纷涉及受损方要求燃气公司对停气所导致的损失进行赔偿，而燃气公司认为自身没有赔偿责任或认为赔偿的金额不合理。

停气损失赔偿纠纷通常涉及以下几个方面：

（1）赔偿责任的争议：受影响的用户或企业认为停气是由于燃气公司的过失、疏忽或违约行为导致的，因此要求燃气公司对停气损失承担赔偿责任，而燃气公司对损失持有不同的观点，认为停气是由不可抗力事件或用户过失等原因引起的，因此不愿承担赔偿责任。

（2）赔偿范围的争议：停气损失赔偿纠纷还可能涉及赔偿范围的争议。用户或企业可能要求包括直接经济损失、预防措施费用、商誉损失、间接损失等在内的全面赔偿，而燃气公司可能认为某些损失不属于其赔偿责任范围。

（3）赔偿金额的争议：停气损失赔偿纠纷还可能涉及赔偿金额的争议。用户或企业可能主张停气损失的具体金额，基于实际损失进行计算，并提供相关证据和数据。而燃气公司可能认为用户或企业的主张过高，可能仅愿意支付较低的赔偿金额。

（4）违约与合同争议：如果用户或企业与燃气公司之间有供气合同或协议，停气损失赔偿纠纷可能涉及合同解释和违约责任的争议。双方可能就合同中的赔偿条款、不可抗力条款、通知义务等问题存在分歧，从而引发纠纷。

（5）法律程序和仲裁争议：停气损失赔偿纠纷可能涉及诉讼程序或仲裁程序的选择和争议。受影响的用户或企业可能选择通过法律途径解决纠纷，而燃气公司可能主张通过仲裁解决纠纷，并在程序和权利方面存在分歧。

3. 停气损失赔偿纠纷案例分析

1）案例名称

周某与某燃气公司供用气合同纠纷案。

2）案情概要

某燃气公司的安检人员在对周某家中的燃气设施进行检查时，发现存在打孔的现象，有燃气盗用的嫌疑，因此在 2013 年 8 月 20 日向周某发出了民用客户停气通知书，并停止向其供应燃气。随后，周某于 2015 年向一审法院提起诉讼，要求某燃气公司恢复对其的燃气供应。在历经诉讼和强制执行程序后，某燃气公司于 2016 年 9 月 9 日恢复了对周某的燃气供应。

在燃气供应恢复后，周某提起另一项诉讼，要求某燃气公司赔偿因停气 36 个月零 20 天期间不得不外出采购食品导致生活成本增加的损失，金额为 66600 元（即 1800 元/月×37 个月）。

周某声称某燃气公司无故停止供气，给他和家人的生活带来了极大的不便。他指出，除了使用电饭煲在家里做米饭和稀饭外，所有其他熟食需求不得不在外购买，这导致了生活成本的显著增加，因此某燃气公司应负赔偿责任。周某提出每天 60 元的标准作为赔偿要求，但未提供具体证据。某燃气公司反驳称，在停气后，周某有其他替代能源可以用于日常生活。如果需要承担赔偿责任，公司认为应该赔偿范围是周某选择其他替代性烹饪方式与使用天然气烹饪之间的费用差额。

一审法院在本案的两个核心争议问题上有以下观点。

第一，某燃气公司应承担损失赔偿责任。根据之前生效的民事判决书，某燃气公司的停气行为在事实和法律上都没有合理依据，因此构成了违约。某燃气公司有责任对周某在 2013 年 8 月 20 日至 2016 年 9 月 8 日期间由于停气所遭受的损失进行赔偿。

第二，关于周某损失数额的认定。首先，根据本地居民的生活习惯，燃气是他们日常餐饮的主要能源。某燃气公司擅自停止供应天然气后，必然会给周某的日常生活带来极大不便。其次，周某为维持一家四口的正常生活，在停气期间长期在外购买饮食，相对于正常使用天然气而言，无疑生活成本加大，额外支出增加。这个结果与某燃气公司的违规停气之间存在必然的因果关系。最后，在一审法院的法律文书生效后，某燃气公司仍然拒不履行判决书确定的义务，显示其存在主观恶意，进一步扩大了周某的损失。因此，根据本地居民的生活习惯、日常消费水平以及某燃气公司的违约程度和主观恶意等因素，对于周某要求按每天60元的标准赔偿损失的诉讼请求依法予以支持。

综上所述，一审判决结果是某燃气公司应当赔偿周某2013年8月20日至2016年9月8日期间的损失，共计66000元。然而，某燃气公司对此判决不满并提起了上诉。在二审期间，某燃气公司提交了新的证据，包括周某的《2011—2016年度燃气抄表流水明细表》，其中显示周某的月均供气量为 $5.7m^3$，对应的气费约为14元。周某反驳称，他家的生活习惯是用电饭煲做饭，使用电热水器供应饮用水，空调提供取暖，洗澡则使用电淋浴器。他仅使用燃气来炒菜，因此每月用气量仅为几立方米，是正常用气量，并非盗气所致。周某还提交了新证据，即（2016）苏0303执1564号执行结果告知书，证明某燃气公司是在法院的强制执行下才恢复供气，没有及时恢复供气导致周某的损失进一步扩大。

3）裁判要旨

二审法院认为，某燃气公司向周某供气属于社会公共服务，既是合同义务也是法定义务。某燃气公司无正当理由中断向周某供气违法且违约，应依法赔偿周某损失。

某燃气公司中断供气后，周某可以采取其他替代能源用于日常饮食生活，某燃气公司的赔偿责任应根据周某选择其他替代性能源用于烹饪与使用天然气之间的差额进行认定。一审法院根据周某提出的每日60元的外购菜品的伙食费用判决某燃气公司承担赔偿责任，但这一判决缺乏事实和法律依据，应当依法予以修正。根据周某正常用气期间的生活习惯和用气量，结合某燃气公司的违约程度，酌定某燃气公司应向周某支付赔偿金额。考虑到以上因素，确定10000元为合理数额。

4）裁判结果

二审判决：撤销一审判决，改为某燃气公司赔偿周某损失10000元。

5）律师解析

关于某燃气公司是否应当赔偿周某损失的问题，一审法院根据生效的其他法律文书认为某燃气公司属于无正当理由停气，二审法院也维持了这个观点。由于律师未能见到"生效的其他法律文书"，无法得知得出这样的判定结果的具体论证过程，暂时对此不展开评论。但是可以得出的结论是，如燃气公司无确切证据证明用户盗气，关于燃气公司是否需向具有盗气嫌疑的居民用户赔偿停气损失的问题，法院是倾向于保护用户利益的。

从技术角度，燃气表打孔均为人为造成，是不可能在自然状态下形成的。而且，打孔后燃气表电子数据走字会慢，燃气公司不可能主动这么做。如果某燃气公司在发现打孔情况时立即封存送检，证明表具确有人为打孔现象，从证据角度是可以判定周某盗气。如周某不配合处理盗气、补交气费、换表等工作，某燃气公司可以根据燃气管理规定和双方合同约定经提前通知后作暂停供气处理。这样，某燃气公司就属于合理停气了，自然不用再被追究停气损失。

对于周某损失数额的确定，律师赞同某燃气公司上诉意见，如果需要赔偿，应限于替代能源做饭和用燃气做饭之间的成本差额。二审法院判决结果的调整体现出了这一点。

6）实务启示

（1）如存在人为燃气表故障的事实需及时进行燃气表故障及故障原因检定，为解决争议提供基础依据。

（2）处理类似长时间停气的问题时，应注意衡量风险与收益的关系。

第四章 燃气特许经营权类

第一节 燃气特许经营权行政侵权纠纷

一、燃气特许经营权概述

1. 燃气经营的定义

燃气经营指依据《城镇燃气管理条例》，从事作为燃料使用并符合一定要求的气体燃料，包括天然气（含煤层气）、液化石油气和人工煤气等的经营活动。

从事以下（包括但不限于）各种燃气经营及相关附属的涉及许可审批的活动，均使用燃气经营的规范表述登记经营范围，经许可审批后方可开展经营活动：天然气，煤层气，液化石油气，人工煤气天然气，城市管道天然气，液化天然气（LNG），焦炉煤气，高炉煤气，油制气，水煤气，发生炉煤气，加压气化炉煤气，用于燃气供应的煤制合成气，瓶装燃气供应，燃气供应，燃气充装。

2. 特许经营的定义

《关于加快市政公用行业市场化进程的意见》（建城〔2002〕272号）中明确了公用事业特许经营制度的内涵，其主要内容是指政府在约定的时间和空间范围内将公用事业的项目建设或服务提供权利授予企业享有。基于此，包含燃气特许经营在内的市政公用事业特许经营制度的地域适用范围逐渐扩大。《市政公用事业特许经营管理办法》［建设部令（2004年）第126号，2015年修订］，《基础设施和公用事业特许经营管理办法》（国家发展和改革委员会2015年第25号令）的陆续颁布，对社会资本参与投资、建设、运营公用事业的行为给予大力的支持、引导和特许经营是一种特殊的运作模式，它涉及特许人（通常是拥有特定权利的个人或实体）通过招标或竞争方式选择合适的特许经营者，然后与他们签订特许经营协议。这个协议授权特许经营者在特定领域或范围内使用特许人的品牌、商业模式或技术。特许经营者在获得这些权益后可以运营并开展各种商业活动。特许经营模式在西方国家的商业领域中率先得以应用，通常通过特许经营法律合同来确立特许关系。在这一模式中，特许人会引入全球各地的特许经营者，他们通过投资并运营特许人的业务，为特许人的产品品牌做宣传，同时从中获利。特许经营模式的成功应用也扩展到政府部门的管理中，尤其在20世纪末，当西方国家进行大规模公用事业改革、实行私有化时，这一模式得到了广泛的运用。

3. 燃气特许经营权的内涵

燃气特许经营权是指政府利用招标或竞争性谈判的方法，决定授予特许经营权的企业，双方在协商一致的基础上签订特许经营协议，明确约定权利义务内容、特许经营权的期限、涵盖的区域范围、权利处置、退出机制等，保障特许经营企业能够在特许经营协议约定的时空范围内投资建设运营项目设施并获得经济利益，同时能够为社会公众提供普遍稳定的供气服务的一项排他性权利其特征表现为竞争性与独占性、排他性的辩证统一、服务性、管控性以及具有行政授权与民事权利的双重属性，即市场准入门槛高，通过竞争获得权利，经营中享有独占和排他性；企业在获得收益的同时还应提供服务，承担社会责任。

二、燃气特许经营权行政侵权纠纷概述

1. 行政侵权纠纷的定义

行政侵权纠纷是指行政机关的行政行为，侵犯了公民、法人或其他组织合法权益，导致纠纷产生的一种法律关系。行政机关在履行职责和权力行使过程中，可能会出现错误、违法或不当的行为，给公民、法人或其他组织的合法权益带来损害。这种行政侵权行为可以包括行政不作为、错误的行政决定、滥用职权、违法执法等。

2. 燃气特许经营权行政侵权纠纷的内涵

燃气特许经营权行政侵权纠纷主要是指特许经营燃气企业与政府之间产生的纠纷，由于政府作为一方主体，故以行政诉讼的方式进行纠纷解决。主要表现为行政行为不合法、不合理或因特许经营协议产生纠纷等。燃气特许经营权行政侵权纠纷又分为特许经营权获得纠纷、特许经营协议履行纠纷、特许经营权收回纠纷和政府越级干预特许经营权授予纠纷。

1）特许经营权获得纠纷

因公共资源具有有限性，行政机关通过招投标、竞争性谈判等方式确定特许经营企业，可以实现在资源"供不应求"的情形下利益最优分配。《市政公用事业特许经营管理办法》[建设部令（2004年）第126号，2015年修订]对招标程序的适用作出了明确规定。行政机关采用上述方法选择经营者的行政行为本质上为"使第三人负担的授益性行政行为"。因此，若行政机关在燃气特许经营权授予中对参与者的公平竞争权造成了侵害，该行政行为会被法院依法撤销，同时遭受财产损失的燃气企业应得到相应的赔偿。

2）特许经营协议履行纠纷

此类纠纷主要分为以下三类情况：

（1）燃气企业迟延履行导致协议目的无法实现，政府解除协议引发纠纷。例如，在武汉某燃气公司与武汉市某区城市管理委员会一案中，武汉某燃气公司未按约定履行投资建设义务，导致工程拖延，最终无法实现供气目的。武汉市某区城市管理委员会出于社会公共利益的考虑请求解除协议，最终得到法院的支持。

（2）行政主体单方面随意违约毁约引发纠纷。这种情况通常是因为行政主体在行政协议的签订和履行过程中拥有一定的行政优先权，但却不适当行使这些权利。政府方面的不诚信较为普遍，而协议牵涉多个环节，政府在任何一个环节违约都可能引发纠纷，例如项目实施范围的调整或项目建设用地无法按时供应。

（3）行政机关的不当监管引发纠纷。这种情况主要包括行政机关默许或纵容第三方进入市场侵犯权益，以及其他运营者通过违法授权程序等方式进入市场，导致需要取消或撤销之前的授权。此外，地方政府的保护主义也是纠纷产生的重要原因。这些纠纷通常在两地燃气企业的权益范围相邻的情况下发生。由于地方政府通常会过度保护本地企业，尤其是国有企业，因此可能会对外地企业设置经营障碍或通过行政命令的方式干预协议的正常履行，导致本地企业和外地企业之间的矛盾加剧，纠纷升级。

3）特许经营权收回纠纷

特许经营权的收回可以从不同角度来看，包括主体行为和协议履行期限：

（1）主体行为角度。

双方协议终止：特许经营权的收回可能是双方达成协议终止的结果。

授权方单方终止：特许经营权的收回也可能是授权方（通常是政府或特许人）单方面终止协议的结果。

（2）协议履行期限角度。

到期收回：特许经营权在协议规定的到期时间结束后被收回。

提前收回：这种情况下，纠纷更为频发，可分为两种情形：

不归责于特许经营者：包括法规政策的修改、废止、不可抗力、情势变更等原因，这些因素导致特许经营权提前被收回。

归责于特许经营者：包括特许经营者擅自处分授权、擅自停业或歇业等情形。

总体来说，提前收回特许经营权是行政机关的单方行为。行政机关通常会以供气目的无法实现、损害社会公共利益等理由来提前收回特许经营权。然而，这种行为常常成为权力滥用的借口，加剧了双方的矛盾。当特许经营权的提前收回不归责于特许经营者时，这种随意的行为不仅会损害燃气企业对政府的信任，损害行政机关的信誉，还会打击燃气企业参与公用事业的积极性。在提前收回归责于特许经营者时，特许经营者的行为认定成为争议的焦点。此外，特许经营权的收回应该遵循一定的通知、接管、补偿等准则和程序，但由于当事人双方对这些规定通常会产生不同的观点，因此分歧较多，纠纷较为频发。

4）政府越级干预特许经营权授予纠纷

《市政公用事业特许经营管理办法》［建设部令（2004年）第126号，2015年修订］和《基础设施和公用事业特许经营管理办法》（国家发展和改革委员会2015年第25号令）均明确规定县级政府有权授予特许经营权。但是在实践中，存在上级政府对下级政府或政府对下属部门授予特许经营权的行为不被承认，导致同一地域范围内出现两家有权主体，这种情况增加了纠纷的可能性。越权授权是一种问题，即当行政机关在接到上级主管部门的处理通知或要求采取与之前的行政行为相冲突的行动时，出于违约成本高昂的考虑，它可能会利用自身的行政优越性来给特许经营企业带来不便，从而阻碍对方的履约过程。这种越权行为不仅侵害了在先企业的合法权益，还可能对公共利益造成直接损害。

3. 燃气特许经营权行政侵权纠纷案例分析

1）案例名称

某燃气公司诉连云港某区政府撤销管道燃气特许经营权纠纷案。

2）案情概要

原告：某管道燃气有限公司

被告：某区人民政府

第三人：某燃气有限公司

原告诉称：原告是中国香港某投资有限公司应原县政府邀请于2002年7月设立的燃气经营企业。原县政府曾授权其成为当地唯一的独家开发经营管道燃气的企业。经过十年的运营，在经济欠发达的县境内实际投资了1亿多元，在多个区域进行了管道燃气的整体规划设计、管道敷设和实际供气工作，为本地城市的现代化建设和经济发展做出了巨大的贡献。2012年，得知江苏省能源局下发苏能源油气发〔2012〕41号通知，同意某燃气有限公司在开发区实施县天然气综合利用项目一期工程前期工作，原告向江苏省人民政府提出复议。在复议过程中，得知原县政府在授予某燃气有限公司管道燃气特许经营权的行政行为中未履行招标投标以及听证等法定程序，严重违反了法定程序，同时也侵害了原告的合法权益。此外，原告已经进行了施工并提供燃气服务的区域被重复授予给其他公司的特许经营权，这也是违法的。因此，原告提出了要求撤销原县政府授予某燃气有限公司的特许经营权的诉讼请求。

被告某区人民政府辩称：原告与本案诉争的具体行政行为无法律上的利害关系，不具备原告主体资格。原告自认在向江苏省人民政府提出复议时获知县住房和城乡建设局与第三人签订了县四大园区管道燃气特许经营协议，认为其应该在知晓具体行政行为后的3个月内提起诉讼。然而，原告已经超过了法定的起诉期限。因此，被告请求法院依法驳回原告的起诉。

第三人某燃气有限公司述称：原告起诉超过3个月的起诉期限。第三人来县投资至今，已依法办理了各项行政许可手续，完成固定资产投资超亿元，成功实现"西气东输"在原县的开口，顺利地与某石油公司签订了供气协议并拿到用气指标，第三人能够长期稳定地为该县人民的生产、生活提供清洁有保证的能源。鉴于第三人的特许经营权关系到本区的国计民生，根据有关法律规定，不能撤销第三人的特许经营权。

连云港市中级人民法院一审审理查明：

2002年7月1日，原县政府与中国香港某投资有限公司（以下简称某公司）签署了一份协议，约定某公司将投资兴建城市管道燃气生产供应系统工程，并确保该公司成为县内唯一的城市管道燃气生产供应系统工程的开发经营企业，公司名称初定为"某某燃气有限公司"。同时，原县政府发布了一份关于为投资建设城市管道燃气系统工程提供优惠政策的文件，其中明确表示同意提供如下优惠政策：投资商可以独资开发经营城市管道燃气生产供应系统工程，前提是该企业必须成为当地唯一的独家开发商管道燃气企业。

2002年10月，原告开始在原县从事管道燃气经营相关业务，虽然该公司一直通过槽车运输的方式供气，但没有建立专门的气源门站。

2007年，县建设局与原告签订了城市管道燃气特许经营协议书，协议规定原告将成为唯一一家县政府批准的特许经营管道燃气的企业，该协议还约定原告有着50年的特许经营权，在县境内及城区发展的新区范围内拥有独家开发和建设管道燃气项目的权利。县建设局承诺将维护原告的特许经营权完整性，在特许经营期间不得再将特许经营权授予第三方，以确保原告在特许经营权地域范围内的独家特许经营权。

2010年4月29日，原县政府与某某建设公司签署了一份天然气综合利用项目合作框架协议。根据协议，原县政府同意向某某建设公司授予燃气特许经营权，特许经营范围包括县内的经济开发区、海洋经济开发区、海州湾生态科技园以及江苏柘汪临港产业区（以下简称四大园区）。特许经营权的期限为30年，该公司的名称初定为"某某某燃气有限公司"。

2010年7月13日，原县住房和城乡建设局与连云港本区某某建设公司（后更名为某燃气有限公司）签订了县四大园区管道燃气特许经营协议，即被告特许经营权的协议。根据该协议，某燃气有限公司取得了"西气东输"工程对该县的开口权和用气指标，开始了管道燃气综合利用的前期工作，敷设了燃气管道并供气于该县四大园区的部分区域。

2012年7月2日，江苏省能源局发布了苏能源油气发〔2012〕41号文件，批准某某某燃气有限公司开展该县天然气综合利用项目一期工程的前期工作。原告不满意这一决定，向江苏省人民政府提出了复议申请，但江苏省人民政府维持了该决定。原告对此决定不满，随后提起了这个案件的诉讼，要求废除被告特许经营权。

连云港市中级人民法院一审审理认为：

因原县政府在原告取得的特许经营权期限内授予某燃气有限公司被诉特许经营权，故原告与本案具有法律上的利害关系，原告与原县政府均是本案适格诉讼主体。因原告系在向江苏省人民政府申请对2012年7月2日作出的苏能源油发〔2012〕41号通知行政复议期间，得知被诉特许经营权的相关情况，故该公司提起本案诉讼，没有超过《最高人民法院关于适用〈中华人民共和国行政诉讼法〉若干问题的解释》（2000年）第四十一条规定的起诉期限。

依照《中华人民共和国行政许可法》《江苏省燃气管理条例》《江苏省管道燃气特许经营管理办法》的规定，在这个案件中，管道燃气经营权的授予应当依法通过招标等市场机制来进行。然而，原告的特许经营期限内，原县政府未经法定的招投标程序，在原告的特许经营范围内授予了某燃气有限公司被告特许经营权，违反了设立行政许可的程序性规定。然而，某燃气有限公司已经获得了中国石油"西气东输"工程在该县的开发权和用气指标，并且已经实际进行了供气。与此相比，原告多年来一直采用槽车供气的方式经营，这种供气方式在燃气成本、气源、供气量等方面与某燃气有限公司利用"西气东输"工程的气源供气方式存在明显差距。如果撤销原县政府授予某燃气有限公司的被告特许经营权，可能会对该县的经济发展和社会生活产生不利影响。根据法律规定，不应该废除被告特许经营权。

据此，连云港市中级人民法院依照《最高人民法院关于适用〈中华人民共和国行政诉讼法〉若干问题的解释》（2000年）第五十八条规定，于2014年6月9日作出〔2013〕连行初字第0002号行政判决：（1）确认原县政府授予某燃气有限公司的被诉特许经营权违法。（2）原县政府应在本判决生效后六个月内采取相应补救措施。

原告、某燃气有限公司均不服一审判决，向江苏省高级人民法院提起上诉。

原告上诉称：本公司与某燃气有限公司在燃气售价上实行同样的政府指导价，本公司与某燃气有限公司在气源供气方面并不存在明显差距。同时，原审法院认定被诉特许经营权为公共利益及未判决原县政府赔偿上诉人损失存在错误。故原审法院认定事实及适用法律错误。请求撤销原审判决，撤销被诉特许经营权。

某燃气有限公司上诉称：原告应当在2011年12月向江苏省发改委申请行政复议时就知悉被诉特许经营权的存在。而根据原告自认，其在2012年7月向江苏省人民政府申请行政复议期间即获知原县政府授予本公司的被诉特许经营权，复议听证会的召开时间为同年8月，故原告最迟应当于2012年8月就明知该被诉特许经营权，原告于2012年11月向法院提起本案诉讼，已超过《中华人民共和国行政诉讼法》规定的三个月的起诉期限。请求撤销原审第（一）、（二）项判决，改判驳回原告的起诉或诉讼请求。

原县政府答辩称：原审判决对争议事实的认定与客观情况相符、适用法律正确、程序合法，原告的上诉请求及理由依法不能成立。

江苏省高级人民法院经二审审理查明，确认了一审法院查明的事实。

二审另查明，原县于2014年7月撤县设立区。某县建设局于2010年2月更名为某县住房和城乡建设局，于2014年7月更名为某区住房和城乡建设局。连云港某某某气有限公司于2010年5月成立，于2012年12月更名为某某某某燃气有限公司，于2013年1月更名为连云港本区某燃气有限公司，于2014年6月更名为某燃气有限公司。

二审还查明，原告从其上游天然气气源处通过槽车运输方式目前向本区年供气量约为$300 \times 10^4 m^3$，某燃气有限公司从其上游天然气气源处通过"西气东输"的邳连联络支线连云港分输站日前向本区年供气量约 $6000\times10^4 m^3$。

本案二审的争议焦点为：(1) 原告提起本案诉讼是否超过法定起诉期限；(2) 原县政府授予某燃气有限公司被诉特许经营权是否符合法律规定；(3) 原县政府授予某燃气有限公司被诉特许经营权是否应予撤销；(4) 本案是否应当判决原县政府给予原告赔偿。

3）裁判要旨

江苏省高级人民法院二审审理认为：

(1) 关于原告提起本案诉讼是否超过法定起诉期限。

《最高人民法院关于适用〈中华人民共和国行政诉讼法〉若干问题的解释》（2000 年）第四十一条规定，行政机关作出具体行政行为时，未告知公民、法人或者其他组织诉权或者起诉期限的，起诉期限从公民、法人或者其他组织知道或者应当知道诉权或者起诉期限之日起计算，但从知道或者应当知道具体行政行为内容之日起最长不得超过 2 年。本案中，原告虽确认 2012 年 7 月因不服苏能源油发〔2012〕41 号通知向江苏省人民政府申请行政复议，期间得知 2010 年 7 月 13 日原县政府授予某燃气有限公司被诉特许经营权的相关情况，但并无证据证明原县政府就该被诉特许经营权向原告告知了诉权或者起诉期限，故原告于 2012 年 11 月提起的本案诉讼，没有超过法定起诉期限。

(2) 关于原县政府授予某燃气有限公司被诉特许经营权是否符合法律规定。

2004 年 5 月 1 日起施行的建设部令第 126 号《市政公用事业特许经营管理办法》第八条规定，主管部门应当依照向社会公开发布招标条件、受理投标程序选择市政公用事业特许经营项目的投资者或者经营者。2005 年 7 月 1 日起施行的《江苏省燃气管理条例》第十三条规定，管道燃气经营实行特许经营制度。特许经营权的投资，应当采取招标投标等公开、公平的方式。《江苏省管道燃气特许经营管理办法》第七条规定，管道燃气经营权的授予，应当按照《江苏省燃气管理条例》的规定，采取招标投标等公开、公平的方式，选择特许经营企业授予管道燃气经营权。本案所涉被诉特许经营权应当根据上述法律规范所确定的程序，依法经过招投标等程序方可授予，而原县政府并未依照上述法律规范规定的程序授予某燃气有限公司被诉特许经营权；且被诉特许经营权在原县政府已授予原告的特许经营权范围内，原县政府授予某燃气有限公司被诉特许经营权的行为不符合其与原告的特许经营约定。故原县政府授予某燃气有限公司被诉特许经营权的行为违法。

(3) 关于原县政府授予某燃气有限公司被诉特许经营权是否应予撤销。

《最高人民法院关于适用〈中华人民共和国行政诉讼法〉若干问题的解释》（2000 年）第五十八条规定，被诉具体行政行为违法，但撤销该具体行政行为将会给国家利益或者公共利益造成重大损失的，人民法院应当作出确认被诉具体行政行为违法的判决，并责令被诉行政机关采取相应的补救措施；造成损害的，依法判决承担赔偿责任。因本案所涉特许经营的产品为天然气，是涉及居民生活和企业生产的重要生活与生产资料，该能源作为清洁能源在环境治理等方面亦发挥重大作用，且随着本区地区经济的迅速发展和群众生活需求的提高，对该能源的需求不断增长，该能源的供给问题直接关系到该地区经济发展、社会生活、环境保护等公共利益。本案中，某燃气有限公司目前向本区的年供气量约 $6000\times10^4 m^3$，而目前原告向本区的年供气量约 $300\times10^4 m^3$，因此，如果撤销原县政府授予某燃气有限公司的被诉特许经营权，将会对本区的经济发展、社会生活、环境保护等公共利益产生重大不利影响。据此，原审法院认定被诉特许经营权不宜撤销，并依法作出确认原县政府授予某燃气有限公司的被诉特许经营权违法及原县政府应在判决生效后 6 个月内采取相应补救措施的判决并无不当。

(4) 关于本案是否应当判决原县政府给予原告赔偿。

《最高人民法院关于审理行政赔偿案件若干问题的规定》第四条第一款、第二十八条规定，公民、法人或者其他组织在提起行政诉讼的同时一并提出行政赔偿请求的，人民法院应一并受理，分别立案，根据具体情况可以合并审理，也可以单独审理。依据上述规定，人民法院裁判行政机关是否应给予当事人行政赔偿，应当以当事人向人民法院提起要求行政机关给予行政赔偿的诉讼请求为前提。因原告提起本案诉讼时并未一并提出要求原县政府给予其相应行政赔偿的诉讼请求，故原审法院就本案作出判决时，未判决原县政府承担赔偿责任并无不当。

4) 裁判结果

综上，原告的上诉理由不能成立。原审法院认定事实清楚、程序合法、适用法律正确。江苏省高级人民法院依据《中华人民共和国行政诉讼法》第六十一条第（一）项之规定，于 2014 年 12 月 30 日作出〔2011〕苏行终字第 00158 号行政判决：

驳回上诉，维持原判。

5) 律师解析

未经招标投标等规定程序授予的管道燃气特许经营权，实践中绝大部分法院会认定授予违法。对于是否直接撤销，会区分情况。如授予燃气公司未进行有效投资和开发，授权行为有可能会被撤销。对于进行了实际投资并运行的，则因撤销该具体行政行为将会给国家利益或者公共利益造成重大损失而不予撤销，代之以采取补偿措施。

与上述案例相同的还有南宁市某管道燃气发展有限责任公司与某县人民政府、某县住房和城乡规划建设局行政判决（见广西南宁市中级人民法院〔2014〕，南市行一初字第 25 号）以及自贡市某某天然气有限责任公司诉某县人民政府、某县住房和城乡建设局城建行政许可判决书（湖北省高级人民法院〔2015〕鄂行终字第 00079 号）均认定未经过招标投标合同无效。

6) 实务启示

从事管道燃气经营的企业，必须注意特许经营权取得程序的正当性。特许经营权的授予，应当按照规定采取招标投标等公开、公平的方式。依法经过招投标等程序方可授予。否则可能会导致经营权无效。

三、相关法规内容

1. 《市政公用事业特许经营管理办法》

第八条 主管部门应当依照下列程序选择投资者或者经营者：

（一）提出市政公用事业特许经营项目，报直辖市、市、县人民政府批准后，向社会公开发布招标条件，受理投标；

（二）根据招标条件，对特许经营权的投标人进行资格审查和方案预审，推荐出符合条件的投标候选人；

（三）组织评审委员会依法进行评审，并经过质询和公开答辩，择优选择特许经营权授予对象；

（四）向社会公示中标结果，公示时间不少于 20 天；

（五）公示期满，对中标者没有异议的，经直辖市、市、县人民政府批准，与中标者（以下简称"获得特许经营权的企业"）签订特许经营协议。

2. 《市政公共事业特许经营管理办法》

第十八条 获得特许经营权的企业在特许经营期间有下列行为之一的，主管部门应当依法终止特许经营协议，取消其特许经营权，并可以实施临时接管：

（一）擅自转让、出租特许经营权的；
（二）擅自将所经营的财产进行处置或者抵押的；
（三）因管理不善，发生重大质量、生产安全事故的；
（四）擅自停业、歇业，严重影响到社会公共利益和安全的；
（五）法律、法规禁止的其他行为。

3. 《中华人民共和国行政许可法》

第十二条 下列事项可以设定行政许可：
（二）有限自然资源开发利用、公共资源配置以及直接关系公共利益的特定行业的市场准入等，需要赋予特定权利的事项；

第五十三条 实施本法第十二条第二项所列事项的行政许可的，行政机关应当通过招标、拍卖等公平竞争的方式作出决定。但是，法律、行政法规另有规定的，依照其规定。

4. 《中华人民共和国行政诉讼法》

第十二条 人民法院受理公民、法人或者其他组织提起的下列诉讼：
（三）申请行政许可，行政机关拒绝或者在法定期限内不予答复，或者对行政机关作出的有关行政许可的其他决定不服的。

第二节 燃气特许经营权民事侵权纠纷

一、燃气特许经营权民事侵权纠纷概述

1. 民事侵权纠纷的定义

民事侵权纠纷是指在民事关系中，一方侵害了他人的合法权益，导致受害方遭受了损害或损失，因而引发的法律纠纷。在这种纠纷中，侵权行为通常指的是违反法律规定侵犯了他人的人身权、财产权等合法权益的行为。民事侵权行为包括但不限于以下情况：

（1）人身侵权：例如故意伤害、侮辱、诽谤、侵犯名誉权、侵犯隐私权等行为，对他人的人身权益造成了实质性的损害。

（2）财产侵权：例如侵占、损毁、破坏他人财产、侵犯他人的知识产权（如著作权、商标权、专利权等）等行为，导致他人的财产权受到了侵害。

（3）合同侵权：例如违约、拖欠款项、不履行合同义务等行为，违反了合同的约定，给对方造成经济损失或其他不良后果。

（4）不当竞争侵权：例如虚假宣传、商业诽谤、不正当竞争行为等，对他人的商业利益造成了侵害。

2. 燃气特许经营权民事侵权纠纷的内涵

燃气特许经营权民事侵权纠纷常表现为无权燃气企业对有权燃气企业权利的侵害，或特许经营燃气企业与燃气用户之间产生的纠纷。由于纠纷发生于平等主体之间，故采取民事诉讼解决纠纷。燃气特许经营权民事侵权纠纷表现为不竞争条款引发侵权纠纷、市场竞争者侵

权纠纷和燃气企业与消费者的纠纷。

1) 不竞争条款引发侵权纠纷

特许经营协议中的不竞争条款在实际履行过程中往往引发争议。这些争议通常不仅限于条款内容的静态解释，更多地涉及协议履行过程中的根本性变更。然而，实际情况中，不竞争条款容易演变为私人垄断的工具。市场经济活动中，为了争夺经济利益，公共垄断机构和私人垄断服务提供商经常滥用其垄断地位，导致对消费者的响应不足。

特许经营制度的初衷是促进社会资本与公用事业建设的结合，有助于政府履行行政职责，同时扩大投资范围。但在实际实施中，由于政绩考核等因素，某些地区的政府在协议谈判阶段做出承诺，但在项目后期建设过程中未能按照承诺履行，导致特许经营者提供的商品和服务在质量、价格等方面缺乏有效监管。这使得特许经营者从政府垄断角色转变为私人垄断，从而导致特许经营者与消费者、市场相关方之间的纠纷增多。

2) 市场竞争者侵权纠纷

燃气市场中经常发生其他竞争者直接侵犯特许经营者的合法权益的情况。这些竞争者，通常是没有获得特许经营权的企业，可能会采取不正当手段，以侵害特许经营者的合法权益，以便在燃气市场中分得一杯羹。以下是一些常见的侵权行为：

（1）实际占有：无权企业可能采用实际占有的方式，侵犯特许经营者的在先权利，例如在特许经营者的经营区域提供燃气服务，侵占市场份额。

（2）滥用行政资源优势：这些企业可能利用其掌握的行政资源和关系优势，在审核批准等环节对特许经营者的新建项目制造困难，以阻碍项目建设和协议履行。

（3）恶意干预城市规划和审批程序：一些竞争者可能参与地方政府的城市规划编制或审批程序，通过恶意提高市场准入门槛的方式，制造在先企业的市场准入障碍，使其难以进入市场。

这些侵权行为可能会导致特许经营者与其他市场竞争者之间的纠纷和竞争激化。在处理这些纠纷时，需要依靠法律和法律程序来保护特许经营者的合法权益。

3) 燃气企业与消费者的纠纷

各国的民营化经验表明，在私人组织受自身利益驱动的情况下，有时可能忽视对公共利益的保护。这种情况在燃气特许经营中也可能发生，因为燃气企业可能会在追求经济利益时忽视社会公共利益，从而侵害燃气用户的合法权益。这种纠纷的发生主要源于燃气企业在特许经营地域内排他性的地位，限制了消费者的自主选择权。此外，由于公用事业服务合同通常为格式合同，企业在合同谈判中通常处于有利地位。当企业认为它们的经济利益将受损时，它们可能以契约自由为由，不愿与消费者签订合同，从而影响用户正常的燃气供应。这种类型的纠纷通常表现为以下几种情况：

（1）供气设备强制交易：企业可能要求燃气用户购买其提供的燃气入户材料或使用其指定的服务，而不允许用户自行选择。

（2）收费矛盾：企业可能会设定不合理的缴费限额，要求用户支付不合理的保证金，或者滥收费用，这可能会引发纠纷。

这些纠纷通常涉及契约自由和公共利益之间的权衡。在处理这些问题时，法律和法规需要提供必要的防控机制，以确保燃气用户的合法权益得到保护，同时也需要监管机构的监督和合同审查来确保公共利益不受损害。

3. 燃气特许经营权民事侵权纠纷案例分析
1) 案例名称
甲燃气公司与乙燃气有限公司侵权责任纠纷案。
2) 案情概要

2013年6月6日，某都市人民政府授权该市住房和城乡建设局（作为甲方）与乙燃气有限公司（作为乙方）签订《中心城区（部分）管道燃气特许经营协议》。该协议主要约定："乙燃气有限公司的特许经营期限为30年，即2013年7月1日至2043年6月30日。特许经营权区域范围为商都市中心城市现行规划区范围，但不包括建成区已批准特许经营的西南片区、东南片区、北部片区、商都经济技术开发区及甲燃气公司已建成的龙洲经济技术开发区内LNG中心汽化站（含汽化站至西南、东南、北部片区的输气主管）；也不包括古蛟新区的蛟洋工业区、永丰新区的高新园区。建成区已批准特许经营的西南片区、东南片区、北部片区、商都经济技术开发区及龙洲经济技术开发区内ING中心气化站以外，原管道燃气公司根据市政要求预先设置的城市道路管网、管道燃气设施及部分已通气区域用户、在建未通气区域用户，由乙方与相关燃气管道公司另行协商约定。本协议签约后甲方不再批准除乙方外的第三方在乙方特许经营区域内开展新的燃气业务，发展新的燃气用户等。乙方权利为在特许经营地域和范围内独家经营管道燃气业务、管道燃气的投资发展权利等。"

2013年6月20日，甲燃气公司（作为乙方）与某安老年颐养有限公司（作为甲方）签订《居民燃气入户合同（集体）》。该合同约定："燃气供应服务项目名称为某安老年公寓燃气入户项目，地点位于商都市新罗反莲庄路以东浮东路以北交叉口，内容为燃气管道的设计、施工及竣工验收，范围从市政干管至进入甲方居民用户室内的表后阀为止。按照每产2900元计取，涉及本项目用户共计1059户，金额为3071100元，按实际安装户数进行结算等。"该燃气项目系在乙燃气有限公司取得的管道燃气特许经营区域之内。

2014年8月25日，某都市住房和城乡建设局就甲燃气公司提交的《关于请求对"三件事"反馈的报告》出具书面答复意见，主要内容为："关于我市燃气门站的建设问题，现需等待市政府召开专题会议研究确定。关于铁山方向（包括东方三洋城、铁山保障房、铁山佳苑和兴想江山名筑等）敷设燃气管道事宜，主要是涉及中心城区管道燃气特许经营权历史遗留问题。关于某都烟草工业有限责任公司管道燃气事项，主要是2005年曹溪路、乘风路改造建设需要，我局同意你司预先敷设了市政燃气管道，但2013年市政府将商都中心城市现行规划区范围内尚未批准区域（含某都烟草工业有限责任公司区域）的特许经营权授予了乙燃气有限公司，因此该事项同样也涉及中心城区管道燃气特许经营权历史遗留问题。为妥善处理好历史遗留问题，我局7月30日已专题报请市政府研究，尽快明确解决办法，统一协调解决。市政府已批复近期召开协调会，明确有关问题，具体会议事项另行通知。因此，你司暂不宜与某都烟草工业有限责任公司签订《燃气建设合同》或《供气协议》。"

2014年9月3日，某都市住房和城乡建设局向乙燃气有限公司出具书面答复意见，主要内容为："关于维护管道燃气特许经营权问题，主要是妥善处理好历史遗留问题。我局于7月30日向某都市人民政府请示，市政府将在近期召开协调会研究解决该问题。因你司所反映的问题需要某都市人民政府协调解决，请你司等召开协调会后，再协调处理。如中心城区部分地产项目和市政燃气管道项目确属历史遗留问题的，按市政府协调会确定的方案办理；如不属历史遗留问题的，严格按有关法律、法规、规定以及《管道燃气特许经营协议》，予以严肃处理。根据我局与你司签订的《商都中心城区（部分）管道燃气特许经营协议》规定，建成区已批准特许经营的西南片区、东南片区、北部片区、商都经济技术开发区及龙洲经济技术开发区内LNG中心气化站以外，原管道燃气公司根据市政要求预先设置的城市道路管网、管道燃气设施及部分已通气区域用户、在建未通气区域用户，由甲燃气公司与相关燃气管道公司另行协商约定。符合上述规定的，应执行此规定。"原告诉至法院，请求判令被告立即停止在原告管道燃气特许经营权区域内实施的某安老年公寓项目管道燃气项目的侵权经营行为。

一审法院认为，本案争议焦点：（1）本案是否属于人民法院受理的民事纠纷。（2）原告是否具备特许经营权合法主体资格。（3）某安老年公寓燃气入户项目是否属于历史遗留问题中的在建未通气区域用户，即是否侵犯了原告的特许经营权。

关于争议焦点（1），对于某安老年公寓燃气入户项目系在乙燃气有限公司取得的管道燃气特许经营区域之内，双方均无异议。根据原告与某都市住房和城乡建设局签订的《特许经营协议》约定的相互间的权利、义务内容看，均符合民事合同的构成要件，因此原告所取得的特许经营权亦属于民事权利范畴，该权利受到侵害时则有权提起民事诉讼，故本案属于平等民事主体因特许经营权引发的一般民事侵权纠纷，属于法院应受理的民事案件。

关于争议焦点（2），根据《城镇燃气管理条例》第十五条规定："国家对燃气经营实行许可证制度。从事燃气经营活动的企业，应当具备下列条件：（一）符合燃气发展规划要求；（二）有符合国家标准的燃气气源和燃气设施……"经查，乙燃气有限公司的经营范围为燃气工程的设计、施工、建设等。原告在已获得相关行政部门的授权下，有权根据《特许经营协议》的约定在获得特许经营许可的区域范围内进行管道燃气的建设等。

关于争议焦点（3），《特许经营协议》已载明，"原管道燃气公司根据市政要求预先设置的城市道路管网、管道燃气设施及部分已通气区域用户、在建未通气区域用户，由原告与相关燃气管道公司另行协商约定"。对于在建通气区域用户的认定，应当具备两个条件，即根据市政要求预先设置、正在建设但尚未通气的区域用户。而被告提供的政府文件，不能证明某安老年公寓燃气入户项目被认定或属于某都中心城区管道燃气特许经营权历史遗留问题。被告亦未能提供证据其获得某安老年公寓燃气入户项目的特许经营许可资质。被告虽然于2013年6月20日签订了《居民燃气入户合同（集体）》，其主张的该项目进场时间为2014年12月15日，亦在乙燃气有限公司获得该区域的特许经营权之后。

综上，乙燃气有限公司诉请甲燃气公司立即停止在乙燃气有限公司管道燃气特许经营权区域内实施的某安老年公寓管道燃气项目的侵权经营行为有理，予以支持。

据此，依照《中华人民共和国民法通则》第一百三十四条第一款第（一）项，《中华人民共和国侵权责任法》第二条、第六条第一款之规定，判决：甲燃气公司应立即停止在某安老年公寓内管道燃气项目的经营行为。一审案件受理费100元，由被告甲燃气公司负担。

宣判后，甲燃气公司不服，向法院提起上诉。

经二审审理查明，对原审查明的事实，双方均无异议，法院予以认定。

3）裁判要旨

法院认为，本案争议焦点：（1）本案的特许经营协议是什么性质？是否属于民事合同？（2）被上诉人是否有权根据特许经营协议进行管道燃气建设，被上诉人取得特许经营权是否违反《福建省燃气管理条例》第十二条及建设部《市政公用事业特许经营管理办法》第八条有关规定？（3）讼争地是否属于适用特许经营的范围？上诉人甲燃气公司在商都某老年公寓是否属于"在建未通气""按市政要求预先设置管道燃气设施"？

本案的特许经营协议是指政府或其授权的部门允许有经营资质的燃气企业在特定的期限和特定的地域范围内独家建设、运营管道燃气设施、以管道输送形式向用户供应燃气，并收取费用的权利。即在其有效期限和规定的地域范围内，其他任何企业、组织和个人不得在同一时间、同一范围以同种生产方式使用该项权利。因此，本案的特许经营协议的性质是一种行政合同，不属于民事合同，原审认为是民事合同错误。被上诉人以特许经营协议为依据请求上诉人立即停止在某安老年公寓项目管道燃气项目的侵权行为，属民事案件审理的范围。若上诉人认为本案的特许经营协议，被上诉人取得的方式违反了《福建省燃气管理条例》第十二条及建设部《市政公用事业特许经营管理办法》第八条关于招标规定的法定程序或该特许经营协议侵犯了其权益，应另行提起行政诉讼。

在本案的特许经营协议未经法定程序撤销之前，应作为本案的定案依据。故上诉人主张"被上诉人取得特许经营协议不符合法律、法规强制性规定，应属无效"，法院不予支持。被上诉人特许经营权区域范围为商都市中心城市现行规划区范围，但不包括建成区已批准特许经营的西南片区、东南片区、北部片区、某都经济技术开发区及某建设公司已建成的龙洲经济技术开发区内LNG中心汽化站（含汽化站至西南、东南、北部片区的输气主管）；也不包括古蛟新区的蛟洋工业区、永丰新区的高新园区。建成区已批准特许经营的西南片区、东南片区、北部片区、商都经济技术开发区及龙洲经济技术开发区内LNG中心汽化站以外，原管道燃气公司根据市政要求预先设置的城市道路管网、管道燃气设施及部分已通气区域用户、在建未通气区域用户，由乙方与相关燃气管道公司另行协商约定。本协议签约后甲方不再批准除乙方外的第三方在乙方特许经营区域内开展新的燃气业务，发展新的燃气用户等。根据乙燃气有限公司的特许经营协议，可以明确某安老年公寓涉案范围在乙燃气有限公司特许经营权范围内。上诉人所提供的文件均不能证明"某安老年公寓项目的管道燃气设施系上诉人某建设公司按市政要求预先设置及得到相关职能部门的承认"的事实，即属除外情形，故上诉人主张某与业主签订的《居民燃气入户合同（集体）》在"特许经营协议"之前，不构成侵权，法院不予支持。

关于乙燃气有限公司是否具备特许经营权合法主体资格的问题。根据《城镇燃气管理条例》第十五条规定："国家对燃气经营实行许可证制度。从事燃气经营活动的企业，应具备下列条件：（一）符合燃气发展规划要求；（二）有符合国家标准的燃气气源和燃气设施"。经查被上诉人公司的经营范围包括燃气工程的设计、施工、建设等。被上诉人根据《特许经营权协议》的约定，在获得相关行政部门的授权下按照相关规划、应急保障要求即可以进行管道燃气设施的建设。而被上诉人是否取得送气要求的《燃气经营许可证》，属于行政范畴，不属本案审理范围。

4) 裁判结果

综上，原审认定事实清楚，法院予以维持。依照《中华人民共和国民事诉讼法》第一百七十条第一款第（一）项之规定，判决如下：

驳回上诉，维持原判。即，甲燃气公司应立即停止在老年公寓内管道燃气项目的经营行为。

5) 律师解析

通过上述案例，可以看出，在其他燃气公司已经取得燃气特许经营权的地域内发展客户供气，即使对方未经招标投标取得的燃气特许经营权有瑕疵，在民事侵权案件审理中，也会因燃气特许经营权协议性质为行政合同，不属于民事案件审理范围而需另行提起行政诉讼处理。

在原燃气特许经营权未被撤销以前，燃气公司取得燃气特许经营权违反了招标投标的法律规定，不能以此作为在对方特许经营区域内发展客户的免责理由。仍然构成对已取得燃气特许经营权燃气公司财产权的侵犯，应当承担法律责任。

6）实务启示

如想合法进入经营权有瑕疵的竞争对手区域发展用户，必须先通过合法程序撤销有瑕疵的经营权。否则，仍会在因竞争引起的侵权诉讼中有败诉风险。

二、相关法规内容

1. 《中华人民共和国民法典》

第十条 处理民事纠纷，应当依照法律；法律没有规定的，可以适用习惯，但是不得违背公序良俗。

2. 《市政公用事业特许经营管理办法》

第八条 主管部门应当依照下列程序选择投资者或者经营者：

（一）提出市政公用事业特许经营项目，报直辖市、市、县人民政府批准后，向社会公开发布招标条件，受理投标；

（二）根据招标条件，对特许经营权的投标人进行资格审查和方案预审，推荐出符合条件的投标候选人；

（三）组织评审委员会依法进行评审，并经过质询和公开答辩，择优选择特许经营权授予对象；

（四）向社会公示中标结果，公示时间不少于20天；

（五）公示期满，对中标者没有异议的，经直辖市、市、县人民政府批准，与中标者（以下简称"获得特许经营权的企业"），签订特许经营协议。

第三节 燃气管道运输合同纠纷

一、燃气管道运输概述

1. 燃气管道运输的定义

管道运输是一种通过长距离管道系统输送液体或气体等物资的运输方式。这种运输方式利用管道作为载体，将物质从生产地点或供应地点输送到目的地，通常是在大规模工业、能源、化工、石油和天然气等领域应用广泛。管道运输是一种高效、安全和经济的方式，常用于输送原油、石油制品、天然气、水、化学品和其他液体或气体产品。这种运输方式通常能够实现连续不断地输送，无须中途卸载或转运，因此非常适用于长距离运输。

燃气管道运输是一种通过管道系统输送天然气或其他类型燃气的运输方式。这种运输方式主要用于将天然气从产地输送到城市、工业区域或其他用气地点，以满足能源供应和工业需求。燃气管道通常包括天然气、液化石油气（LPG）、工业气体等。这种运输方式对于城市供气系统、工业用气、天然气发电站等领域至关重要，它提供了可靠的气源，并为社会和工业领域的能源需求提供了重要的支持。

2. 燃气管道运输的优点

燃气管道运输具有以下特点：

连续性和稳定性：燃气管道运输是一种连续不间断的输送方式，能够稳定供应天然气或其他燃气。这对于城市供气系统和工业用户来说至关重要，以满足他们持续的用气需求。

高效性：管道输送通常具有高效的特点，因为它减少了气体损耗和能源浪费。燃气在管道内输送时，能够最大程度地保持其质量和能量价值。

安全性：燃气管道系统通常经过严格的设计和监控，以确保安全性。这包括防止泄漏、爆炸和其他安全问题。管道系统通常会采用自动监控和报警系统来保障安全。

减少环境影响：燃气管道运输通常对环境的影响较小。相对于其他运输方式，如公路运输或船运，管道运输减少了空气污染和碳排放，有助于环境保护。

远距离输送：管道可以跨越长距离输送天然气，将燃气从生产地输送到需要的地点，包括城市和工业区域。

低运输成本：相对于其他运输方式，燃气管道运输通常具有较低的运输成本。一旦管道建成，维护和运营成本相对较低。

便于自动化：管道系统可以相对容易地实现自动化监控和操作，减少了人为干预，提高了系统的可操作性。

总体来说，燃气管道运输是一种高效、安全、稳定和环保的能源输送方式，对于满足城市和工业用气需求非常重要。

3. 燃气管道运输的缺点

燃气管道运输虽然具有许多优点，但也存在一些缺点，包括：

（1）高建设成本：建设燃气管道系统需要大量的资金投入，包括土地购置、管道材料、施工和工程监测等费用。这可能需要多年的时间来实现回报。

（2）受地理条件限制：管道建设通常受到地理条件的限制，如山脉、河流、湖泊和城市建筑等。这可能导致管道的布局受到局限，需要克服地理障碍。

（3）维护成本高：管道系统需要定期的维护和检查，以确保其安全和可靠运行。这包括泄漏检测、防腐蚀措施和设备维修。这些维护成本可能很高。

（4）潜在安全风险：虽然管道系统通常经过精心设计和监控，但仍然存在一定的安全风险，如泄漏或爆炸。这可能对周围环境和居民构成威胁。

（5）长建设周期：燃气管道系统的建设通常需要较长的时间，包括规划、设计、施工和调试等多个阶段。这可能导致项目的延迟。

（6）需大规模输送：管道系统的建设通常需要大规模的输送需求，因为只有在有足够多的燃气供应和需求时，才能实现投资回报。这可能不适用于较小的市场或地区。

（7）依赖性：燃气管道系统使供应和需求双方高度依赖该系统的安全和运行。一旦管道发生故障或停工，将对供应链和用户造成严重影响。

（8）限制供应源：管道系统通常连接到特定的供气源，因此如果供应源发生问题，如天然气井爆炸或供应中断，将影响整个管道系统的供应。

总体来说，燃气管道运输虽然在长距离输送和大规模供应方面具有优势，但在建设、维护和安全性等方面也存在一些挑战和限制。因此，在管道运输方案的规划和管理中需要综合考虑这些因素。

二、燃气管道运输合同纠纷概述

1. 燃气管道运输合同的定义

燃气管道运输合同是一种合同协议，它规定了涉及燃气运输的各方之间的权利、义务、条件和责任。这种合同通常包括以下内容：

（1）合同当事方：合同明确了参与合同的各方，通常包括燃气供应商、燃气管道运输公司和燃气用户等。

（2）供气量和质量：合同规定了供气的数量和质量要求，包括供气的压力、温度和化学成分等。

（3）交付地点和接收地点：合同界定了燃气的交付地点（通常是供应点）和接收地点，也可能包括供气的输送路径。

（4）供气周期：合同规定了供气的时间周期，通常以年、月、周或日为单位。

（5）价格和费用：合同明确了供气的价格结构，包括燃气价格、运输费用和其他相关费用，如压缩、加工和储存费用。

（6）运输方式和工具：合同描述了燃气的运输方式，包括管道直接输送、压缩天然气或液化天然气（LNG）等。

（7）服务水平和安全标准：合同规定了供气和管道运输的服务水平要求和安全标准。

（8）保险和责任：合同明确了各方的保险责任，包括意外损失、责任险和环境责任等。

（9）争议解决：合同规定了争议解决的程序和机构，如调解、仲裁或法院诉讼。

（10）终止和解除合同：合同规定了终止或解除合同的条件和程序。

（11）违约责任：合同明确了各方的违约责任和违约赔偿。

（12）其他约定：合同可能包括其他双方约定的特殊条款，以满足具体的业务需求。

燃气管道运输合同通常是为确保供气的可靠性、合理定价、服务质量和法律合规性而制定的。这些合同通常由专业法律顾问和合同起草人员编制，并需要受到法律法规的监管和批准。

2. 燃气管道运输合同纠纷的内涵

燃气管道运输合同纠纷是指在燃气管道运输合同履行过程中，合同双方就合同条款、义务履行、费用支付、违约责任等问题产生分歧或争议，无法达成一致意见，从而引发的法律纠纷。这些纠纷主要涉及以下几个方面：

（1）合同履行争议：涉及燃气管道运输合同的履行过程中，可能存在双方对运输物质的品质、数量、时限、运输路线等方面的争议。例如，供应商认为运输公司未按照约定要求及时运输物质，导致供应链中断或损失。

（2）运输费用争议：涉及双方对于运输费用的计算、支付方式、费用分摊等方面的争议。例如，运输公司认为供应商未按照合同约定支付运输费用，或供应商认为运输公司提出的费用超出合理范围。

（3）违约责任争议：当一方未能按照合同约定的义务履行时，可能引发违约责任争议。例如，供应商未按时交付运输物质，或运输公司未按要求进行运输，导致损失的产生。

（4）合同解除与赔偿争议：在合同履行过程中，一方可能提出解除合同或要求赔偿的要求，例如由于运输公司的过错导致供应商遭受损失，或供应商未能按时提供符合质量标准的运输物质。

（5）保险责任争议：涉及合同中保险责任的履行情况和争议。例如，当运输物质在运输过程中损失或受损时，涉及双方对保险责任范围、保险赔偿额度等方面的争议。

3. 燃气特许经营权民事侵权纠纷案例分析

1）案例名称

某煤化有限责任公司与某煤气输送有限责任公司燃气管道运输合同纠纷。

2）案情概要

2009年6月19日，被告某煤化有限责任公司与某能源有限责任公司签订《煤气供应合同》，约定由被告某煤化有限责任公司向某能源有限责任公司供应煤气，定于2009年11月10日前供气，其中合同第六条规定："甲方（某煤化有限责任公司）一号焦炉正常运营后，对乙方（某能源有限责任公司）煤气的日均供应量不得低于$20×10^4 m^3$，乙方保障日均煤气用量不低于$20×10^4 m^3$……"

2009年8月5日，原告某煤气输送有限责任公司的法定代表人徐某与某煤化有限责任公司签署了《煤气输送管道项目合作协议书》。协议约定原告某煤气输送有限责任公司将投资兴建煤气输送管道，该管道起点位于某煤化有限责任公司，终点位于某能源有限责任公司，同时产权归属原告某煤气输送有限责任公司所有。管道煤气输送的数量计算依据以某能源有限责任公司厂区内煤化计量表的数字为计算依据，管道煤气运输的单价是0.04元$/m^3$，管道敷设完工并交付使用的时间是当年11月10日，双方签署协议，将煤气输送管道开始使用的时间定于2009年12月1日，初步达成合作意愿的时长为10年。随后，原告某煤气输送有限责任公司按照双方协议内容开始投资建设煤气输送管道项目。

2009年11月5日，原告某煤气输送有限责任公司接收由某月建筑工程有限公司施工的管道工程。

2010年2月27日，特种设备检验所对原告某煤气输送有限责任公司建设的煤气输送管道项目进行气密试验检测，试验结果：合格。

2011年12月15日，市安全生产监督管理局对原告某煤气输送有限责任公司焦化煤气输送管道建设项目安全验收评价报告备案。

2012年4月25日，原告某煤气输送有限责任公司注册成立。

2012年5月18日，被告某煤化有限责任公司正式启用了由某煤气输送有限责任公司建设的煤气管道进行煤气输送。该管道是被告某煤化有限责任公司向某能源有限责任公司输送煤气唯一的通道。

2012年7月12日，被告某煤化有限责任公司出具证明一份，内容为："2009年8月5日，徐某经理代表某煤气输送有限责任公司与某煤化有限责任公司签订了《煤气输送管道项目合作协议书》。某煤气输送有限责任公司于2012年5月正式注册，任命徐某为董事长兼总经理，因此徐董事长签订的《煤气输送管道项目合作协议书》具有法律效力，特此证明"。

煤气输送管道建成后，被告某煤化有限责任公司未能按照合同规定的时间开始使用，直到2012年5月18日才开始正式使用该管道。鉴于此，原告某煤气输送有限责任公司提起诉讼，要求被告某煤化有限责任公司赔偿由于未按照合同规定的时间开始使用煤气输送管道而导致的原告某煤气输送有限责任公司可获得利益的损失。赔偿标准根据某煤化有限责任公司与某能源有限责任公司之间约定的最低日均供应量进行计算。一审过程中，双方对损失赔偿的起始日期产生争议。

一审法院认为，被告某煤化有限责任公司未按照合同规定履行合同义务，给原告某煤气输送有限责任公司带来了经济损失。因此，原告某煤气输送有限责任公司要求被告某煤化有限责任公司赔偿的损失应当等同于在合同履行后将获得的利益，故对原告某煤气输送有限责任公司要求被告某煤化有限责任公司根据其与某能源有限责任公司之间约定的最低日均供应量的标准赔偿损失的请求法院予以支持。原告某煤气输送有限责任公司建设的煤气输送管道虽然于2009年11月5日竣工，但获得特种设备检验所试验合格是其投入使用的前提条件，因此，原告某煤气输送有限责任公司要求被告某煤化有限责任公司赔偿损失的请求日期，应自2010年2月27日计算。被告某煤化有限责任公司主张原告某煤气输送有限责任公司对手煤气输送管道建设项目取得备案时间才是管道可以投入使用的合理时间。但因双方签订的合作协议已依法成立，依据合同约定，原告某煤气输送有限责任公司所建工程符合使用条件，被告某煤化有限责任公司即应使用并依约定支付租金。原告某煤气输送有限责任公司获得特种设备检验所出具的对所建管道的合格检测报告，这被视为管道已满足合同约定的使用条件，原告某煤气输送有限责任公司是否备案，只是履行行政法律义务，不是本案原被告履行合同必备的前提条件，原告某煤气输送有限责任公司对其后果承担行政责任，被告某煤化有限责任公司不能因此而取得民事上的抗辩权，故对被告某煤化有限责任公司该抗辩意见不予采纳。被告某煤化有限责任公司与某能源有限责任公司签订《煤气供应合同》，被告某煤化有限责任公司主张因某能源有限责任公司技术改造等原因导致本案合同未能如期履行，根据合同相对性原则，被告某煤化有限责任公司与某能源有限责任公司的合同未能履行的理由不能抗辩原告某煤气输送有限责任公司依据与被告某煤化有限责任公司之间的合作协议而享有的权利。故对于被告某煤化有限责任公司上述抗辩意见不予采纳。

一审法院判决：被告某煤化有限责任公司于本判决生效后立即赔偿原告某煤气输送有限责任公司损失640万元（自2010年2月28日至2012年5月17日，合计800天，每天8000元）。

某煤化有限责任公司不服一审法院的判决，提起了上诉至中级人民法院。某煤化有限责任公司的上诉请求是要求撤销原审判决，并依法判决某煤化有限责任公司只需赔偿自某煤气输送有限责任公司具备管道燃气经营资格或某能源有限责任公司具备煤气使用条件之日起至2012年5月17日期间的可得利益损失。某煤化有限责任公司提出上诉的理由包括：（1）原审法院错误认定当事人之间法律关系的性质和案件案由，从而忽视了管道燃气经营资格对被上诉人期求利益能否成立的影响。某煤化有限责任公司认为其与某煤气输送有限责任公司之间建立的是燃气管道运输合同关系而非租赁使用合同关系。根据相关法律规定，个人不得从事管道燃气经营，企业经营燃气的，须取得行政许可。因此，主体工程竣工验收、安全设施竣工验收、某煤气输送有限责任公司取得营业执照、取得营业许可、某能源有限责任公司具备煤气使用条件这几项时间不一致时，最后一个时间才是为某煤气输送有限责任公司计算损失最为准确的起始点。（2）原审法院忽视了燃气主体工程竣工验收和安全设施竣工验收的重要意义，无视了安全设施与主体工程"三同时"的强制性规定，将气密性检测作为煤气管道投入使用的充分条件。（3）原审法院忽略了某能源有限责任公司具备煤气使用条件对确定被上诉人客观损失的影响。

二审中，某煤化有限责任公司提交了某煤气输送有限责任公司出具的"货物运输业统一发票"十枚，时间均在2012年5月18日之后，收费种类是：管道煤气运输。证明：某煤气输送有限责任公司收的是运输费，而不是租赁费，进一步证明双方是管道煤气运输关系。

二审法院查明：2011年12月15日，市安全生产监督管理局向某煤气输送有限责任公司下发的"关于《某煤气输送有限责任公司焦化煤气输管道建设项目安全验收评价报告》备案的通知"中明确记录："某煤气输送有限责任公司：你公司只负责煤气输送、管道维修和管理，不属煤气经营单位，因此该项目属备案类。……"双方都一致认为，个人不得从事燃气管道运输业务，法人从事管道煤气运输必须经过许可。此外，双方还共同确认，涉案煤气的生产和出售方是某煤化有限责任公司，购买和使用方是某能源有限责任公司。

某煤化有限责任公司与某能源有限责任公司之间有6.5km左右的距离，煤气交易是通过涉案燃气管道运输完成的。某煤化有限责任公司认为，如果其构成违约，对原审计算的每天损失为8000元不持异议。

3）裁判要旨

本案争议焦点为：（1）本案是燃气管道运输合同纠纷还是租赁合同纠纷？（2）某煤化有限责任公司是否应向某煤气输送有限责任公司负赔偿责任？

法院认为，关于本案是燃气管道运输合同纠纷还是租赁合同纠纷的问题。某煤化有限责任公司是煤气的生产和出售方，某能源有限责任公司是煤气使用和购买方，双方的煤气交易是通过燃气管道运输的方式完成的，对此某煤化有限责任公司与某煤气输送有限责任公司均认可，本案符合燃气管道运输合同的特征。从《煤气输送管道项目合作协议书》内容看，某煤气输送有限责任公司就是为了实现上述管道煤气输送业务而设立的"煤气输送有限责任公司"。该协议书中约定的按煤气输送量结算价款的方式，某煤气输送有限责任公司出具的"货物运输业统一发票"且收费名称为"管道煤气运输"的发票，以及政府相关部门下发的通知中认定某煤气输送有限责任公司从事了煤气输送业务等事实，进一步证实双方间形成的是燃气管道运输合同关系。本案应定为燃气管道运输合同纠纷，原审判决将本案确定为租赁合同纠纷欠妥，二审予以纠正。

关于某煤化有限责任公司是否应向某煤气输送有限责任公司负赔偿责任的问题，管道输送煤气涉及公共安全。在没有得到市安全生产监督管理局已完成备案的通知之前，即2011年12月15日之前，是不得投入使用或运营的。或者说，这一时间点之前不使用涉案管道进行煤气输送是合法行为，因此在这段时间内不存在可得利益损失的问题。原审判决对此前的可得利益损失的保护是不符合法律的。然而，在市安全生产监督管理局完成备案后，证明市安全生产监督管理局已同意涉案的管道投入使用。但是，由于某煤化有限责任公司的原因，导致从完成备案的次日起，一直到2012年5月17日，长达154天的时间里，未使用涉案管道进行煤气输送，这造成了某煤气输送有限责任公司的可得利益损失。该损失应由构成违约的某煤化有限责任公司赔偿。原审判决对这段时间的损失的保护是有事实和法律依据的，而二审法院也认可了这一判决。

4）裁判结果

（1）变更一审民事判决即"被告某煤化有限责任公司于本判决生效后立即赔偿原告某煤气输送有限责任公司损失640万元"为某煤化有限责任公司于本判决生效后十日内赔偿某煤气输送有限责任公司可得利益损失1232000元（自2011年12月16日至2012年5月17日，合计154天，每天8000元）；

（2）驳回被上诉人某煤气输送有限责任公司的其他诉讼请求。

5）律师解析

燃气经营企业只有依法依规经营，其权益才能受到法律保护。从事燃气管道运输业务，应当依法取得燃气经营许可,并在许可事项规定的范围内经营。同时,应当具备国家规定的条件,应当接受规划部门、燃气主管部门以及安全生产监督管理部门的监督和管理。

6)实务启示

燃气经营企业从事燃气管道运输业务,应当取得所属区域的燃气特许经营权以及燃气经营许可证等相关证照,并严格遵守《城镇燃气管理条例》《基础设施和公用事业特许经营管理办法》《市政公用事业特许经营管理办法》《燃气经营许可管理办法》《燃气经营企业从业人员专业培训考核管理办法》以及各地方性燃气管理法规等相关规定。燃气工程需经规划、设计、施工、验收、备案后方可投入使用。

三、相关法规内容

1. 《城镇燃气管理条例》

第十一条 进行新区建设、旧区改造,应当按照城乡规划和燃气发展规划配套建设燃气设施或者预留燃气设施建设用地。

对燃气发展规划范围内的燃气设施建设工程,城乡规划主管部门在依法核发选址意见书时,应当就燃气设施建设是否符合燃气发展规划征求燃气管理部门的意见;不需要核发选址意见书的,城乡规划主管部门在依法核发建设用地规划许可证或者乡村建设规划许可证时,应当就燃气设施建设是否符合燃气发展规划征求燃气管理部门的意见。

燃气设施建设工程竣工后,建设单位应当依法组织竣工验收,并自竣工验收合格之日起15日内,将竣工验收情况报燃气管理部门备案。

第十五条 国家对燃气经营实行许可证制度。从事燃气经营活动的企业,应当具备下列条件:

(一)符合燃气发展规划要求;

(二)有符合国家标准的燃气气源和燃气设施;

(三)有固定的经营场所、完善的安全管理制度和健全的经营方案;

(四)企业的主要负责人、安全生产管理人员以及运行、维护和抢修人员经专业培训并考核合格;

(五)法律、法规规定的其他条件。

符合前款规定条件的,由县级以上地方人民政府燃气管理部门核发燃气经营许可证。

2. 《燃气经营许可管理办法》

第五条 申请燃气经营许可的,应当具备下列条件:

(一)符合燃气发展规划要求。

燃气经营区域、燃气种类、供应方式和规模、燃气设施布局和建设时序等符合依法批准的燃气发展规划。

(二)有符合国家标准的燃气气源。

1. 应与气源生产供应企业签订供用气合同。

2. 燃气气源应符合国家城镇燃气气质有关标准。

(三)有符合国家标准的燃气设施。

1. 有符合国家标准的燃气生产、储气、输配、供应、计量、安全等设施设备。

2. 燃气设施工程建设符合法定程序,竣工验收合格并依法备案。

(四)有固定的经营场所。

有固定办公场所、经营和服务站点等。

（五）有完善的安全管理制度和健全的经营方案。

安全管理制度主要包括：安全生产责任制度，设施设备（含用户设施）安全巡检、检测制度，燃气质量检测制度，岗位操作规程，燃气突发事件应急预案，燃气安全宣传制度等。

经营方案主要包括：企业章程、发展规划、工程建设计划、用户发展业务流程、故障报修、投诉处置、质量保障和安全用气服务制度等。

（六）企业的主要负责人、安全生产管理人员以及运行、维护和抢修人员经专业培训并经燃气管理部门考核合格。专业培训考核具体办法另行制定。

经专业培训并考核合格的人员及数量，应与企业经营规模相适应，最低人数应符合以下要求：

1. 主要负责人。是指企业法定代表人和未担任法定代表人的董事长（执行董事）、经理。以上人员均应经专业培训并考核合格。

2. 安全生产管理人员。是指企业分管安全生产的负责人，企业生产、安全管理部门负责人，企业生产和销售分支机构的负责人以及企业专职安全员等相关管理人员。以上人员均应经专业培训并考核合格。

3. 运行、维护和抢修人员。是指负责燃气设施设备运行、维护和事故抢险抢修的操作人员，包括但不仅限于燃气输配场站工、液化石油气库站工、压缩天然气场站工、液化天然气储运工、汽车加气站操作工、燃气管网工、燃气用户检修工、瓶装燃气送气工。最低人数应满足：

管道燃气经营企业，燃气用户10万户以下的，每2500户不少于1人；10万户以上的，每增加2500户增加1人；

瓶装燃气经营企业，燃气用户1000户及以下的不少于3人；1000户以上不到1万户的，每800户1人；1万~5万户，每增加1万户增加10人；5万~10万户，每增加1万户增加8人；10万户以上每增加1万户增加5人；

燃气汽车加气站等其他类型燃气经营企业人员及数量配备以及其他运行、维护和抢修类人员，由省级人民政府燃气管理部门根据具体情况确定。

（七）法律、法规规定的其他条件。

第四节　气源计量纠纷

一、气源计量纠纷概述

1. 气源计量纠纷的内涵

燃气公司除经营管道燃气业务外还经常从事LNG/CNG买卖业务，主要是向燃气管道暂时覆盖不到区域的用户进行点供或燃气公司作为LNG/CNG经销商赚取差价。由于LNG/CNG与管道燃气的运输方式及物理性质均不尽相同，导致计量结算方式存在明显区别，LNG/CNG多以车辆运输为主并以装车计量单作为结算依据，承运人多不是燃气公司而是第三方。因此LNG/CNG买卖业务中普遍存在在途货物买卖现象，即货物在运输途中还没有到达目的地前，中途又转卖给另外一方。这要求燃气公司在从事 LNG/CNG 买卖业务时，务必规范业务流程做到留痕管理，不然买卖双方在结算时很容易出现分歧。

2. 气源计量纠纷的风险规避

在燃气公司从事 LNG/CNG 买卖业务时，可以从以下几个方面出发有效避免结算分歧和风险，减少气源计量纠纷：

(1) 规范合同约定：在 LNG/CNG 买卖合同中，明确约定双方的权利、义务、货物交付地点、计量方式、价格、支付方式等关键条款，确保双方对交易细节有明确的共识。

(2) 做好留痕管理：确保在 LNG/CNG 运输过程中留下充分的证据，例如装车计量单、装车记录、运输跟踪记录等。这些证据可以用来证明货物的交接和转让情况，防止争议的发生。

(3) 购买货物保险：确保在货物运输过程中购买适当的货物保险，以应对货物在运输途中可能发生的损失或损坏，合同中应明确保险责任的分配和赔偿机制。

(4) 选择合适的第三方承运人：在选择第三方承运人时，要对其进行充分的尽职调查，包括了解其信誉、运输能力和经验。与承运人签订明确的运输合同，明确责任和义务，确保运输过程的安全和顺利进行。

(5) 风险分担机制：明确在途货物买卖情况下的风险分担方式，双方应就转卖、货物损失、运输延误等情况进行合理的风险分担约定，避免在结算时发生争议。

(6) 进行合规管理：遵守相关法律法规和行业规范，确保 LNG/CNG 买卖业务的合规性，包括购买、运输、销售过程中的必要许可证、手续和合规要求的履行。

3. 气源计量纠纷案例分析

1) 案件名称

甲燃气有限公司与乙燃气有限责任公司买卖合同纠纷。

2) 案情概要

甲燃气有限公司与乙燃气有限责任公司自 2011 年起发生 CNG 业务往来。2013 年 10 月 24 日，双方签订《购销合同》一份，合同载明：本合同约定甲方（乙燃气有限责任公司）自 2013 年 10 月 20 日开始向乙方（甲燃气有限公司）稳定供气。本合同有效期内甲方日供应乙方压缩天然气 $1.5 \times 10^4 \sim 3 \times 10^4 \mathrm{m}^3$。运输方式及交接：由甲方提供 CNG 运输车负责运输。压缩天然气的交接地点为：乙方北二环天然气储配站内。双方应委派代表在《供购气量交验单》上签字确认甲方加气数量，乙方于卸气后在交验单上注明实际卸气数量。CNG 的计量方式采用质量流量计计量，以甲方充装计量结果为准，乙方计量结果为复核。根据国家规定及行业惯例，根据乙方复核结果，甲方供应给乙方的压缩天然气产生的气差，由乙方承担每车 CNG 气差<气量的 2% 以下部分，甲方承担每车 CNG 气差大于总气量的 2% 以上。本合同约定甲方供应给乙方的 CNG 价格定为 3.7 元/m³（含运费和税金）。气款结算：气量结算以双方签认的《供购气量交验单》为结算依据。双方合作采用预付款方式，即从双方确定首次用气之日前 5 日内，预付下周 7 天的总计划量气款；以后以 7 天用气量为周期进行预付，甲方收到乙方的预付款后给予加气。每月月末前一天为结算日，结算日后 3 日内甲方将当月的气量明细表以传真形式发给乙方，经乙方核对无误后，甲方根据结算金额向乙方开具增值税发票，并于月底前邮寄给乙方。

此后双方就供气量、价格问题，又签订《补充协议》一份，载明：为甲乙双方于 2013 年 10 月 24 日签订的 CNG 购销合同作为补充，经双方友好协商达成如下协议。(1) 供气时间及价格：从2013年12月5日起至2014年1月31日止，当甲方日供应乙方压缩天然气$1.5×10^4$~$3×10^4 m^3$（含$3×10^4 m^3$），气价执行3.7元/m^3（含运费和税金），当甲方日供应乙方压缩天然气$3×10^4$~$5×10^4 m^3$（含$5×10^4 m^3$），气价执行3.85元/m^3（含运费和税金）。(2) 乙方每日上报计划量不超过$5×10^4 m^3$且上下浮动控制在$1×10^4 m^3$以内，特殊情况双方协商，超出$5×10^4 m^3$气量部分执行气价3.85元/m^3。(3) 甲方需保证为乙方提供足够的运输的车辆。(4) 乙方预付款按$3×10^4 m^3$/天×3.7元/m^3×7天=77.7万元，支付77.7万元，在下一结算周期提前2个自然日到账，节假日提前预付。(5) 此协议为原合同的补充协议，其他条款不变……

2014年10月至2015年12月16日期间，双方工作人员通过QQ联系，核对码单量、卸气量及运输气差、发票开具等事宜。2014年5月29日双方工作人员通过QQ联系，就4月30日至5月26日开票事宜，乙燃气有限责任公司工作人员表述"领导说按原价先结，气损后算，需要商议，之后再补上，之后我们王总会过去跟你们商议"，甲燃气有限公司工作人员陈述"刚我也问了一下顾总，他让你们先不要开票了，票开过来我们也不能认账"。2014年11月13日双方工作人员通过QQ联系，确认2014年4月21日至6月14日码单量为$1032668.95 m^3$，卸气量为$955713 m^3$，乙燃气有限责任公司已按照码单量开具了发票，在此期间输差未结算。

事后，双方因2014年4月21日至6月14日期间天然气的气损差额产生争议协商未果，甲燃气有限公司遂诉至一审法院，诉请气损差额及利息损失。

一审法院认为，依法成立的合同，对当事人具有法律约束力。当事人应当按照约定履行自己的义务不得擅自变更或解除合同。一审中，案件的争议焦点：(1)《补充协议》所约定的期限是否为《购销合同》期限的补充规定？(2) 2014年4月21日至6月14日双方天然气交易期间是否存在气差？

关于争议焦点(1)，一审法院认为：《补充协议》所约定的期限不是2013年10月24日《购销合同》期限的补充规定。首先，2013年10月24日双方签订的《购销合同》并未明确约定合同终止时间，亦未约定合同的解除或终止条件。从该合同内容可以看出讼争双方均希望保持长期友好的合作关系；其次，《补充协议》中明确载明"为甲乙双方于2013年10月24日签订的CNG购销合同第4.1条和第7.1条作为补充，经双方友好协商达成如下协议……"说明《补充协议》签订目的是为2013年10月24日签订的《购销合同》中第4.1条和第7.1条进行补充，仅是对合同部分条款的补充。2013年10月24日《购销合同》中第4.1条约定"本合同有效期内甲方日供应乙方压缩天然气$1.5×10^4$~$3×10^4 m^3$"，第7.1条约定"本合同约定甲方供应给乙方的压缩天然气价格定为3.7元/m^3（含运费和税金）"，由此可见该《补充协议》的主要目的是对天然气的价格和供气量进行变更，而非对合同期限进行变更。虽《补充协议》中约定了供气时间，但在该补充协议的第五条约定"此协议为原合同的补充协议，其他条款不变"，该时间约定应视为双方对特定时间内天然气价格和供气量进行了变更，而非对《购销合同》的期限进行了变更；第三，《补充协议》期满后，讼争双方仍然发生了数笔天然气的购销往来。双方既未另行达成天然气购销合同，又未书面或以其他合法形式通知对方解除或终止2013年10月24日签订的《购销合同》，故《补充协议》所约定的期限不是2013年10月24日《购销合同》期限的补充规定。

关于争议焦点(2)，一审法院认为：双方仍应遵照2013年10月24日签订的《购销合同》约定履行各自义务。《购销合同》中约定"根据国家规定及行业惯例，根据乙方复核结果，甲方供应给乙方的压缩天然气产生的气差，由乙方承担每车 CNG 气差<气量的 2% 以下部分，甲方承担每车 CNG 气差大于总气量的 2% 以上部分。"因此在天然气购销合同中，天然气气差在气量 2% 以内由甲燃气有限公司自行负担，超出气量 2% 的部分应由乙燃气有限责任公司负担。关于气差数额的确定，在《购销合同》中第 6.2 条、第 6.4 条进行了约定压缩天然气的计量"以甲方充装结果为准，乙方计量结果为复核"，"根据国家规定及行业惯例，根据乙方复核结果，甲方供应给乙方的压缩天然气产生的气差……"，即一般情形下，天然气的气量以乙燃气有限责任公司的充装计量结果为依据，乙方计量结果为复核，但在发生气差时，应当以国家规定、行业惯例及甲燃气有限公司复核结果计算。同时，在《购销合同》中第 8.1 条中约定"气量结算以双方共同签认的《供购气量交验单》为结算依据"，而非乙燃气有限责任公司辩称的气差结算依据在于《天然气销售交接凭证》。在讼争双方实际交易期间，双方也是遵循上述原则进行资金结算，北城提供的 QQ 记录及 2014 年 2 月至 4 月 20 日的增值税发票证明了两家工作人员在实际交易中，以此方式对气差进行了核对、结算，已形成了该阶段的交易习惯，故对于乙燃气有限责任公司辩称的意见一审法院不予采纳。综上所述，2014 年 4 月 21 日至 2014 年 6 月 14 日乙燃气有限责任公司共计少供给天然气 56302.57m³，按照 3.7 元/m³×56302.57m³=208319.5 元，该款项系乙燃气有限责任公司超额收取，应予返还。关于甲燃气有限公司要求乙燃气有限责任公司承担超收气款利息的诉求，因讼争双方未在合同中未约定该项违约责任，甲燃气有限公司在实际交易中对气差的结算、管理上也存在一定的责任，故对超收气款利息的诉求，不予支持。

一审法院判决：（1）乙燃气有限责任公司于判决生效之日起 20 日内返还甲燃气有限公司 208319.5 元；（2）驳回甲燃气有限公司的其他诉讼请求。

乙燃气有限责任公司不服江苏省泰兴市人民法院（2017）苏 1283 民初 4387 号民事判决，向江苏省泰州市中级人民法院提起上诉。乙燃气有限责任公司上诉请求：撤销一审判决，改判驳回甲燃气有限公司全部诉讼请求。事实与理由：（1）一审判决认定《补充协议》不是对《购销合同》合同期限的变更，是错误认定。《购销合同》第 4.1 条是约定合同有效期内的供气量问题，但是第 4.1 条并未规定合同有效期具体的起止，所以在补充协议第一条中，讼争双方明确了供气时间。《补充协议》是在《购销合同》没有明确合同期限的情况下，对合同期限的明确。（2）讼争双方在购销合同履行过程中已经就供气量进行了结算，甲燃气有限公司提供的交验单上所记载的气差是其自行填写，没有任何证明效力。

二审期间，乙燃气有限责任公司围绕上诉请求提交下列证据：证据一，《天然气销售交接凭证》（绿联）一组，用以证明甲燃气有限公司提供的卸气量及气差数据系其自行填写且未经双方确认；证据二，案外人的证人证言，用以证明其没有被授权核对 2014 年 4 月 21 日至 6 月 14 日期间的气差，最终气差数额的确定仍需由讼争双方领导协商。对前述证据，甲燃气有限公司经质证认为，对证据真实性予以认可，但不能实现乙燃气有限责任公司的证明目的；对证据二，只能证明乙燃气有限责任公司内部的工作流程，同时该证人对讼争双方如何结算、以什么为结算依据等与案件相关的情况并不知晓。

二审查明事实与一审认定的事实一致。

3）裁判要旨

本案争议焦点为：（1）双方 2013 年 10 月 24 日签订的《购销合同》是否已经到期且履行完毕。（2）甲燃气有限公司要求乙燃气有限责任公司赔偿气差损失的诉讼请求能否予以支持。

法院认为，关于争议焦点（1），讼争双方于 2013 年 10 月 24 日签订《购销合同》，其中第三条规定，"合同履行期限：本合同约定甲方（乙燃气有限责任公司）自 2013 年 10 月 20 日开始向乙方（甲燃气有限公司）稳定供气"，双方未明确约定合同终止时间。嗣后，双方又签订《补充协议》，明确供气时间"从 2013 年 12 月 5 日起至 2014 年 1 月 31 日止"。该约定系双方真实意思表示，且不违反法律、行政法规强制性规定，应认定为合法、有效。故在《购销合同》对合同履行终止时间未有约定的情况下，《补充协议》中确定的供气终止时间即为《购销合同》的终止时间。据此，案涉《购销合同》已经到期且已履行完毕。一审法院认为，《补充协议》所约定的期限不是案涉《购销合同》期限的补充规定，认定有误，法院予以纠正。

关于争议焦点（2），2014 年 2 月 1 日后，讼争双方仍然发生压缩天然气的购销往来。对此，法院认为，当事人未以书面形式或者口头形式订立合同，但从双方从事的民事行为能够推定双方有订立合同意愿的，人民法院可以认定是以"其他形式"订立的合同；当事人未采用书面形式但一方已经履行主要义务，对方接受的，该合同成立。据此，虽然案涉《购销合同》到期后双方没有续签合同，但是双方实际发生了天然气交易，在双方未另行达成新的书面天然气购销合同的情形下，应继续依据《购销合同》《补充协议》及交易习惯来确定双方的权利义务。依据《购销合同》6.4 条，"根据国家规定及行业惯例，根据乙方复核结果，甲方供应给乙方的压缩天然气产生的气差，由乙方承担每车 CNG 气差<气量的 2% 以下部分，甲方承担每车 CNG 气差大于总气量的 2% 以上。"因此在天然气购销合同中，天然气气差在气量 2% 以内由甲燃气有限公司自行负担，超出气量 2% 的部分应由乙燃气有限责任公司负担。本案中，讼争双方一直通过 QQ 联系，核对码单量、卸气量及运输气差、发票开具等事宜。关于讼争 2014 年 4 月 21 日至 2014 年 6 月 14 日期间的气差，根据双方工作人员的 QQ 聊天记录，双方已确认该时间段天然气的码单量为 1032668.95m^3，卸气量为 955713m^3。故甲燃气有限公司已完成关于案涉气差损失的初步证明责任；乙燃气有限责任公司虽然对甲燃气有限公司提供的卸气量数据持有异议，二审中也提供了《天然气销售交接凭证》（绿联），以及证人证言等证据予以反驳，但法院认为，前述证据依然不足以推翻甲燃气有限公司提供的有关卸气量的数据，相应举证不能的法律后果，应由乙燃气有限责任公司承担。

4）裁判结果

乙燃气有限责任公司于判决生效之日起二十日内返还甲燃气有限公司 208319.5 元。

5）实务启示

LNG/CNG 买卖合同中需要重点约定以下事项：

（1）明确双方结算的依据，以装车磅单为准还是以卸车后双方复核后确认单；

（2）明确双方有权对气量核对的负责人，以及人员若发生变动应书面通知对方；

（3）合同履行期间价格是否变动以及变动的依据；

（4）不同重量或比例下气差的承担；

（5）最长卸车时间以及超时压车费等；

（6）定期结算的具体时间和结算方式。

二、相关法规内容

《中华人民共和国民法典》相关规定如下：

第四百六十九条　当事人订立合同，可以采用书面形式、口头形式或者其他形式。

书面形式是合同书、信件、电报、电传、传真等可以有形地表现所载内容的形式。

以电子数据交换、电子邮件等方式能够有形地表现所载内容，并可以随时调取查用的数据电文，视为书面形式。

第五百一十条　合同生效后，当事人就质量、价款或者报酬、履行地点等内容没有约定或者约定不明确的，可以协议补充；不能达成补充协议的，按照合同相关条款或者交易习惯确定。

第五百一十一条　当事人就有关合同内容约定不明确，依据前条规定仍不能确定的，适用下列规定：

（一）质量要求不明确的，按照强制性国家标准履行；没有强制性国家标准的，按照推荐性国家标准履行；没有推荐性国家标准的，按照行业标准履行；没有国家标准、行业标准的，按照通常标准或者符合合同目的的特定标准履行。

（二）价款或者报酬不明确的，按照订立合同时履行地的市场价格履行；依法应当执行政府定价或者政府指导价的，依照规定履行。

（三）履行地点不明确，给付货币的，在接受货币一方所在地履行；交付不动产的，在不动产所在地履行；其他标的，在履行义务一方所在地履行。

（四）履行期限不明确的，债务人可以随时履行，债权人也可以随时请求履行，但是应当给对方必要的准备时间。

（五）履行方式不明确的，按照有利于实现合同目的的方式履行。

（六）履行费用的负担不明确的，由履行义务一方负担；因债权人原因增加的履行费用，由债权人负担。

参考文献

[1] 王伟．建设工程技术标准对工程合同条款效力的影响：兼论建设工程技术标准的含义与法律属性［J］．建筑，2022（10）：52-56．

[2] 曹文衔，宿辉，曲笑飞．民法典建设工程合同章条文释解与司法适用［M］．北京：法律出版社，2021．

[3] 周利明．解构与重塑：建设工程合同纠纷审判思维与方法［M］．2版．北京：法律出版社，2021．

[4] 李华明．关于燃气管道设施第三方施工破坏事故损失计价项目的探讨［J］．城市燃气，2019（5）：45-48．

[5] 景建元，王晓星．全国首例民诉解决违法穿越公路纠纷浅析［J］．中国公路，2023（12）：20-22．

[6] 秦风．燃气炉废气引发上下楼邻居环境侵权纠纷［J］．法律与生活，2018（18）：46-47．

[7] 张迪圣，张素．《民法典》规定如何解决相邻纠纷［J］．法律与生活，2021（6）：64．

[8] 魏东，杨冲．引起燃气表计量误差的因素分析［J］．计量与测试技术，2024，51（6）：71-73．

[9] 许长泳，王荣晓，张强，等．浅析燃气流量计体积修正仪误差［J］．仪器仪表用户，2022，29（9）：106-109，89．

[10] 李昂．城乡管道燃气特许经营协议若干问题研究［J］．福建质量管理，2020（9）：209，180．

[11] 陈兴华，董倩．我国城镇燃气特许经营权的纠纷表现及解决机制研究［J］．中国石油大学学报（社会科学版），2021，37（2）：45-52．

[12] 田申，吴庆．《城镇燃气管理条例》释义［M］．北京：中国建筑工业出版社，2011．

[13] 尚勇，张勇．中华人民共和国安全生产法释义［M］．北京：中国法制出版社，2021．

[14] 国务院法制办农林城建资源环保法制司，住房和城乡建设部法规司、城市建设司．城镇燃气管理条例释义［M］．北京：知识产权出版社，2011．

[15] 李帆．城镇燃气法律法规与经营企业管理［M］．北京：中国建筑工业出版社，2017．